北京市社会科学基金项目资助（19GLB038）

JIXIAO XINCHOU
DUI XINCHOU MANYIDU HE GONGZUO JIXIAO DE
YINGXIANG JIZHI YANJIU

绩效薪酬
对薪酬满意度和工作绩效的影响机制研究

杨旭华◎著

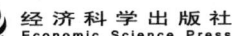

中国财经出版传媒集团
经济科学出版社
Economic Science Press

前　　言

世界上多数国家曾经实行的是基于职权和等级的固定薪酬制度，但却在大致相同时期相继举起改革的大旗，其缘由与特定的时代背景密切相关。从世界范围看，绩效薪酬制度改革经历了集权化、分权化和多元化三大模式，目前多数国家都进入了多元化阶段（杨伟国和文彦蕊，2011）。劳勒（Lawler，1990）曾经提出，"所有组织理论都要考虑的一个重要问题是薪酬和绩效之间的关系"[①]，随着市场经济体制的建立和逐步完善，绩效薪酬已成为我国企业普遍采用的薪酬形式。由于绩效薪酬能够充分体现雇员的业绩和贡献，调动雇员的积极性、主动性和创造性，为组织创造更多效益，促进劳动分配良性发展，因此一直是我国薪酬体系改革的流行趋势。2018年我国政府出台了新的国有企业薪酬改革指导意见，核心指向为"建立健全同劳动力市场基本适应，同国有企业经济效益和劳动生产率挂钩的工资决定和正常增长机制"[②]，同样对绩效薪酬的制定与实施提出了更高的要求。

薪酬和绩效作为组织管理工作的核心，在整个管理实践中，乃至整个社会中都占有举足轻重的地位。薪酬作为组织吸引和激励员工的核心要素，一直是理论界和实践界的关注要点。虽然目前有研究指出多样化

[①] Lawler E. E. Strategic Pay: Aligning Organizational Strategies and Pay Systems [M]. San Francisco: Jossey-Bass, 1990: 23-44.
[②] 国务院关于改革国有企业工资决定机制的意见 [EB/OL]. 中国政府网，2018-05-25. http://www.gov.cn/zhengce/content/2018-05/25/content_5293656.htm.

的人才激励手段均在发挥作用，但也有研究坚持强调金钱激励的重要性，认为其比人们想象得要重要，并且在某些环境中还会超出其他因素的激励效果。20世纪90年代，美国式的"绩效主义"风靡全球的知名企业，所谓的绩效主义指的是业务成果和金钱报酬直接挂钩，员工为了拿到更多报酬而努力工作，也就是我们中国企业再熟悉不过的"绩效薪酬制度"。多数研究发现绩效薪酬制度能够提升员工的薪酬满意度，采用绩效薪酬制度更容易让员工产生明确的薪酬感知，使他们了解到可以通过自身努力建立付出与薪酬之间的关联，也会让他们对于获得的薪酬有更明确的认识，从而产生高满意度。但绩效薪酬是否一定对工作绩效有正向积极影响，仍存在不同的观点。

关于绩效薪酬"好坏与否"的研究众多，在过去几十年中，学术界积累了丰富的绩效薪酬方面的研究成果：有些学者认为绩效薪酬可以提高员工的生产效率和薪酬水平（Lazear，2000），提高员工满意度（Robert & Keith，2007），减少员工离职意愿（Schay，1988）；也有些学者研究表明，绩效薪酬导致组织公民行为的减少（Werner & Ward，2004）、工作满意度降低和离职意愿的提高（Kellough & Nigro，2002）；还有研究直接表明了绩效薪酬的两面性影响，其研究结果验证了绩效薪酬与薪酬满意度之间的倒"U"型曲线关系（祖伟等，2010；袁宇和李福华，2014）。

在管理实践领域，从改革初期组织选择与绩效紧密挂钩的奖励条件以最大化地调动员工的积极性，到改革后期基于创新驱动和人才倾斜的导向不断提高基于绩效的弹性报酬比例，均体现了绩效薪酬制度的不断完善和拓展。在现实中，伴随我国企业的发展、改制与转型，绩效薪酬模式也经历了多次变革，组织中同样实施绩效薪酬制度，结果却大相径庭的原因有很多，包括情境安排、前提条件、群体特征等多种因素的影响。绩效薪酬的实施对个体态度、行为和工作绩效到底产生了什么具体影响，目前尚未达成共识，有关绩效薪酬激励的影响机制及边界条件还缺乏系统性的梳理和完善，有待于深入的剖析和挖掘。

本书通过研究回顾和总结、实证检验和讨论、管理实践与案例分析三个层面探讨绩效薪酬对薪酬满意度和工作绩效的影响机制和情境条件。通过理论探讨和实证研究证实了绩效薪酬强度与薪酬满意度、员工绩效之间的倒"U"型关系，以及薪酬满意度的中介作用和领导成员交换社会比较对这一关系的调节作用，最终得出三点结论：(1) 绩效薪酬强度与薪酬满意度和员工绩效之间均存在倒"U"型曲线关系。绩效薪酬强度并非越高越好，而是存在一个适度的最优值。(2) 薪酬满意度是绩效薪酬强度影响员工工作绩效的中介变量，绩效薪酬强度的激励作用会通过薪酬满意度进行传导。(3) 领导成员交换社会比较在绩效薪酬强度和薪酬满意度之间存在调节效应，进一步的，也在薪酬满意度的中介过程中存在调节效应。这意味着与一般员工相比，高水平领导成员交换社会比较的员工在适度的绩效薪酬强度条件下容易获得更高的奖励信息性，从而获得更高的满意度，增加绩效产出；而在过高的绩效薪酬强度下会更容易获得奖励的控制性感知，从而导致满意度降低，并进而弱化通过薪酬满意度进行绩效产出的行为。

本书是笔者在一系列调查研究和案例研究的基础上完成的，在文献研究、实地调研和案例分析阶段，笔者的研究生们也贡献了他们的热情、智慧和力量。冯亚乾参与了文献综述和实证分析的部分，白丹青参与了高校教师绩效薪酬案例分析的部分，刘姗参与了公立医院绩效薪酬案例分析的部分。另外，工庆对参考文献进行了逐一核对，白丹青对书稿进行了整理和校对。同时，本书借鉴了大量国内外学者的研究成果，在此一并表示最衷心的感谢。

目　录

第1章　绪论 ··· 1

1.1　研究背景 ··· 1
1.2　研究目的 ··· 7
1.3　研究意义 ··· 8
1.4　研究思路 ··· 10
1.5　研究创新和未来研究方向 ··· 11

第2章　国内外研究回顾与述评 ·· 14

2.1　绩效薪酬的文献综述 ·· 14
2.2　薪酬满意度的文献综述 ··· 59
2.3　工作绩效的文献综述 ·· 88
2.4　领导-成员交换社会比较的文献综述 ·························· 93
2.5　变量关系研究 ·· 97
2.6　文献综述小结 ·· 99

第3章　理论基础与研究假设 ··· 101

3.1　研究的理论基础 ·· 101
3.2　绩效薪酬与工作绩效的关系 ······································ 109
3.3　薪酬满意度的中介作用 ··· 111
3.4　领导-成员交换社会比较的调节作用 ·························· 113

第 4 章 绩效薪酬对工作绩效影响的研究设计 …… 117
4.1 研究工具 …… 117
4.2 研究程序和样本 …… 119
4.3 研究方法 …… 121

第 5 章 绩效薪酬对工作绩效影响的实证分析 …… 122
5.1 信度和效度检验 …… 122
5.2 相关分析 …… 124
5.3 假设检验 …… 125
5.4 分析与讨论 …… 135
5.5 研究结论 …… 140

第 6 章 绩效薪酬体系的管理策略与对策建议 …… 142
6.1 完善绩效管理体系，实现信息与控制的交叉优势 …… 143
6.2 完善绩效薪酬政策，实现个体与组织的协同发展 …… 145
6.3 合理设置激励强度，强化物质与精神的双重激励 …… 146
6.4 激发个体内在动机，提高薪酬满意度和工作绩效 …… 148
6.5 匹配个体性格特征，强化绩效薪酬的选择与激励 …… 150

第 7 章 绩效薪酬的管理实践与案例分析 …… 154
7.1 供给侧改革背景下的国有企业绩效薪酬设计 …… 154
7.2 高校教师绩效薪酬体系的探讨与建议 …… 171
7.3 公立医院绩效薪酬体系的探讨与建议 …… 181

附录 调查问卷 …… 206
参考文献 …… 212

第1章 绪　　论

1.1　研究背景

我国目前处于社会急剧变化、经济高速发展的转型期，绩效和薪酬作为管理实践的重点内容和影响居民收入的核心要素，一直是理论界和实践界关注的热点。绩效薪酬作为我国企业普遍采用的薪酬形式，近年来也受到了广泛关注，研究从政策背景和实践视角进行了背景梳理。

1.1.1　政策背景

近三年，党中央和地方各级政府基于各地区、各行各业的薪酬改革要求，出台了一系列的政策文件。从中央层面来看，主要聚焦于公立医院、国有企业、高校、科研院所等主体，先后出台了一系列政策，旨在推动薪酬制度改革，充分发挥绩效薪酬的激励作用。2017年1月，人力资源社会保障部、财政部、国家卫生计生委、国家中医药管理局联合发布的《关于开展公立医院薪酬制度改革试点工作的指导意见》决定开展公立医院薪酬制度改革试点工作。该意见指出要合理确定公立医院薪酬结构，完善岗位绩效薪酬制，要注重医务人员长期激励，从而有效调动医务人员积极性，推动公立医院事业的发展。2018年1月，国务院办公厅印发的《关于改革完善全科医生培养与使用激励机制的意见》则更为聚焦，为了完善全科医生的绩效薪酬制度提出了三点意见：合理核定基层卫生机构的绩效薪酬总量、建立绩效薪酬水平正常增长机制、完善内部绩效薪酬分配制度。2019年1月，国务院办公厅印发的《关于加强三级公立医院绩效考核工作的意见》，指出未来的工作目标之一即通过绩效考核，推动三级公立医院在管理模式上由粗放的行政化管理转向全方位的绩效管理，促进收入分配更科学、更公平，实现效率提高和质量提升。

为国有企业发展注入活力，开展国有企业绩效薪酬改革也是政府近些年持续关注的专题。2018年4月，国家发展改革委推出题为《引入民资外资 完善治理结构 国有企业改革向纵深推进》的文章，总结了改革试点示范项目的阶段性成果。其中指出，企业的激励约束机制得到了进一步健全，通过绩效薪酬、弹性薪酬、员工持股、模拟股份制等激励约束机制，旨在打造资本所有者与劳动者利益共享、风险共担的责任共同体，最大限度地激发企业的内生活力与动力。2018年5月，国务院公布了《关于改革国有企业工资决定机制的意见》，指出要深化企业内部分配制度改革，提出国有企业应加强全员考核，使职工工资收入与其工作业绩和实际贡献紧密挂钩，切实做到能增能减，合理拉开工资分配差距。

此外，相关政策还加强了对各类优质人才的激励。2018年3月，中共中央办公厅、国务院办公厅印发了《关于提高技术工人待遇的意见》，提出对于参与国家科技计划项目的高技能领军人才，鼓励所在单位根据其在项目中的实际贡献给予绩效奖励，以提高人才创新创造积极性。2019年12月，中共中央办公厅、国务院办公厅联合印发了《关于促进劳动力和人才社会性流动体制机制改革的意见》，指出完善评价激励机制,拓展社会性流动空间。其中提到两点:一是将科技成果转化为现金奖励计入当年工作绩效薪酬总量;二是支持用人单位打破学历、资历等限制,将工资分配和薪酬增长与岗位价值、技能素质、实绩贡献、创新成果等因素挂钩。2020年5月,《中共中央国务院关于新时代加快完善社会主义市场经济体制的意见》指出坚持和完善民生保障制度,促进社会公平正义,从宏观视角谈及推进高校、科研院所薪酬制度改革,扩大工资分配自主权,鼓励企业、事业单位对科研人员等实行灵活多样的分配形式。

从地方层面来看,各地区政府围绕中央政策精神,结合本地的行业实际相继推出了因地制宜的政策。2018年9月,浙江省人社厅公布了《台州社会事业人才发展三十条》,坚持向管理要绩效,在人才引进流程、编制管理、薪酬分配、绩效激励等方面进行改革创新,进一步向学校、医院等用人单位放权,激发用人单位引才育才的积极性。2019年1月,山东省人社厅下发的《山东省潍坊市坊子区突出市场导向完善人才评价激励机制》中提到,要把人才放归市场"遨游"。着力破除人才评价唯论文、唯职称、唯学历、唯奖项倾向,健全企业人才工作绩效评估机制;同时,大力推广协议工资制、项目工资制,鼓励实施股权、期权、分红激励,增强人才获得感。2019年6月,江西省人社厅出台的《关于进一步加强企业专业技术人才职称工作的若干意见》中提到,要建立企业职称工作激励机制,鼓励企业将职称评审结果与职务晋升、绩效、薪酬待遇等挂钩。2020年5月15日,山东省国资委出台《加快推进省属企业深化三项制度改革专项行动方案落实落地的意见》,强调要突出绩效导向,将考核结果与收入能增能减紧密挂钩,省属企业各级领导班子成员目标绩效薪酬占比不低于70%,其他人员目标绩效薪酬占比不低于50%。同年6月,山东省人社厅公布了《关于完善高等学校绩效薪酬内部分配办法的指导意见》,着力于更好地发挥绩效薪酬激励作用,激发高等学校内生动力。该意见具体提到健全完善与岗位职责、工作业绩、实际贡献紧密联系的绩效薪酬分配机制；落实高等学校绩效薪酬分配自主权；建立绩效薪酬总量调控机制；优化绩效薪酬结构；完善以增加知识价值为导向的绩效薪酬分配激励机制等。

基于以上的政策梳理，可以看出我国政府近年来通过颁布各类政策，助力推行绩效薪酬制度改革与实施，重点关注绩效薪酬制度的建立与授权、绩效薪酬总量或所占比重、绩效薪酬水平的增长机制、绩效薪酬分配方式四个方面。

1.1.2 实践视角

对绩效薪酬制度的推行，不仅体现在政策层面，企业、事业单位也敏锐地捕捉到了绩效薪酬模式对调动员工积极性和提升组织效益的重要价值，进而开展了多项实践探索。

调整薪酬结构，提升绩效薪酬比重是许多企业实施绩效薪酬改革的选择，很多知名企业陆续升级了薪酬体系方案。2017年4月25日，京东物流宣布组织内部架构调整，配合业务转型，公司进行了薪资结构调整，将快递收件和揽件服务计入绩效，直接影响工资收入，激励员工开拓新业务。① 万科集团于2019年9月实行薪资结构调整，下调了基本薪资占总薪资的比例，采用低底薪、高绩效的薪酬制度。② 2020年4月26日，北京链家公布了新的运营绩效改革方案，将不同级别经纪人的租赁业绩提成由过去的30%和35%，提

---

① 推进个人快递、调整薪酬制度，京东物流转型进入"深水区"［EB/OL］. 澎湃新闻，2019-04-19. https://www.thepaper.cn/newsDetail_forward_3319037.

② 万科薪资大调整突出绩效，有员工底薪下降40%［EB/OL］. 第一财经，2019-11-03. https://www.yicai.com/news/100388262.html.

升至40%①。

许多国有企业和事业单位也在紧密开展薪酬改革，丰富薪酬激励形式。国资委数据显示，截至2019年5月，已有45家中央企业控股的92户上市公司实施了股权激励计划，占中央企业控股境内外上市公司的22.8%，主要分布在通信与信息技术、科研设计、医药、机械、军工、能源等行业领域。②2019年6月14日，国家卫健委的新闻发布会上对外公布了全国已有2800多家公立医院开展薪酬制度改革试点，贯彻落实"两个允许"：允许医疗卫生机构突破现行事业单位工资调控水平；允许医疗服务收入扣除成本并按规定提取各项基金后主要用于人员奖励。③2019年8月，大连召开新闻发布会，提出将在自贸片区的公立学校开展为期三年的试点，试行绩效薪酬制。④此外，值得一提的是，鉴于2020年初爆发的新冠肺炎疫情，改革我国疾控体系、鼓励人才进入公共卫生领域、留住优质人才成为社会各界关心的重点议题。2020年"两会"期间，人大代表何琳在受访时就指出当前薪酬制度不完善是人才流失的一大重要原因，"疾控系统目前的收入规则有点像吃'大锅饭'，做多少工作都是这点钱"⑤。

不仅仅是国内的企业在行动，很多外企诸如日本的丰田汽车公

---

① 北京链家启动新绩效改革，多重利好优化经纪人生态［EB/OL］．新华网，2020-04-26．http：//www.xinhuanet.com/house/2020-04-26/c_1125908119.htm.
② 央企股权激励实操方案来了，基本薪酬、绩效奖励、股权分红各占1/3［EB/OL］．中国网财经，2019-05-17．https：//baijiahao.baidu.com/s? id=1633733276945141752&wfr=spider&for=pc.
③ 卫健委：全国2800多家公立医院开展薪酬制度改革试点［EB/OL］．中国新闻网，2019-06-14．http：//www.chinanews.com/gn/2019/06-14/8864571.shtml.
④ 大连自贸片区创新公办学校模式实行绩效薪酬制［EB/OL］．央广网，2019-08-29．https：//baijiahao.baidu.com/s? id=1643177766086298423&wfr=spider&for=pc.
⑤ 疫后策：何琳代表：疾控改革要解决薪资等现实问题，留住人才［EB/OL］．澎湃新闻，2020-05-26．https：//baijiahao.baidu.com/s? id=1667749800420536776&wfr=spider&for=pc.

司工会也于2019年12月计划在决定工人加薪时更多强调业绩,而不是继续之前以资历为主要标准的制度。三星电子于2020年7月对员工发放名为"目标达成激励"(TAI)的绩效奖金,其中金额最多可达月度薪资的100%[①],以更好地激励员工。英国的教育水平享誉世界,教师群体的待遇也较为优厚。英国对教师实行绩效薪酬制,将绩效奖励分为三个等级。无论是管理人员还是授课教师,英格兰教育部对中小学教师的薪资政策都是本着与教学绩效相结合的基本原则,要求学校依据年度教学评估结果调整教师薪酬。[②]

虽然绩效薪酬体系在薪酬制度改革中得到了广泛普及和支持,但也不乏有质疑的声音。2018年4月微软公司的薪酬调查结果显示,微软员工对他们目前的薪酬与前几年相比持批评态度,只有62%的微软员工认为"员工会根据工作表现得到奖励"即对绩效薪酬满意,此比例低于2017年的63%,以及2016年的64%。该问题在调查中也是最低分,这一结果也显示出大公司在招聘和留住顶尖人才时所遇到的挑战。另外,有的报道中也提到了基层教师对于推行绩效薪酬制度的抵触和反感,究其原因,一方面在于教师的绩效薪酬并不是来自"增量",而是来自"存量";另一方面教师绩效薪酬的发放和分配如何保证公平性,教师群体内部对此很难达成意见一致。[③] 此种情况下绩效薪酬的推行可能适得其反,打击部分教师的工作积极性,降低薪酬满意度。此外,个别企业还存在虚列员工绩效薪酬以套取费用

---

① 三星电子下周将为员工发放绩效奖金,金额可达月度薪资的100% [EB/OL]. 界面新闻,2020-07-04. https://baijiahao.baidu.com/s? id=1671181611782006571&wfr=spider&for=pc.
② 英国教师薪酬制度竟然这么复杂 [EB/OL]. 搜狐网,2018-09-15. https://www.sohu.com/a/254110513_100015575.
③ 从教师工资中提留一部分来奖励教师,美名其曰绩效薪酬,公平吗? [EB/OL]. 腾讯新闻,2020-07-11. https://new.qq.com/omn/20200711/20200711A083OZ00.html.

的违法行为,[①] 对此相关管理机构还需要加强监管。

总体而言,无论是从政策背景还是实践视角,对于绩效薪酬及其影响机制的探索一直是学术界和实践领域的热点之一。因此,探讨员工对绩效薪酬计划的态度和接受意愿,了解绩效薪酬的影响结果和作用机制,进而探索其有效的情境条件,对组织管理实践的改善大有裨益。

1.2 研究目的

本书将结合文献研究、实证研究和案例研究三种方式,探讨绩效薪酬对员工绩效的影响机制,主要关注以下三个方面:

首先,通过文献综述和研究回顾,梳理绩效薪酬、薪酬满意度和绩效等主要研究变量的内涵,结构和维度,影响因素和作用机制,并在此基础上通过理论演绎推导变量间的关系。这部分是本书重要的理论基础。

其次,通过实证研究和数据分析,探讨绩效薪酬对员工绩效的影响机制,主要包括三部分:一是绩效薪酬强度对员工绩效的主效应影响;二是薪酬满意度的中介作用;三是领导 - 成员交换社会比较的调节作用。这部分是本书的实证研究重点。

最后,通过实践讨论和案例研究,理论联系实践,探讨绩效薪酬管理的有效策略。本书将探讨如何基于系统化视角来进行企业绩效薪酬管理,一方面可以为提高绩效管理效果提供管理启示,另一方面也可以为提高员工薪酬满意度和工作绩效提供合理的指导和建议。

---

① 中融人寿盐城中支被罚 38 万:虚列员工绩效薪酬套费用 [EB/OL]. 新浪财经, 2020 - 03 - 20. https://baijiahao.baidu.com/s? id = 1661690645093752913&wfr = spider&for = pc.

1.3 研究意义

绩效薪酬能够有效将企业发展和个人需求结合起来，实现个体与企业的共同发展，这已成为现代薪酬管理的趋势。国内外的人力资源管理专家和学者们在绩效薪酬方面做了大量研究，也取得了很多研究成果。但通过对现有文献的梳理发现，学术界和实践界对绩效薪酬的影响结果和作用机制仍存在一些分歧，绩效薪酬的作用并不是简单地促进或抑制，不同的情境和边界条件会导致员工不同的绩效薪酬感知，进而产生不同的作用效果。由此，对绩效薪酬与薪酬满意度，绩效薪酬与工作绩效等之间的关系还有待于进一步更加全面和深入地探索和丰富。

1.3.1 理论意义

第一，进一步丰富绩效薪酬、薪酬满意度和工作绩效的相关理论。虽然国外学者（Mone，2008；Shields，2012）对绩效薪酬感知对计划实施效果的重要影响已有所关注，但是国内在此方面的研究较为分散，缺乏系统性的梳理。目前关于绩效薪酬与薪酬满意度和工作绩效的研究结论多是线性关系的研究，对曲线关系的研究较少。

第二，深入研究绩效薪酬对薪酬满意度和工作绩效的影响机制。为了在市场竞争中获得优势，组织会制定相应的人力资源策略，其中包括对绩效薪酬的选择和权衡。本书将结合不同视角，运用不同方法深入探讨绩效薪酬对薪酬满意度和工作绩效的影响机制，特别是调节机制，这在以往的研究中涉及较少。

第三，总结提炼组织绩效薪酬管理的有效策略。绩效薪酬是把"双刃剑"：一方面，可以通过绩效薪酬来减少员工的消极行为；另一方面，原本用于控制工作场所行为的绩效薪酬也可能成为引发其他消极行为的导火索。本书尝试从整合视角出发，探讨相关的治理机制，从而丰富其理论内涵。

1.3.2 实践意义

本书的实践价值在于探讨绩效薪酬在现阶段经济环境背景下是否仍能发挥相应的作用。目前对绩效薪酬的作用有两种对立的观点：一种认为绩效薪酬可以提升员工的薪酬满意度和绩效水平，并且能帮助企业招收到更优秀、更有能力的员工；但另一种观点则认为企业实施绩效薪酬会使员工只注重绩效薪酬所对应的绩效目标的实现，从而导致一些阻碍企业发展的错误行为出现。由此，本书的实践意义主要包括以下两方面：

第一，厘清了对组织绩效考核及绩效薪酬运用现状的认识。本书通过对绩效薪酬的理论研究和实证调研，揭示了绩效薪酬制度在实施时的问题和困境，明确了不同类型组织在绩效薪酬选择上的优势和劣势，及其可能引起的员工态度、行为和绩效上的反应差异。

第二，为组织选择适合的绩效薪酬制度提供了管理启示。本书将检验不同绩效薪酬强度对员工态度、行为和绩效的影响，组织在选择绩效薪酬时需要根据组织环境与员工特征做出适当的选择，促使管理者将绩效薪酬的管理重点放在实施情境上，改变员工对绩效薪酬的负面认知，增强员工对绩效薪酬激励的正向感知。

1.4 研究思路

本书共分为7章内容。第1章是绪论,主要介绍研究背景,提出研究问题,探讨研究意义,阐述研究目的,呈现研究创新和未来的研究发展,确定整个研究的基调。第2章是文献研究部分,对核心的四个研究变量(绩效薪酬、薪酬满意度、员工绩效和领导-成员交换社会比较)的过往研究脉络进行了详细的梳理,一方面通过文献和理论综述,讨论分析了绩效薪酬、薪酬满意度、员工绩效和领导-成员交换社会比较这些核心研究变量的内涵和外延,测量和维度,影响机制和作用结果;另一方面通过理论演绎和推导不同变量之间的关系,并在此基础上绘制了绩效薪酬和薪酬满意度的框架图。

第3~5章是本书的实证研究部分。其中第3章是理论基础和研究假设,在文献综述的基础上,阐述了研究的理论基础,并提出了绩效薪酬对薪酬满意度和工作绩效影响机制的理论假设。第4章是研究设计,对研究思路、研究工具、研究程序、研究样本和研究方法进行了说明。第5章是数据分析和讨论,分别探讨了绩效薪酬强度对工作绩效的主效应,薪酬满意度的中介作用和领导-成员交换社会比较的调节作用,关注个体差异如何影响绩效薪酬的真实激励效果及其作用过程;在数据分析的基础上,展开研究结论的分析和讨论。

第6章和第7章为实践应用与案例研究部分。第6章主要是探讨如何基于系统化视角构建并有效实施绩效薪酬体系的管理策略,一方面为绩效管理和绩效薪酬的制定提供相应的管理启示,另一方面也为提高员工的薪酬满意度和工作绩效提供合理的建议。第7章是在文献分析和案例讨论的基础上,选取绩效薪酬体系具体实施中存在较多问题但仍然需求迫切的三种不同类型组织(国有企业、高校、医院),针对现实背景、国际比较、问题剖析和改进策略等部分逐一展开具体的探讨和阐析,以期回应现实需求,解答实践中的困惑。

综上所述,具体的研究技术路线如图1.1所示。

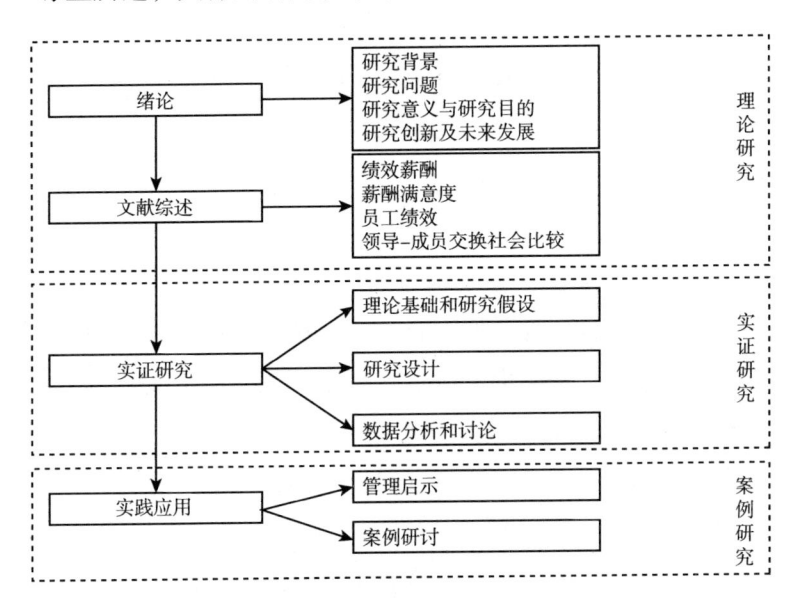

图1.1 研究的技术路线

1.5 研究创新和未来研究方向

1.5.1 研究创新

本书的研究创新主要体现在三个方面:第一,分别探讨绩效薪酬强度与薪酬满意度之间、绩效薪酬强度与员工绩效之间的曲线影响关系以及最优的绩效薪酬强度。第二,研究薪酬满意度感知对绩效薪酬激励效果的影响过程,探究了薪酬满意度在绩效薪酬强度和员工工作绩效关系中的中介作用。第三，关注个体差异变量如何影响绩效薪酬与薪酬满意度、工作绩效之间的作用机制，以个体差异作为"输入"的调节与边界更为清楚地展现其作用过程，探讨了领导-成员交换关系社会比较的调节作用。本书将影响结果的"个人条件"内置于理论的建构中，在理论发展和实践应用方面有所创新。

1.5.2 未来研究方向

绩效导向的薪酬制度能够通过对心理需要的满足，促进自主动机，进而提高创造性绩效，但因同时受到调节、中介因素大小及不同作用方向的影响，会产生促进或阻碍两种不同的可能结果。所以，在探讨是否采用绩效导向的薪酬制度时，需要特别关注组织背景和员工个体特质等因素，它们可能是进行管理设计与干预的入口（李鹏、刘丽贤和李悦，2015）。我们希望针对本书中研究模型的实证检验能够继续跟进，以指引不同薪酬体系的匹配性选择，这将有助于绩效薪酬制度的设计与改进。未来研究可以在以下方面有所突破：

第一，拓宽研究层面。从概念界定来看，绩效薪酬可以区分为个体、团队和组织三个层次，本书所涉及的研究仅仅考察了个体层面的绩效薪酬对薪酬满意度和工作绩效的影响，没有对绩效薪酬的层次进行细分。基于个体绩效的绩效薪酬更强调竞争，基于团队或组织绩效的薪酬则强调员工之间的协调和合作，二者的激励效果可能存在差异。未来的研究可以考虑将研究从个体拓展到团队乃至组织层面，揭示不同层面绩效薪酬与工作绩效的关系及其内在机制。

第二，拓展情境研究。本书的研究结论体现了绩效薪酬的效用受到情境因素的影响，我国不同行业和不同所有制企业在文化氛围和管理水平等方面具有较大差异，未来研究中需要重点考察这些因素。

第三，开展纵向研究。在目前研究的基础上，未来可以开展跨时段的跟踪研究，收集更翔实的数据。只有经过长期反复测验，才能最终确定不同变量之间的因果关系和作用机制，才具有真正意义上的普适性。未来在条件许可的情况下，可以综合运用问卷调查、案例研究、现场观察、实验设计等方法做进一步的探讨，获得兼具准确性和广泛性的研究结论。

第 2 章　国内外研究回顾与述评

本章对主要研究变量进行了文献回顾与述评，为后面的实证研究奠定了理论基础。针对绩效薪酬、薪酬满意度、工作绩效和领导-成员交换社会比较这四个核心变量，分别介绍了概念内涵、结构测量、影响因素、作用机制和调节效应等，并在此基础上对变量之间的关系进行了梳理和分析。

2.1　绩效薪酬的文献综述

绩效薪酬最早起源于 19 世纪末的美国企业，计时工资制度、计件工资制度等都是当时盛行的薪酬激励方式。劳勒（Lawler，1990）曾经指出，"所有组织理论都要考虑的一个重要问题是薪酬和绩效之间的关系。"绩效薪酬是学术和实践领域均不可避免的问题。本节将从绩效薪酬的内涵、结构与测量、影响因素、作用效果、中介机制和调节效应这几个方面阐述国内外学者的相关研究并作出研究述评。

2.1.1　绩效薪酬的内涵

在工业化时代开始以前，企业就开始使用绩效薪酬，表现形式包括计件工资、收益分成与利润分红等。国外在解释绩效薪酬的含义时，往往从绩效和薪酬两方面来看：绩效是指个体或团体在一定的时间内对组织的贡献；薪酬指的是员工在组织中投入一定劳动的相应报酬，是组织必须支付的人力资本。由此不难得知，绩效薪酬就是将员工的财务回报与其付出的工作绩效相联系，以工作绩效作为员工报酬的基础。

今天，人们已经普遍接受了按照绩效支付薪酬的观念。但是当人们谈论绩效薪酬计划时，对其确切定义的描述总是模棱两可，诸如激励计划、可变薪酬计划等概念都可以纳入绩效薪酬的范畴。因此，虽然人们认可了基于绩效的薪酬制度，但是对绩效薪酬的概念并没有一个明确的界定。

2.1.1.1 概念界定

关于绩效薪酬的研究探讨，起源于 19 世纪末，最早由科学管理之父泰勒提出的差别计件工资制演化而来。在国外的研究中，关于绩效薪酬的表达方式有很多，如 performance-related pay，pay for performance，performance-based pay，performance pay 和 merit pay 等，其内涵也包括绩效加薪、业绩奖金、激励薪酬计划、变动薪酬等不同内容。其中，绩效加薪是在对员工过去绩效认可的基础上给予的永久性奖励，业绩奖金指根据员工工作绩效的完成情况所给予的一次性奖励，激励薪酬计划更加着眼于提高员工未来的工作绩效，变动薪酬包括短期和长期激励员工的奖励。而绩效薪酬则笼统的指基于绩效的薪酬这样一种模式，具体指员工在达到了某个具体目标或绩效水准或创造某种盈利后所增加的薪酬收入部分，它是以个人、团队的短期或长期绩效为依据而支付给员工的薪酬。表 2.1 和表 2.2 分别总结了国内外学者们代表性的内涵界定。

表 2.1　　　　　　　　　国外学者对绩效薪酬的定义

学者	年份	定义
劳勒（Lawler）	1990	绩效薪酬是组织根据预先约定的每单位生产成果的支付金额付给员工的薪酬
阿普尔鲍姆和夏皮罗（Appelbaum & Shapiro）	1992	绩效薪酬是为了奖励那些已经（超标）实现某些绩效标准的完成者，或激励追求者去完成某些预定的绩效目标，在基本薪酬的基础上支付的可变的、具有激励性的报酬
奥利弗等（Oliver et al.）	1995	绩效薪酬是把员工的工作报酬与其工作绩效挂钩的一种薪酬支付方式，它是企业控制系统的一种方式，通过制度设计，激励员工关注自己的工作绩效，促使员工努力工作
范·伊佩伦（Van Yperen）	2005	绩效薪酬是薪酬体系中与绩效直接挂钩的部分，是一种随工作绩效变动的薪酬
威特等（Witter et al.）	2011	绩效薪酬是组织对通过评估或已实现的预期绩效目标所支付的金钱或其他物质性激励
曼沙和多贝（Mensah & Dogbe）	2011	绩效薪酬是一种使薪酬与绩效挂钩的薪酬分配方案，根据时间、环境及对象的不同，绩效薪酬的含义也相应变化

表 2.2　　　　　　　　　国内学者对绩效薪酬的定义

学者	年份	定义
周佩芳	2004	绩效薪酬是独立于固定工资之外的变动报酬部分，它会依据员工的绩效情况而给予合适的金钱奖励
曾湘泉	2006、2008	绩效薪酬指基于绩效的薪酬这一种模式，具体指员工在达到了某个具体的目标或绩效水平或创造某种盈利时所增加的薪酬的收入部分，它是以团队、个人的长期或短期绩效为依据而支付给员工的薪酬
赵海霞	2009	绩效薪酬界定为以绩效考核的结果为依据，根据员工的绩效水平而支付报酬的薪酬体系
邹曼	2010	绩效薪酬就是一种把员工的绩效表现与其薪酬回报联系起来的薪酬制度，以工作绩效作为员工报酬的基础
彭剑锋	2011	绩效薪酬是一种薪酬模式，以绩效考核结果作为员工薪酬发放的重要依据，因其具有明确的绩效目标，所以能够把员工的努力集中在组织认为关键的一些目标上

20世纪90年代后，世界范围内企业薪酬制度变革使绩效与薪酬之间的关系越来越紧密。从广义角度看，绩效薪酬是基于个人或组织绩效的一种薪酬激励计划，是企业、团队或个人的薪酬与业绩的明确关联，薪酬依据个人、团队以及企业业绩的改变趋势而具备灵活的弹性；从狭义角度看，绩效薪酬是随着个人或组织绩效变化的可变工资，是员工个人的工作行为与薪酬和业绩的关联。虽然学者们对绩效薪酬认识的角度不一，但大家已普遍接受按绩效给予薪酬的观念。综合国内外学者的研究，本书将绩效薪酬界定为基于绩效考核的薪酬，是指根据员工的绩效完成情况评定员工的薪酬回报。

2.1.1.2 绩效薪酬分类

绩效薪酬的表现形式多样。根据受益人身份的不同，分为针对管理层和非管理层的薪酬模式；根据所评估的绩效周期的长短（刘昕，2010），分为依据短期绩效（1年以内）、中期绩效（1~3年）和长期绩效（3~5年）的薪酬模式；根据对绩效的评估方式（侯娇峰，2013），分为基于目标和绩效过程的薪酬模式；根据薪酬回报的形式（伍如昕，2014），分为计件制、佣金制、利益分享制等。

虽然绩效薪酬的形式多样，但以对象划分的绩效薪酬计划仍然应用最为广泛。国外学者德拉姆和巴尔托尔（Durham & Bartol，2005）以及国内学者赵海霞（2009）将绩效薪酬按照层面不同分为个体绩效薪酬、团队绩效薪酬和组织绩效薪酬三大类。基于个体的绩效薪酬主要是根据个体的绩效情况来决定其绩效收入（如绩效奖金、绩效薪酬），其典型形式有以下几种：计件工资制、计时工资制、绩效薪酬制、一次性奖金激励计划等。团队/组织绩效薪酬是根据员工所在的团队或组织的绩效而发放的薪酬奖励（如项目奖金、团队报酬），其典型形式有以下几种：收益分享计划、利润分享计划、员工持股计划以及授予员工股票期权等。本书主要对绩效薪酬的以下两个重点分类内容进行解析：

(1) 个体绩效薪酬。所谓个体绩效薪酬，指的是针对成员个体的绩效给予相应奖励的薪酬制度（Katz, 1964）。对个体绩效薪酬有客观和主观两种定义（张正堂和刘宁，2007）。客观定义的绩效薪酬是指员工收入中与绩效相关的那一部分占总体薪酬收入的比例，体现组织薪酬实际的激励强度（杜旌，2009；Du & Choi, 2010）。主观定义的绩效薪酬是指员工感知到的绩效与薪酬的关联度，反映高绩效得到高收入的可能性（Rynes et al., 2005）。针对主观定义，学者们通过绩效薪酬感知将员工的工作绩效与薪酬回报联系起来，它是指在绩效薪酬体系下，员工知觉到的薪酬与绩效之间联系的紧密程度（王重鸣，2010）。作为员工对自身绩效水平和所得薪酬之间的关系的一种主观心理感知（江卫东和侯娇峰，2013），绩效薪酬感知有两层含义：一是对"制度"的知觉；二是对"分配公平"的知觉。前者对应期望理论，是知觉到的绩效水平与工作回报（如加薪、晋升等）之间联系的大小；后者对应公平理论，是知觉到的决策结果与投入或贡献（如绩效）之间的比例关系。

(2) 群体绩效薪酬。群体绩效薪酬指的是当达成绩效目标要求时，群体中的所有人都能够得到奖励的一项激励方式。一种是团队绩效薪酬，是指按照团队整体绩效支付的激励薪酬（如收益分享、利润分享计划等），强调在团队之间会存在差异，而在团队内部则没有显著差异（Gerhart et al., 2009）；另一种是团队水平的绩效薪酬，是指员工个体绩效薪酬的平均值，统计上就是将员工个体层次的绩效薪酬聚合到团队层次的绩效薪酬（杜旌，2009），反映了在团队的整体薪酬支出中有多少变动薪酬用于支付成员的个人绩效，属于团队层次的变量。需要注意的是，团队层面的绩效薪酬主要反映了组织的薪酬制度，而个体层面的绩效薪酬不仅反映了组织的分配制度，还体现了个体间的差异，因而对雇员结果变量的作用机制和作用效并不完全相同（杜旌，2009）。

2.1.2 绩效薪酬结构与测量

绩效薪酬作为一种制度结构变量，其测量主要有四种类型：一是绩效薪酬偏好，一般用二分类法测量；二是对绩效薪酬强度的测量，分为客观和主观两种方式；三是对绩效薪酬模式的测量，分为个体和群体测量；四是针对绩效薪酬的特征，通过量表进行测量。

2.1.2.1 绩效薪酬偏好

薪酬选择偏好用实际选择行为来表示，采用二元分类变量，以 1 代表选择个体绩效薪酬，以 0 代表选择固定薪酬（张正堂等，2015）。

2.1.2.2 绩效薪酬强度

绩效薪酬强度的测量有两类方法：第一类是客观法，指测量随着员工工作绩效变动的那部分薪酬占总薪酬的比重，这种方法反映的是薪酬激励的具体强度，称为绩效薪酬强度（祖伟和龙立荣，2010），也被称为可变薪酬支付力度（刘智强等，2014）。绩效薪酬强度主要通过两种方法来计算：一种是员工自我报告，即根据他们实际获得的工资总额计算绩效薪酬部分所占的比例；另一种是根据企业提供的客观薪酬数据进行计算（祖伟和龙立荣，2010）。关于绩效薪酬强度的测量，也有学者针对群体进行验证。对于团队薪酬激励强度，以往文献中（Bamberger & Levi，2009）的操作是按照个体的薪酬收入中，与团队绩效相关的薪酬占总薪酬的比例进行的。赵海霞（2012）的研究中采用由团队主管估算与团队绩效相关的薪酬收入占所有团队成员总收入比例的方式测量团队薪酬的激励强度。

第二类是主观法，指绩效薪酬的敏感性或感知（谢延浩和孙剑平，2012；王重鸣等，2010）。通过测量员工实际感知到的薪酬与绩效的联系强度来反映企业薪酬制度的特征，而不是测量实际存在的绩效与薪酬的联系强度。绩效薪酬感知的测量主要有两种方式：一种是佩里和皮尔斯（Perry & Pearce，1983）编制的绩效薪酬感知量表，量表包括4个项目：如果在工作中表现特别好，我很可能会得到奖励与加薪；单位根据我的绩效水平来核发我的报酬；在当前的体系中，绩效最好的员工将得到最高的加薪或奖励；当前的绩效薪酬促使我更加努力地工作。该量表在后续研究中被广泛采用。另一种是由德科普等（Deckop et al.，1999）提出的量表，认为可以由员工自己对其绩效和薪酬的联系程度进行评价来测量绩效薪酬，具体包含3个题项：在我们单位，雇员工作效率的提高意味着他可以得到更高的收入；我的个人绩效实际上对我的奖金影响很小；事实上我的工作绩效对我的薪水影响不大。该问卷在国内也得到了应用。

2.1.2.3 绩效薪酬模式

吴治瑾和龙立荣等学者于2007年在德科普等（Decko et al.，1999）编制的绩效薪酬感知量表的基础上又拓展了针对群体层次的测量，形成了测量个体绩效和群体绩效感知的量表。该量表共6个题，前3题测量群体绩效对于薪酬的影响强度，后3题测量个体绩效对于薪酬的影响强度。对群体绩效薪酬的测量包括：企业效益的提高意味着我个人的待遇能得到提升；我所在工作群体的绩效提高意味着我个人能得到更高的待遇；我所在群体里其他人表现得好坏对我个人的奖金会产生直接影响。对个体绩效薪酬的测量包括：提高个人工作成绩意味着能得到更高的待遇；我个人绩效的好坏对奖金的多少会产生直接影响；我个人工资的高低与绩效的好坏没什么关系。

针对群体层次的绩效薪酬，赵海霞（2012）采用"按贡献分配程度"来表示团队层次的绩效薪酬，按贡献分配程度越强则越接近公平分配，按贡献分配导向越弱则越接近平均分配。本书中使用的团队薪酬按贡献分配量表是在萨林和马哈詹（Sarin & Mahajan，2001）开发的团队薪酬分配量表的基础上修订完成的，共包含4个题项：绩效表现最好的团队成员会获得额外的报酬；团队成员获得的奖金与其个人对团队绩效的贡献成比例；团队中表现好的成员会因为其工作而受到奖励；所有的团队成员获得相同的团队奖金，不管其对团队的贡献如何。其中，前3项均是对"按团队成员个体贡献分配"的描述。

2.1.2.4 绩效薪酬特征

绩效薪酬特征的测量包括绩效薪酬信息性和控制性。许艳红（2017）在前人研究的基础上开发了12个题项的绩效薪酬特征量表，其中前6个题项测量绩效薪酬信息性，包含：通过绩效薪酬政策，我知道和同事相比，我的工作完成得如何；通过绩效薪酬政策，我知道和同事相比，我的工作对企业的价值有多大；通过绩效薪酬政策，我知道和同事相比，我的工作能力如何；通过绩效薪酬政策，我知道和同事相比，自己投入工作的努力有多大；通过绩效薪酬政策，我知道自己在多大程度上达到了工作预期；通过绩效薪酬政策，我知道自己在多大程度上有效率地完成了工作。后6个题项测量绩效薪酬控制性，包含：我觉得公司采用的绩效薪酬政策是想对我的工作行为进行控制；不管我喜不喜欢绩效薪酬政策，该政策使我感到不得不一直努力工作；公司实施绩效薪酬政策的主要原因是为了让我按照上司和领导的要求来工作；公司实施绩效薪酬政策的主要原因是想对我完成的工作提供具体反馈；能获得多少绩效奖励对我的工作有多努力没有什么影响；绩效薪酬政策确实影响了我开展工作。

2.1.3 绩效薪酬的影响因素

劳勒（Lawler, 1971）的差别模型认为，绩效薪酬的影响因素主要包括员工特征和工作特征两大类；戴尔等（Dyer et al., 1976）在劳勒的模型中又整合进了一个重要影响因素"工资政策及管理"；根据赫尼曼（Heneman, 1990）的观点，影响绩效薪酬决策及其效应的因素包括环境条件、组织条件、接受者特征和分配者的特征。此后，众多学者又在前人研究的基础上对绩效薪酬的影响因素做了进一步研究。本节系统梳理了影响绩效薪酬的因素，概括为个体特征、工作特征、组织特征三大类。

2.1.3.1 个体特征

个体特征主要包括人口学特征和个性特征两个方面，其中人口学特征主要包括性别和职位层次两个方面，个性特征主要包括自信程度/自我效能、文化倾向、控制倾向、公平敏感性以及风险态度/不确定性规避五个方面。

（1）人口学特征。

①性别。不同性别员工的绩效薪酬选择不同，目前的研究结论存在不一致性，这可能与性别背后的个体性格倾向更有联系。有的研究发现，女性员工的风险厌恶水平相对更高（Watson & McNaughton, 2007），所以对绩效薪酬体系的偏好相对更低（贺伟和龙立荣，2010；Dohmen & Falk, 2011）。但巴鲁克等（Baruch et al., 2004）以及贝尔菲尔德和海伍德（Belfielda & Heywood, 2008）分别以中国职业运动员和美国教师为样本的实证研究都发现，女性比男性员工更倾向接受与个人绩效挂钩的绩效薪酬体系，这与上述风险厌恶假说的结论相反。

②职位层次。对员工的薪酬偏好及选择来说,当员工所处的职位层次越高时,其工作自主性和对个人绩效的可控性越强,所以会更倾向接受绩效薪酬体系(祖伟等,2010)。杜宾斯基等(Dubinsky et al.,2000)对美国不同层次销售经理普遍采用的几种报酬项目的研究表明,在经济性报酬项目中,高层和基层销售经理对奖金的偏好较高,中层销售经理对佣金的偏好较高。

(2)个性特征。

①自信程度/自我效能。自信程度主要表现为是否合理估计自己的能力、绩效以及个人成就感的波动性。多门和福尔克(Dohmen & Falk,2011)、丁明智等(2014)以及张浩等(2017)的研究表明,对绩效的自我相对评价(反映自信程度与工作能力)较好的被试者更可能选择竞争性薪酬,而对能力较差的员工来说,绩效和薪酬联系越薄弱他们越喜欢。此外,心理学大量研究表明,个体普遍存在一定程度的过度自信,常常高估自己的能力与绩效,低估绩效的波动性风险(张浩和丁明智,2017)。过度自信的雇员将倾向于选择绩效薪酬方案,尤其是个人绩效报酬方案(伍如昕,2014;Larkin & Eider,2012)。

自我效能感是个体对那些影响自己生活的事件的自我控制能力的信念(Bandura,1986)。自我效能感并不是技能,也不是一个人的真实能力,而是个体对完成特定任务所具有的行为能力的自信程度,并且这种自我信念对个体的行为动机具有激发作用。研究证明自我效能感与个人对绩效薪酬体系的偏好与选择显著正相关(Kuhn & Yockey,2003;张正堂等,2015)。与固定薪酬相比,绩效薪酬显然具有更强的挑战性,从认知构建的角度(Bandura,1995),由于绩效薪酬潜在的风险性,一般自我效能高的个体会从积极的角度构建认知,期待预期的成功和高风险带来的高收益,因而容易接受;一般自我效能低的个体会担心绩效薪酬带来的潜在损失,宁愿获得较低的固定薪酬也不愿意冒险。此外，心理学家发现，那些认知能力和成就需求较高的人也会更加偏好绩效薪酬。

②文化倾向。高坦和萨托格鲁（Goktan & Saatçioglu，2011）针对土耳其和美国学生样本的问卷研究显示，个体的集体主义价值观越强，越偏好基于群体或年资的薪酬制度，而不是基于个体的薪酬制度。国内学者谢延浩（2011）也通过实证研究发现集体中心取向的个体更偏好基于团队的绩效薪酬。

③控制倾向。心理控制源分为内、外控制源，高内控倾向者认为事件后果主要取决于自身的行为或态度，而高外控倾向者认为事件后果主要依赖于外部因素。高外控者倾向面对薪酬选择时，认为主要是外部因素影响绩效薪酬，与努力关系不大，会倾向于固定薪酬；高内控者倾向面对薪酬选择时，对绩效控制感知较强，对绩效薪酬相对积极。丁明智等（2014）认为外控倾向与个体绩效薪酬选择呈负相关，与个体目标绩效薪酬选择也呈负相关，即面临固定薪酬和个体绩效薪酬选择时，外控倾向较低者更可能选择个体绩效薪酬。

④公平敏感性。公平敏感性是指个体在感知到不公平之后表现出来的紧张程度以及为纠正这种不公平状态而表现的激烈程度，比如改变个体投入产出比，重新选择比较对象或者纠正认知曲解等（Huseman et al.，1985）。休斯曼等（Huseman et al.，1985）研究了不同公平敏感性员工对公平的追求差异，他们认为并非所有个体都偏好绝对公平。普通型的心理和行为符合传统的亚当斯公平理论，与此相反，无私型和自私型则不符合公平理论，无私型认为自己的投入产出比应该比其他人高，认为付出比收获更有价值，他们是典型的利他主义者；相反，自私型认为自己的投入产出比应该比其他人低，认为收获比付出更有价值。

珀尔等（Poell et al.，1992）研究表明绩效薪酬制度对无私型和自私型的激励程度很低，对普通型个体最有效。对无私型和自私型来说，绩效和奖励之间的关系不是那么明显。因此，员工对绩效薪酬的偏好也可能受其公平敏感性的影响，三种类型的员工各自偏好的绩效薪酬形式可能有所差异。此外，泰西耶（Teyssier，2008）通过实验发现，个体的劣势不公平（指对自己不利的不公平，即自己的收入低于别人）规避程度越高，越不愿选择竞争性薪酬安排，越愿意选择收益共享型薪酬安排，但是优势不公平（指对自己有利的不公平，即自己的收入高于别人）规避程度对薪酬选择的影响不显著。

⑤风险态度/不确定性规避。风险态度的差异会影响人们对薪酬制度的选择（Charles et al.，2010）。传统的经济学理论认为：风险厌恶越高的人越不愿选择个体绩效薪酬，个体会因为风险规避而更倾向选择无风险的固定薪酬体系（Leblanc & Mulvey，1998）。在面对同等期望收益的固定与绩效薪酬体系时，大多数个体会选择风险性的绩效薪酬体系（Kuhn & Yockey，2003）。凯兹比等（Cadsby et al.，2007）、葛丹和萨托格鲁（Goktan & Saatoglu，2011）的研究均发现风险厌恶程度高或者不确定性规避高的员工更少选择绩效薪酬，当被迫接受绩效薪酬时也更倾向于低强度绩效薪酬，而风险厌恶程度低的员工则愿意接受较高强度的绩效薪酬。国内学者也有类似的结论（丁明智等，2014a）。进一步，丁明智等（2014b）基于行为决策理论视角和真实任务实验方法的实证研究结果表明：风险规避与个体目标绩效薪酬选择均呈负相关；对于目标绩效薪酬，冒险有为型（同时具备风险喜好和内控性）心理特征模式的个体最愿意选择，而保守宿命型（同时具备风险厌恶和内控性）心理特征模式的个体最不愿意选择。同时，目标绩效薪酬的陈述框架会影响个体的薪酬选择，在薪酬陈述的损失框架下，个体更可能选择目标绩效薪酬。

2.1.3.2 工作特征

工作特征主要包括绩效特征与薪酬特征两个方面，其中绩效特征主要包括绩效考核认同与绩效水平两个方面；薪酬特征包括薪酬框架与薪酬水平两个方面。

（1）绩效特征。

①绩效考核认同。从一般意义看，个体对绩效考核系统的认同是指运用该系统的人接受其程度，接受程度越高，说明认同度越强。研究结果显示，考核系统的认同结构包括准确性、关联性要素，准确性反映考核系统衡量员工对组织贡献的精准程度，关联性是员工所得的经济回报与员工绩效之间的关系密切程度。畅铁民和许昉昉（2015）的研究表明，依据从高到低程度，员工依次喜欢职位绩效薪酬、个人奖励性绩效薪酬、知识/技能发展薪酬、团队绩效薪酬。绩效考核系统认同的准确性、关联性要素显著影响员工绩效薪酬偏好。

②绩效水平。不同绩效水平的个体会从追求自身利益最大化的角度出发，选择最有利于自己的分配规则。根据期望理论，绩效水平相对高的个体倾向于认为按照公平规则获得回报是比较公正的，生产率高的员工会主动选择绩效薪酬的薪酬模式；而绩效水平相对低的个体可能认为，影响绩效的关键因素是自己无法控制的，按照均等规则来获得收入更公平（Cadsby et al.，2007）。另外，就绩效薪酬强度而言，绩效水平相对高者愿意按照较高强度的绩效薪酬进行分配，而绩效水平相对低者可能认为低强度的绩效薪酬更加合理。高绩效者对个人绩效激励计划更加偏爱，低绩效者对集体绩效激励计划情有独钟。波特（Portrt，1976）、孙龙生（2014）的研究均表明，当员工绩效高时，员工的绩效薪酬越高，绩效薪酬感知越高，薪酬满意度越高，员工的工作满意度越高，进而员工的主观工作幸福感也就越高。

（2）薪酬特征。

①薪酬框架。人们在进行经济决策时会受到任务框架的影响，薪酬框架的形式即薪酬契约描述与沟通的形式（Kuhberger，1998）。处

于损失性预期收入框架的个体会产生更高风险偏好倾向，对个人绩效薪酬选择有正向影响（丁明智等，2014），而处于收益性预期框架则相反。库恩和何桢（Kuhn & Yockey，2003）的情景实验研究结果表明：在相同期望收益下，当以低概率高价值的函数形式对绩效薪酬进行表述时，个体选择绩效薪酬体系（而非同等期望收益的固定薪酬）的比例显著高于以高概率低价值的函数形式对绩效薪酬进行表述时的选择比例。此外，当对绩效薪酬的潜在收益价值以绝对货币陈述时，个体选择绩效薪酬体系的比例显著高于以百分比对绩效薪酬潜在收益进行陈述时的选择比例。

从行为决策视角出发，贺伟和龙立荣（2011）的研究结果表明：个体根据实际收入水平低于/高于内心预期收入参照点将分别形成损失/收益性的预期收入框架，在损失性收入框架下选择风险性绩效薪酬的概率更高，薪酬支付的加法框架对个人绩效薪酬选择有负向影响；底薪加提成的薪酬支付模式会让个体形成收益框架，薪酬打包的支付模式会让个体形成损失框架，个体在薪酬打包模式下选择绩效薪酬体系的概率更高。

②薪酬水平。薪酬水平对员工绩效薪酬选择的影响并不稳定。部分研究发现，低收入水平的员工的风险厌恶水平相对更高（Watson & McNaughton，2007），所以对绩效薪酬体系的偏好相对更低（贺伟和龙立荣，2010）。但也有学者认为，对收入水平的实验操纵并不会显著改变员工对绩效薪酬体系的接受意愿（Kuhn & Yockey，2003）。

2.1.3.3 组织特征

组织特征包括组织竞争、组织规模以及组织性质三个方面。

（1）组织竞争。在强调竞争和生产率的组织环境中，实施个人绩效薪酬被认为更加公正，但在强调维持高水平和谐的集体主义文化情境中，人们更愿意接受集体激励计划的薪酬分配（陈丽芬，2014）。

(2) 组织规模。工作团队规模也是影响绩效薪酬的因素之一。在小团队，人们倾向于采用集体激励计划，甚至按照均等原则来分配报酬。但当团队规模越来越大时，人们倾向于接受个人绩效薪酬计划，因为随着团队规模的增大，员工能够预期到个人对整个团队绩效的影响在减弱，让个人对不可控因素承担责任是不公正的。考夫曼（Kaufman，1992）曾经报告，在一家实施了收益分享计划的组织中，当人数从200人增加到400人时，人均生产率也随之下降了近50%。

(3) 组织性质。学者威兹德姆（Wisdom，1987）比较了在国有和民营两种体制下，员工在各种激励薪酬制度下感知到的绩效与薪酬之间的联系。结果表明，民营企业的员工拥有相对更高的绩效薪酬感知。

2.1.4 绩效薪酬的作用效果

绩效薪酬作为对员工激励最重要的手段，对员工的态度和行为有着重要影响。一些研究者认为采用绩效性工资可以对员工绩效有正向的激励效应，员工表现出更大的内在工作兴趣（Rynes et al.，2005）。另外一些持反对观点的学者们认为绩效薪酬可能会对组织带来负面影响，原因主要有以下两点：一是绩效薪酬可能会在某些情况下诱导员工产生错误的行为，如过度强调绩效而忽略了组织目标等（Pfeffer，2006）。二是绩效薪酬是组织对员工实施的薪酬控制，被"控制"感难以产生正面激励作用。根据这些学者的观点，绩效薪酬并不能成为工作激励的主要决定因素，只能满足低层次需求（Milkovich et al.，2008；Ryneset et al.，2005），并且会产生负面效果。另外，由于竞争的加剧和环境不确定性的增加，大量组织开始采用基于团队的组织结构以更好地应对竞争和生存（Mesmer-Magnus et al.，2009）。在此背景下，团队绩效薪酬政策的有效性问题受到越来越多的关注（Jansen et al.，2008；张丽华，2010），并且研究发现，绩效薪酬在个体和组织两个层次对员工的某些态度和行为具有不同的作用效果（张勇和龙立荣，2013）。

学术界目前对绩效薪酬的作用效果主要集中在研究组织绩效薪酬制度的实施及其强度会如何影响员工的工作态度和行为特征，绩效薪酬的结果变量主要包括工作知觉、工作态度、工作行为以及工作结果4个方面。其中工作知觉包括工作积极性、工作压力、社会比较、薪酬公平感4个方面；工作态度包括工作投入、工作满意度、离职倾向3个方面；工作行为包括创新行为、组织公民行为以及机会主义行为3个方面；工作结果包括创造力、工作绩效以及管理成本3个方面。

2.1.4.1 工作知觉

（1）工作积极性。个人绩效薪酬使收入差距扩大，挫伤了底层收入员工的工作积极性（Graham，1999）。汤普森（Thompson，1993）根据自己的调查研究也得出了类似的结论。他认为，绩效薪酬并不能为雇员提供激励，反而经常使雇员丧失热情。通常只有少部分绩效水平高的雇员更倾向于认为绩效薪酬计划是公正的，这样就存在一种风险：绩效薪酬也许会形成一种恶性循环，削弱大多数员工的工作热情。但艾森伯格等（Eisenberger et al.，1999）的研究却得出了相反的结论，在基于绩效付酬的条件下，员工的自主动机水平很高。此外，范·戴克（Van Dijke，2013）研究发现绩效薪酬对防御型任务有正向影响，但受心理计量折扣的影响增量递减；绩效薪酬对促进型任务有"S"型非线性影响，当绩效薪酬比例控制在30%左右时有助于抑制对伦理动机和成就动机的挤出效应，提高激励效果。

（2）工作压力。绩效薪酬需要员工增加工作努力，换取相应奖励，不可避免地会带来同事之间的竞争压力。坎德尔和拉齐尔

(Kandel & Lazear, 1992) 认为这种同僚压力严重到就算工资有所增长, 员工的工作满意度还是会有所降低。国外其他学者的研究表明, 由于绩效薪酬的实施增加了员工收入的不确定性, 绩效薪酬会给员工的思想和精神带来压力 (Green, 2004; Merriman et al., 2007)。国内学者盛龙飞 (2014) 同样认为绩效薪酬对工作压力感存在正向影响, 但是影响程度非常小, 仅能解释百分之一的工作压力感变动情况。也有一些研究没有发现绩效薪酬与压力感的联系, 如穆拉文等 (Muraven et al., 2007) 发现绩效薪酬计划对负面情绪与焦虑感没有影响。研究发现, 将绩效薪酬视为威胁或挑战是工作压力相关的认知评估过程中的关键问题。员工如果认为工作绩效可控, 那么就会把绩效薪酬视作机遇。相反, 如果员工认为自己不能决定工作绩效, 那么就会把绩效薪酬视作威胁。员工对工作绩效的控制不足是工作场所中影响员工身心健康的重要因素 (Kain & Jex, 2010)。

(3) 社会比较。伍如昕 (2014) 认为接受绩效薪酬的雇员会收集有关他们自身和参照对象的绩效信息, 同时也会通过社会比较对与他们同伴相比较的报酬做出反应。在绩效薪酬制度下, 雇员们也许无法精确地知道自己应该得到多少报酬, 这时他们也许会依靠其他人来判断绩效薪酬体系是否被合理地执行, 此时社会比较理论 (Festinger, 1954) 将发挥巨大的作用。社会比较理论认为个体会通过和参照对象进行比较, 进而评价他们自身的能力和观点。绩效薪酬引发社会比较增强, 进而通过薪酬比较感知到的非公平会减少个体绩效报酬系统的努力收益; 同时也可能会导致个体的破坏和退出行为, 从而产生额外的成本; 并且, 感知的非公平所引发的心理成本可能会随着报酬的随机冲击而提高; 对具有强公平偏好的雇员而言, 这一成本可能会更大 (伍如昕, 2014)。

在个体绩效报酬体系中, 报酬不可避免地会出现雇员间的不同, 因而会出现同伴间频繁的比较。经济和管理学方面的理论研究也提供了相应的证据,认为雇员间的这种比较会导致努力的减少、嫉妒和退出行为,以及破坏在同一组织中其他工作者的工作倾向(Bartling & Von Siemens,2010)。实证研究表明,社会比较会损害士气(Mas,2008),激发非伦理行为(Gino & Pierce,2010),减少努力(Cohn et al.,2011)。绩效薪酬通过工资比较感知到的非公平会减少具有公平偏好的个体绩效报酬系统的努力收益;同时也可能会导致个体对绩效报酬系统的破坏和退出,从而产生额外的成本。

(4)薪酬公平感。薪酬公平感的提升直接关系到员工组织承诺和工作绩效的提高,进而影响整个组织效率的提高(刘耀中和姜荣萍,2008)。贝尔彻(Belcher,1979)指出,薪酬公平感和薪酬满意度是研究员工薪酬态度的最佳维度,所以以往的研究也将这两个变量作为绩效薪酬感知的两个不同维度(Omar & Ogenyi,2006)。绩效和薪酬联系的紧密程度可以反映出绩效薪酬的内部公平性,换句话说,当外在表现的薪酬更能代表你所做的努力时,个体主观感知到的结果是公平的。绩效和薪酬的联系越强,组织对绩效薪酬的承诺度就会越高,员工就有高的薪酬公平感知。相反,对于那些绩效薪酬承诺度不高的企业,绩效薪酬并不能有效地提升员工的工作绩效,其员工对薪酬的外部公平性感知就会越低。

坎贝尔等(Campbell et al.,1998)通过相关的实验研究发现,合理的薪酬模式可以提高员工对于薪酬的控制度,从而使员工的薪酬公平感得到改善甚至显著提高。国外学者范·伊佩伦等(Van Yperen et al.,2005)以及哈恩和常(Hahn & Chang,2006)的研究均表明绩效薪酬的实施可以提高员工的薪酬公平感。而国内学者的研究也表明薪酬制度感知对薪酬公平感知有预测作用(李希等,2011;马新建,2011;楼华勇,2010)。此外,谢建斌(2014)的研究进一步发现,绩效薪酬联系强度能显著正向影响薪酬程序公平和薪酬外部公平满意度。郑雯(2014)的研究发现个人绩效薪酬和集体绩效薪酬的感知均对薪酬公平感有显著的正向影响，其中个人绩效薪酬对薪酬公平感的影响高于集体绩效薪酬。

但也有研究发现绩效薪酬可能负向影响薪酬公平。巴斯等（Barth et al.，2009）在研究绩效报酬对公司内部薪酬差异的影响时发现，与固定报酬系统相比，基于个人产出的绩效报酬增加了公司内薪酬的不平等，但是对有高密集工会的公司则无影响。朱飞（2009）的研究成果发现，绩效薪酬对于分配公平感和程序公平感的影响均比较弱，而且，对于分配公平感的个人公平感、程序公平感的公开和申诉有负向影响。杜旌（2009）研究结果表明绩效薪酬在个体层面有效提高了员工分配公平感，而在组织层面绩效薪酬降低了组织中员工分配公平感。余璇和陈维政（2017）认为绩效薪酬认知差异（即企业实际的"绩效薪酬"与员工期望的"绩效薪酬"之间的不一致性）与员工分配公平感呈显著负相关关系，即绩效薪酬认知差异越小，员工分配公平感越高。

以上研究说明绩效薪酬对员工薪酬公平感有显著影响，但是这种关系受到许多因素的影响，这些因素包括员工对薪酬计划的理解程度、对薪酬计划效果的信任程度等。拉马斯瓦米和辛格（Ramaswami & Singh，2003）研究了不同的考核方式对绩效薪酬效果的影响，结果表明，制订绩效改进计划、增强绩效薪酬强度、提高员工考核参与度等手段均能显著提高员工的薪酬公平感。因此，整体来看绩效薪酬制度对员工薪酬公平感的影响是积极的，但是不同的员工特征和组织特征使得员工对绩效薪酬的风险性和信任度理解不同，这会影响绩效薪酬对员工工作积极性的激励作用。

2.1.4.2 工作态度

（1）工作投入。萧费利（Schaufeli，2002）认为工作投入是一种积极的、令人愉悦的与工作相关的心理状态，并且它是一种持续、普遍存在的情感认知状态，与工作特性有关的因素包括明确的绩效标准、个人与工作匹配、绩效反馈等因素都会让员工保持较高水平的工作投入（Schaufeli & Bakker，2004）。

一方面，研究认为绩效薪酬可以提高工作投入（Villeval & Eriksson，2008；Chang，2006）。中国学者张正堂等（2015）利用情景实验研究的结果表明，绩效薪酬选择在一般自我效能对个体工作努力意愿的正向影响中起到了部分中介作用。从薪酬设计的角度来看，绩效目标的设定可以促使员工愿意投入更多的努力。另一方面，研究认为绩效薪酬对工作投入的影响是倒"U"型的，即在绩效薪酬强度较低的情况下，增加绩效薪酬在总收入中的比例会使得员工的工作投入、活力、奉献和专注水平增加，而当绩效薪酬水平超过一定比例时继续增加绩效薪酬强度反而会使员工的工作投入、活力、奉献和专注水平降低（万宇，2014）。张正堂等（2015）的研究表明，在奖励型薪酬框架下，绩效薪酬的选择对努力意愿的影响作用比较强；在惩罚型薪酬框架下，绩效薪酬的选择对努力意愿的影响作用比较弱。

（2）工作满意度。工作满意度是"员工对整个工作特征的反映"的测量，也是"员工将自己现在的工作与劳工市场上的其他工作机会进行比较的唯一标准"（Hamermesh，2001）。其本质是员工对比自己期望获得收益与实际获得收益时产生的心理感受（江卫东和侯娇峰，2013）。

一方面，研究发现绩效薪酬提高了个体工作满意度（Schay，1998；Mccausland et al.，2005）。海伍德等（Heywood et al.，2006）研究结果表明收益分享计划和个人绩效薪酬体系均可提高员工的工作满意度，进一步他们将个人绩效薪酬体系分为五种类型：计件工资、佣金、奖金、小费和股权激励，发现除计件工资之外，其他四种类型的绩效薪酬均提高了员工的工作满意度。另一方面，学者们也发现绩效薪酬潜在的消极作用，降低了员工满意度（Kellough & Nigro，

2002)。海伍德等(2008)以教师为研究对象,发现绩效薪酬提高了教师的总收入,但却降低了他们的工作满意度。

(3)离职倾向。现有研究对离职倾向的实证结果并不完全相同。一方面,学者认为绩效薪酬会提高员工的离职倾向,如凯洛夫和尼格罗(Kellough & Nigro, 2002)研究了美国乔治亚州政府中实施绩效薪酬的情况,结果发现绩效薪酬使员工离职倾向升高。另一方面,也有学者认为绩效薪酬会降低离职倾向(Schay, 1998; Werner, 2004)。

有些学者认为在不同企业中,绩效与薪酬的具体联系不尽相同,因此绩效薪酬与离职行为之间的联系不可简单地用线性关系来表示,应考虑员工的绩效水平和绩效分层的作用。曾格(Zenger, 1992)的研究表明,在只奖励最佳绩效的竞赛式绩效薪酬安排下,员工离职与否取决于其绩效水平所在区间:绩效水平中等偏上或者最低的员工更可能离职,而中等偏下或者最高的员工更可能留下。而且在控制了绩效水平后,员工感知绩效与评估绩效差距越大,则离职倾向越强。沙伯洛克等(Schaubroeck et al., 2008)通过实证研究发现,对于绩效薪酬认同程度较高的员工而言,当实际绩效薪酬增幅低于其期望时,其反应比增幅高于其期望时强烈。员工对绩效与薪酬增幅之间关系的主观判断对其反应的影响比薪酬的实际增幅对其反应的影响要大。

2.1.4.3 工作行为

(1)创新行为。创新行为根据企业是否应用全新的知识及能力分为探索式创新和利用式创新两种行为(Atuahene, 2003)。探索式创新行为的创新幅度比较大,企业需要创造全新的知识、技术和能力以开发全新的产品、服务及市场,它属于一种变革式的创新行为(Rowley, 2000),因此回报具有不确定性、远期性,甚至有可能是负向的（March，1991）。利用式创新行为创新幅度小，它建立在已有的知识或技术基础上，是对现状的改进，是一种渐进的创新行为，其实质是对现有的知识进行改进和完善，相比探索式创新风险低（Benner，2002）。

另外有部分学者发现绩效薪酬对创新行为的两面性影响。张勇等（2013）以及顾建平和王湘云（2014）均认为绩效薪酬强度对探索式创新行为呈先扬后抑的倒"U"型关系，对利用式创新行为有显著的正向影响。但张勇和龙立荣（2013）的研究表明，绩效薪酬感知与探索行为间无显著的相关关系，与利用行为之间呈显著的正相关关系。刘智强等（2014）研究发现可变薪酬支付力度与员工创新行为呈倒"U"型关系。

（2）组织公民行为。组织公民行为是指员工的自愿行为，这种行为在员工的职责之外，不被组织的正式报酬体系所认可，但这种行为却有益于组织，能够促进任务绩效的完成（Organ et al.，2005）。但也有研究认为绩效薪酬计划可能使员工忽视那些不能得到奖励的角色行为和角色外行为（Van Dijke et al.，2009），因为人们非但不能因这些角色外行为得到报酬，而且会减少他们从事可以获得报酬的角色行为的精力。

相关实证研究也表明了绩效薪酬具有两面性。德科普等（Deckop et al.，1999）发现在控制了程序公平和个人主义/集体主义两大变量的前提下，员工的价值观与组织一致时，员工感知到的薪酬与绩效的关联度对员工的组织公民行为没有影响；当员工的价值观与组织不一致时，员工感知到的薪酬与绩效的关联度与其组织公民行为负相关。杜旌（2009）研究显示绩效薪酬在个体层面有效提高了员工分配公平感和自我发展行为，而在组织层面，绩效薪酬降低了组织中员工分配公平感和帮助行为的整体水平。吴诒瑾（2007）与张梦琦（2012）的研究得出以下结论：基于个体绩效的薪酬对组织公民行为有负面影响,当薪酬与个体绩效联系越紧密时,员工所表现出的公民行为越少;基于群体绩效的薪酬对组织公民行为有正向作用,当薪酬与个体绩效联系越紧密时,员工所表现出的公民行为越多。许艳红(2017)发现绩效薪酬的信息性对员工组织公民行为有正向影响作用;绩效薪酬的控制性对组织公民行为有负向影响作用。

(3)机会主义行为。研究指出,在绩效薪酬的受益者当中,存在着机会主义的行为(Chamberlin et al.,2002)。普费弗等(Pfeffer et al.,2006)认为,绩效薪酬的效果不够理想,在某些情况下会诱导员工产生错误行为。楼华勇(2010)认为,因为绩效薪酬鼓励员工为追求物质财富努力工作,可能滋生无视或轻视道德约束的心理,从而使员工行为偏离了组织目标。

2.1.4.4 工作结果

(1)创造力。创造力是指与产品、服务、流程相关的新奇与有用的想法或观点的产生(Amabile,2018)。马贾尔等(Madjar et al.,2011)进一步将个体创造力区分为突破性创造力和渐进性创造力。其中,突破性创造力是指与组织现有实践或做法完全不同的新想法或新点子,而渐进性创造力则是指对现有框架体系进行少量的改变或对组织现有做法和产品提供了较小程度的修正的想法或点子。采用绩效导向的薪酬激励员工提升创造性的做法一直存在争议,现有的研究针对不同维度的创造力,进行了丰富的实证研究。亨尼西(Hennesey,1989)考察了奖励与创造力的关系,实证研究表明,有奖励组的创造性会显著低于没有奖励的分组。

我国学者张勇等(2014)的研究结果表明:绩效薪酬感知对内在动机和突破性创造力没有显著的影响,对外在动机和渐进性创造力有显著的正向影响。张勇和龙立荣(2013)研究结果表明绩效薪酬强度对单维创造力有倒"U"型影响。马君和刘婷(2015)通过调查发现企业过度强调绩效导向的阶梯式激励结构并没有促进员工创造力，反而会抑制员工创造力；只有在符合工作价值需求的前提下，才会将外在奖励转化为内生激励，提升员工创造力。常涛等（2014）研究发现，绩效薪酬对员工创造力的影响存在混合效应，其中，信息性对员工创造力有正向影响，而控制性会产生负向影响。杨涛（2016）的研究进一步发现伴随绩效薪酬激励强度的增大，个体对绩效薪酬的感知由"控制性、信息性、控制性"交替占据主导，绩效薪酬对内在动机的影响沿着"挤出效应、挤入效应、挤出效应"主线演化，亦即绩效薪酬对内在动机的影响呈"S"型特征。

（2）工作绩效。绩效薪酬制度是否能有效提升员工绩效水平，存在不一致的研究结论。一方面，部分研究认为绩效薪酬对员工绩效存在积极作用。阿波德（Abowd，1990）通过对225家公司进行的绩效性工资效果的调查，发现使用绩效薪酬制度与公司的股东总回报率和总投资回报率正相关。绩效薪酬制度也能够吸引更多有才能和高绩效的员工，提升整个劳动力队伍的生产效率，平均提高组织10%~20%的绩效产出（Parnell & sullivan，1992）。拉泽尔（Lazear，1999，2000）和卡兹比等（Cadsby et al.，2007）的研究发现，绩效薪酬能够通过选择效应和激励效应达成更高的生产率。国内学者也发现了相似研究结论，李春玲等（2017）研究结果表明绩效薪酬感知对任务绩效和周边绩效有显著正向影响。进一步，翟璐（2011）研究发现了个人绩效薪酬模式相比群体绩效薪酬模式促使员工表现出更多的任务绩效，而群体绩效薪酬模式促使员工表现出相对更多的周边绩效；偏向结果考核的绩效薪酬模式相比偏向行为考核的绩效薪酬模式促使员工表现出更多的任务绩效，而偏向行为考核的绩效薪酬模式促使员工表现出相对更多的周边绩效。李鹏等（2015）认为绩效导向的薪酬制度能够通过满足心理需要，促进自主动机进而提高创造性绩效。

另一方面，绩效薪酬可能降低组织绩效。米格罗姆和罗伯特（Milgrom & Robert，1992）指出当绩效评价的误差增加时，增加奖励的成本大于雇员边际产出，会抵消绩效薪酬的激励效应。绩效薪酬仅有助于提高产品数量，无益于改善和保障产品质量（Pfeffer，1998；Marsden et al.，1994）。绩效薪酬代表一种竞争性激励，它可能削弱员工之间的凝聚力和合作精神，容易使员工只关注短期绩效的实现（Bam-berger et al.，2009）。并且，群体绩效薪酬可能引发"搭便车"行为，会降低激励效应（Rynes et al.，2005）。雇主对员工的控制的使用有时会导致员工减少工作中的表现（Falk，2006）。

（3）管理成本。绩效薪酬不仅可以产生激励，使员工更具生产率，从组织角度而言还可以让员工在一定程度上承担组织绩效波动带来的风险，因为绩效薪酬有助于将员工行为与组织目标连接在一起，让员工与组织共享绩效收益、共担绩效风险，当个人、小组和公司的生产率都较低时，可以降低薪酬成本（Deckop et al.，2004）。同时，绩效薪酬体系可以发挥信息传导的效应，向员工和潜在的加盟者传达组织的价值观和要求。

但另一方面，绩效薪酬可能导致管理成本有所增加。考克斯（Cox，2005）选择了6家中小企业进行比较研究，结果显示，采用可变薪酬以后，管理成本有所增加，主要原因是管理时间成本由于要解决引入可变薪酬所导致的员工不满和争议而有所增加。

2.1.5 绩效薪酬的中介机制

从理论的建立和发展过程来看，通过考察变量间关系的中介机制是澄清过往不一致结论和发展新理论的重要方式。绩效薪酬的中介变量主要包括个体动机与个体认知两方面。其中，个体动机包括内在动机与外在动机两种；个体认知包括创造力自我效能、角色定义幅度、个人-组织价值观匹配、面子压力、薪酬公平、组织承诺、组织认同以及组织信任等。

2.1.5.1 个体动机

（1）内在动机。内在动机源自工作本身的内在价值，人们在工作中能够追求工作带来的愉悦感、自发的满意感，满足好奇心以及迎接挑战，这一系列因素激发了员工的内在动机（Deci & Ryan，1985）。学者发现内在动机在绩效薪酬与创造力之间起中介作用，其中郭国涛（2016）的研究进一步发现，内在动机还中介了绩效薪酬与个人-组织价值观契合的交互作用以及绩效薪酬和关系型心理契约的交互作用。具有强烈内在动机的员工，对工作本身有着强烈的兴趣，会全身心地投入工作，提出自己新颖的观点和看法，促进员工的创新行为。杨涛（2016）的研究发现内在动机非线性中介绩效薪酬与员工创造力的关系，伴随绩效薪酬激励强度的增大，内在动机的瞬时中介效应先增大后减小，并且当适中的绩效薪酬激励强度时，内在动机的瞬时中介效应最强，此时的非线性中介效应是完全中介效应，即适度的绩效薪酬能够完全挤入员工的内在动机，从而唤醒高水平的员工创造力。

（2）外在动机。外在动机的产生源于个体感知到自己被工作本身之外的因素所驱使，例如允诺的奖励或期望的评价（Ryan & Deci，2000）。然而，尽管奖励是外部动机的一个主要来源，奖励并不必然激发个体的外在动机。艾森伯格等（Eisenbeger et al.，2003）指出个体对奖励的反应不仅依赖其对奖励本身的解释，而且还取决于其对奖励内容（即奖励了什么，例如奖励了高努力还是低努力）的认知和判断。据此可以推断，绩效薪酬的实施有利于激发雇员的外部动机。绩效薪酬能够通过正向影响外在动机间接正向影响渐进性创造力（张勇等，2014）。渐进性创造力更为容易得到丰厚的奖励和回报。这种奖励-回报关系通过绩效薪酬的连续性强化会进一步激发员工通过渐进性创新获取经济奖励的外部动机，从而持续促进雇员的渐进性创造力。

2.1.5.2 个体认知

（1）创造力自我效能。自我效能感是指人们对个人能力的整体知觉或信念，是否相信自己能够在特定情景中恰当而有效地做出行为表现（Bandura，1982）。在一般自我效能感的基础上，蒂尔尼和法默（Tierney & Farmer，2002）进一步将创造力自我效能定义为个体对自己具备创造创新成果的能力的信心或信念。因此，越来越多的研究开始将创造力自我效能作为连接外在环境因素与个体创造力的一个中间变量加以研究（Tierney & Farmer，2002，2004，2011）。张勇和龙立荣（2013）考察了绩效薪酬对创造力的影响以及创造力自我效能的中介效应。研究结果表明创造力自我效能部分中介了绩效薪酬对创造力的倒"U"型影响，并且绩效薪酬与人-工作匹配的交互效应通过创造力自我效能的完全中介效应影响创造力。张勇（2014）的研究结果发现创造力自我效能中介了绩效薪酬与程序公平的交互效应及绩效薪酬与冒险意愿的交互效应对创造力的影响：高程序公平条件下或对高冒险意愿者而言，绩效薪酬通过创造力自我效能对创造力的正向间接效应更强。

（2）角色定义幅度（role definition，RD）。角色定义幅度对组织公民行为的影响由莫里森（Morrison，1994）于1994年提出。莫里森认为拥有相同工作内容的员工对于工作会有不同的定义，即拥有相同工作内容的员工对于工作角色内行为和工作角色外行为的界定不会完全相同。如果员工认为某个行为是角色内行为，则该员工相对于角色外行为的员工，更愿意去表现它，因为角色内行为的动机会比角色外行为来得强，并且角色内行为更可能获得形式上或非形式上的奖励与赞美。吴诒瑾（2007）的实证调查分析发现角色定义幅度在基于个体绩效薪酬与组织公民行为之间的中介作用不显著，但在基于群体绩效的薪酬与组织公民行为之间起部分中介作用。

（3）个人-组织价值观匹配。个人-组织价值观匹配是指个人价值观与所在组织的价值观之间的一致性程度。价值观，无论对于个人还是组织，都是一种超越特定情境的信念。个人与组织匹配的观念强调人与组织之间的互动关系，目前大部分专家学者都认为，个人与组织的匹配主要包括三个方面的内容：一是价值观匹配，即个人价值观与组织价值观的匹配；二是需求-供给匹配，即个人需求与组织提供情况的匹配；三是需要-能力匹配，即员工能力与组织要求的匹配。本书中定义的个人-组织价值观匹配主要是指员工个人的价值观同所在团队以及所在企业的价值观、企业文化匹配度的高低。在绩效薪酬和工作满意度的关系中，员工与组织的价值观一致性起着中介作用（Flora, 2010）。进一步，张梦琦（2012）研究发现对于个体绩效的薪酬，个人-组织价值观匹配度的中介作用虽然显著，但是影响强度并不大，对于群体绩效的薪酬，个人-组织价值观匹配度的中介作用比较强。

（4）面子压力。"面子"是一个根植于文化的社会心理建构，它不仅是个体追求的一种社会尊重、社会认同或社会评价，还是其内在的自我形象与自尊，兼具社会性、动机性和认知性三个层面（周美伶和何友晖，1993）。面子压力则是探讨面子这三个层面的重要变量，是指个体由某种社会性回馈而觉察到的负面自我认知，兼具认知性和动机性的心理历程，或称面子威胁感知（朱瑞玲，1987）。绩效薪酬作为一种社会性组织评价，也将成为员工产生面子压力的重要来源。创造性绩效薪酬的信息性所暗示的个人能力与价值的社会性评价，会激发员工的社会取向性成就动机，由此形成的能力面子压力将促进其创造性努力。同时，面子存在追求个人自主、不受他人强加负担或义务的消极动机（Brown，1978）。我国学者常涛等（2014）实证研究发现，绩效薪酬的信息性通过能力面子压力正向影响员工的创造力，控制性通过自主面子压力负向影响员工创造力。

（5）薪酬公平。威廉姆斯等（Williams et al.，2006）指出，个人绩效薪酬能够影响薪酬感知，继而影响员工的工作效率和绩效产出。楼华勇（2010）的研究发现良好的绩效薪酬制度能够提高员工的绩效水平，但是这种影响不是直接作用的，而是受员工薪酬公平感和满意度的中介作用影响。此外，赵海霞（2012）研究发现：团队薪酬按贡献分配对团队公民行为具有积极的影响，且这一关系受到团队薪酬公平感的完全中介作用影响。

（6）组织承诺。组织承诺是"员工基于某种原因选择留在组织的心理状态"，艾伦和梅耶（Allen & Meyer，1990）将其分为持续承诺、情感承诺和规范承诺三个维度。许艳红（2017）实证研究发现组织承诺在绩效薪酬信息性与组织公民行为的关系中起到了完全中介的作用，在绩效薪酬控制性与组织公民行为的关系中起到了部分中介的作用。

（7）组织认同。组织认同是员工与组织一致或归属于组织的感知（Ashforth，1989）。张倩（2014）认为组织认同在绩效薪酬感知与组织公民行为之间起部分中介的作用。从组织公民行为的四个维度来看，组织认同在绩效薪酬感知与个人层面、群体层面、社会层面的组织公民行为中起部分中介作用，在绩效薪酬感知与组织层面的组织公民行为中起完全中介作用。

（8）组织信任。绩效考核系统中，存在各种考核主体来对员工绩效进行评价。考核结果是绩效薪酬的依据，因此在考核主体的绩效考核客观性较低的情况下，就需要在员工和考核主体之间有高度信任，才能有效发挥绩效薪酬的作用。组织信任会影响员工态度、行为、工作结果等多个方面。畅铁民和许昉昉（2015）的研究表明，绩效考核系统认同的准确性、关联性要素在直接领导信任和同事信任中介下，显著影响员工绩效薪酬偏好，并且直接领导的信任对绩效薪酬偏好的影响效应部分地由同事信任中介发生。从考核系统认同的准确性、关联性的影响方式来观察，显然存在不同的影响路径。二者都直接影响到对直接领导的信任，关联性还直接影响到同事信任。

2.1.6 绩效薪酬的调节效应

针对绩效奖励对创新的差异性影响，弗里德曼（Friedman，2009）认为未来的研究不应该去验证哪一学派的观点是对的，而应该去探索什么情境下，人本学派或学习学派是正确的。拜伦和哈桑奇（Byron & Khazanchi，2012）也指出不能单纯地认为奖励是否会促进还是抑制员工创造力，而必须要在具体的情境下去考察二者之间的关系。研究表明绩效薪酬与员工态度、行为和结果的关系在不同情境下会有所差异，研究将不同情境下的调节变量按照个体特征、工作特征和组织特征进行分类。其中，个体特征进一步分为人口学特征、个体认知与个体能力三个方面；工作特征包括工作内容与工作管理两个方面；组织特征包括领导风格、组织知觉与组织氛围三个方面。

2.1.6.1 个体特征

（1）人口学特征。性别对绩效薪酬与员工满意度的关系有潜在的影响作用（Goldin，1986；Geddes，2003）。绩效薪酬对满意度的影响一般是正面的，而大部分作用来自男性员工，女性的满意度并不会因为绩效薪酬而提高。袁宇和李福华（2014）发现岗位、职称、学历在绩效薪酬强度对薪酬满意度的倒"U"型影响中存在调节效应。祖伟等（2010）认为职位层次对绩效薪酬强度与薪酬满意度之间的关系有调节作用，中高层人员的最优绩效薪酬强度比一般员工的大。赵琛徽和梁燕（2015）发现绩效薪酬强度经过绩效薪酬知觉对薪酬满意度的中介效应的后半路径受到员工层级的调节。库恩等（Kuhn et al.，2003）从行为决策角度用实验研究方法证明，个体对绩效薪酬可控性的感知会影响绩效薪酬对其吸引力。在组织中，随着管理层次的逐步提高，员工的职责内容越来越多，相应地所拥有的权力也越来越大，员工感知到自己对绩效控制的程度也越来越强。因此，与普通员工相比，高层管理人员更能感知到对绩效的影响和控制，也就越偏好绩效薪酬。

（2）个体认知。

①自我效能感。班杜拉（Bandura，1991）认为，自我效能感是个体对自我能力进行衡量和评估后的自我概念，它进一步影响个体的态度和行为，并最终决定了对活动的卷入程度、努力程度以及绩效表现。萨克斯（Saks，1995）研究发现，自我效能感能够有效预测工作态度和工作结果，自我效能感高的个体对顺利完成活动达到目标充满信心，因而态度积极，投入和努力程度高，而自我效能感低的个体则相反。比格伦（Bygren，2004）的研究表明，自我效能感对绩效薪酬条件下的薪酬满意有显著作用。自我效能感高的个体偏好基于个体的绩效评估和报酬，对薪酬制度本身的灵活性和挑战性要求更高（James & Karen，2006），同等条件下其薪酬满意度水平更显著。

向雪（2015）发现绩效薪酬感知能够显著预测工作投入及其子维度，自我效能感在其中具有显著调节作用。李春玲等（2017）研究结果表明自我效能感在绩效薪酬感知与周边绩效关系中起到正向调节作用。张浩和丁明智（2017）的研究结果表明：自信对工作能力与绩效薪酬选择的关联性以及风险规避与绩效薪酬选择的关联性均存在增强型调节效应。王重鸣等（2010）与江卫东等（2013）的研究表明，绩效薪酬制度并不一定带来高水平的薪酬满意水平，其中自我效能感起调节作用，自我效能感越强，绩效薪酬对满意度的积极作用越显著。但与之相反，楼华勇（2010）的研究发现绩效薪酬比例对薪酬满意度的影响受员工一般自我效能感的缓冲作用影响，员工一般自我效能感越低，个体奖励和绩效薪酬激励强度对员工薪酬满意度的影响越大。

②成就需要。成就需要是指设定挑战性目标的渴望。具有高成就需要的个体将自我品味成功（或失败），其获得成功的动机大于避免失败的动机，在给定机会时将会选择中等困难程度的任务。衍生到薪酬领域，当且仅当个人在工作任务中是成功时，薪酬具有激励作用。绩效薪酬既是金钱给予的过程，也是获取社会认可、绩效反馈的过程，容易产生正向激励效果。绩效薪酬同时扮演工具性（金钱奖励）与象征性（认可）的动机特性（Luthans，2001），通过外在报酬的获取，满足内在需要的实现，进而可以改善个体或组织绩效。谢延浩和孙剑平（2012）的研究证实了成就需要的调节作用。研究结果表明，高的成就需要强化绩效薪酬知觉与薪酬满意度之间的关系。

③竞争动机。组织中的员工不仅有追求物质等有形资源的需求，也有追求地位等无形资源的需求。由于人们追求地位的目的不同，地位竞争的动机也不相同。一些人追求地位是为了地位本身，这是因为更高的地位象征着胜任力、被尊重和被认可，这类地位竞争动机可称之为情绪追求动机。另一些人追求地位则是希望通过地位这一"跳板"来获取地位背后的资源（Loch，2000），如权力、金钱等，即地位的附加值，而非地位本身。学者刘智强等（2014）研究发现地位竞争动机调节可变薪酬支付力度与员工创新行为之间的关系，可变薪酬支付力度、地位竞争动机和创新自我效能三方交互可明显提高员工个体的创新表现。

④价值认同。价值认同是指员工对组织目标和价值观的认同程度,以及愿意代表组织并为组织付出努力的程度(Deckop,1999)。个人价值取向者偏向于个人绩效薪酬而非集体绩效薪酬,现实主义者更加关注工资的绝对水平而非相对水平。德科普等(Deckop et al.,1999)的研究发现,当员工与雇主价值观一致性程度高时,绩效薪酬对员工角色外行为并无负面影响,只在价值观不一致时,绩效薪酬才会减少角色外行为。杜旌(2009)的研究得到同样负向一致的结论:当员工对企业价值观认同程度较高时,员工的帮助行为才会随绩效薪酬强度的提高而提高。当员工不认同企业价值观时,绩效薪酬强度的提高对员工的帮助行为几乎没有作用。

⑤公平感知。薪酬公平感是指员工获得组织回报的外在薪酬和内在薪酬与他的期望值相比较之后所形成的心理感觉状态。艾萨克(Isaac,2001)认为绩效薪酬的激励效果将会受到员工的公平感知的影响。根据公平理论,当分配公平感高时,员工感受到自己的付出得到了应有的报酬,且公平公正地体现出自己与他人的相对能力水平,从而绩效薪酬的信息性所承载的反馈和信息使员工相信自己的报酬是来自于组织对其工作绩效的认可,自己的付出得到了相应的回报,使其感受到组织对个人职业生涯发展的支持,更多地以组织的立场为出发点做出思考和决策,进而表现出更多的组织公民行为。

加涅(Gagne,2008)研究发现,公平认知的各个维度都与自主工作动机正相关,绩效性奖励通常被认为是更公平的,这增加了需要满意的可能性,并最终导致更高的自主动机。许艳红(2017)研究发现分配公平感在绩效薪酬信息性与组织公民行为之间起正向调节作用,与分配公平感较低的员工相比,分配公平感较高的员工绩效薪酬信息性对组织公民行为的正向影响作用更强。张勇(2014)以及李鹏等(2015)的研究分别证实了公平感在绩效薪酬与员工创造力自我效能以及员工创新绩效之间存在调节作用。

⑥创新效能感。法默等（Farmer et al.）将自我效能与创造力理论结合起来提出创新自我效能感的概念，即个体对自己能否产生创新结果的信念。创新自我效能感是员工自我概念的一个核心成分，个体的自我概念对个体的感知、思考方式及行为往往具有重要导向作用（Lea，2000），所以不同的员工对同一情境的反应并不相同。一般说来，员工的创新自我效能感越高，对自己从事创新活动的能力就越自信，会以更积极的方式应对创新活动过程中的问题，从而表现出更高的创造力（顾远东和彭纪生，2010）。一方面，低创新自我效能感的员工缺乏对创新活动的兴趣，不会主动寻求刺激和信息，因此在绩效薪酬强度低时，低创新自我效能感的个体会表现出较低的创新行为；另一方面，低创新自我效能感的员工由于对创新活动缺乏自信，因此在较高的绩效薪酬强度时会更多地保留习惯而非创新行为，从而表现出较低的创造力。当绩效薪酬强度中等时，环境的刺激和稳定性相对平衡，选择创新带来的收益风险小，低创新自我效能感的个体才会表现出较高的创新行为。顾建平和王湘云（2014）研究发现创新自我效能感正向调节了绩效薪酬与利用式创新行为之间的关系，即创新自我效能感越高，利用式创新行为越高。

⑦风险态度。风险态度分为三类，即风险厌恶、风险中立和风险追逐。绩效薪酬中蕴含着风险，这是因为大量的因素不在雇员的控制之下，努力与产出之间的关系存在着诸多不确定因素。绩效薪酬代表了一种风险与收益获得的可能性，因此，个体的冒险意愿可能影响到其对绩效薪酬的解释和判断，并进而调节绩效薪酬对其他结果的作用效果。卡兹比等（Cadsby et al.，2007）认为个体对于风险的认知和个体的专业程度会对薪酬认知产生影响，那些更专业的、对风险较少厌恶的个体更能接受绩效薪酬制度，在这种情况下会使这种薪酬

制度更好地促进个体的创造性。科内利森和海伍德（Cornelissen & Heywood, 2011）认为绩效薪酬对工作满意度存在显著影响, 风险态度会影响绩效薪酬与工作满意度之间的关系。一般来说, 风险偏爱型的员工愿意为追求更高的薪酬而接受挑战, 工作满意度相对较高; 而风险厌恶型的员工则表现出较低的满意度。

我国学者谢延浩和孙剑平（2012）的研究证实了风险厌恶的调节作用。研究结果表明, 高的风险厌恶弱化了薪酬变动与薪酬满意之间的正向关系, 且强化了薪酬变动的负向效应。其中, 风险厌恶在薪酬变动与奖金满意、薪酬水平满意之间分别扮演调节作用; 对于高风险厌恶的个体而言, 正向效应弱于低风险厌恶者, 负向效应强于低风险厌恶者。侯娇峰（2013）探究发现风险态度在绩效薪酬感知对员工薪酬满意度及4个子维度的关系中均起到正向调节的作用, 在绩效薪酬与整体薪酬满意度关系中的作用最强。张勇（2014）的研究结果发现冒险意愿分别调节绩效薪酬感知和员工创造力自我效能、员工创造力的关系: 对高冒险意愿者而言, 绩效薪酬对创造力自我效能及创造力的正向效应更强。

（3）个体能力。能力强的个体更可能选择高激励的绩效薪酬, 从而获得比在固定薪酬制度下更高的期望收入（Cadsby et al., 2007; Dohmen et al., 2011）。高能力个体对工作任务和自身技能等相关信息特征拥有更多的认知资本, 对绩效的控制感知也更强, 从而会对自己的绩效水平作出较高预测; 而低能力者拥有相关信息较少, 认知资本相对匮乏, 对绩效水平的控制感知较弱, 因此对自身绩效水平的预期则相对较低。丁明智等（2014）研究得到能力水平分别调节风险厌恶、外控倾向对个体绩效薪酬选择偏好的影响, 对高能力者来说, 风险厌恶、外控倾向与个体绩效薪酬选择的负向关系均更强。

2.1.6.2 工作特征

（1）工作内容。

①任务互依度。工作任务的相互依赖程度也是影响绩效薪酬效果的因素之一。范德维格特等（Van Der Vegt et al.，2003）的观点受到广泛认可，他们将任务互依度定义为是员工为有效完成工作任务，对团队内其他成员的依赖程度。研究人员发现，工作任务的互依性能够增进团队成员之间的友谊，强化员工对组织的归属感和依赖性（Chen et al.，2009），也能够促使员工增加工作努力和绩效产出（Ayupp & Kong，2010）。卢梭等（Rousseau et al.，2009）指出，在高任务互依度的组织中，个体需要依赖员工合作来有效完成既定任务。由此而言，个人绩效薪酬在高任务互依度的情境下，将会加剧员工之间，以及员工与管理者之间的冲突和不信任。

肖等（Shaw et al.，2002）发现，在工作任务相对独立的行业中，实施工资差异化程度高的个人绩效薪酬能带来高水平的绩效。郑雯（2014）的研究结果显示任务互依度显著负向调节个人绩效薪酬与薪酬公平感的关系，即当工作任务相互独立时，个人绩效薪酬对薪酬公平感的正向影响更大；而当工作任务相互依赖时，个人绩效薪酬对薪酬公平感的正向影响被削弱。任务互依度无法显著调节集体绩效薪酬与薪酬公平感的关系。

②任务多样性。德劳格和加维（Drag & Garvey，1998）认为绩效薪酬带来的影响是正或负是由工作任务的具体情况，即由工作任务多样性和复杂性来决定的。在绩效薪酬激励的前提下，某位员工自身的工作任务重复而单一并不会增加他的帮助行为。相反，只有当工作内容复杂多样而具有挑战性的时候，团队成员之间的合作氛围才会形成。

③任务复杂性。任务复杂性会调节奖励和创造力的关系，主要基于以下原因：一方面，当个体从事复杂的工作时，奖励更有助于提高个体的胜任感；另一方面，复杂的任务可以增加奖励情景下积极的情绪体验。以往研究证实了认知风格和工作复杂性共同作用影响奖励与创造力的关系（Baer et al., 2003）。

(2) 工作管理。

①绩效考核。以往研究发现良好的绩效反馈有利于强化绩效薪酬的积极效应。首先，积极的绩效反馈有可能增加绩效标准的清晰度。其次，绩效反馈可以增加知觉到的胜任感。最后，绩效反馈可以增加积极的情绪，而积极的情绪有利于激励创造力（Deci et al., 1999）。因此，可以预期绩效反馈有可能正向调节绩效薪酬与创造力的关系。

贺伟和龙立荣（2011）的研究探讨了薪酬体系框架与绩效考核方式对个人绩效薪酬选择的影响。结果表明，与封闭式目标的考核体系相比，企业采用开放式目标的绩效考核会抑制预期收入框架和薪酬支付框架对个人绩效薪酬选择的影响。绩效考核方式会调节预期收入框架对个人绩效薪酬选择的影响，在开放式目标考核下，损失性预期收入框架对个人绩效薪酬选择的正向影响更弱；绩效考核方式会调节薪酬支付框架对个人绩效薪酬选择的影响，在开放式目标考核下，薪酬支付的加法框架对个人绩效薪酬选择的负向影响更弱。

②考核周期。考核周期是指相邻的2次绩效考核之间的时间间隔（张德，2003）。出于不同的管理原则和绩效目的，不同企业的考核周期往往有所不同。张勇和龙立荣（2013）认为考核周期调节了绩效薪酬与探索行为的关系，在长周期情境下，绩效薪酬与探索行为间呈显著的正相关关系，而短周期情境下，绩效薪酬与探索行为间呈显著的负相关关系；考核周期对绩效薪酬与利用行为之间的关系无显

著的调节效应。由于创新行为的不同特征，探索性创新强调其突破性和推倒重来的特征，往往需较长的时间保证。当绩效考核周期较长时，团队成员有足够的时间投入到探索性创新行动中，增加了其创新行动的成功概率和随后的预期回报，绩效薪酬与团队成员的探索行为之间也因而表现为正相关关系。反之，当绩效考核周期较短时，由于缺乏足够的时间保证，团队成员投入探索性创新的风险大大增加，从而导致其收入风险增大，所以当绩效考核周期较短时，绩效薪酬对探索行为的负面效应大大增加，绩效薪酬与员工的探索行为之间也因而表现为负相关关系。

③薪酬水平。团队薪酬水平是指团队成员薪酬收入的平均值（Brown，2003）。作为薪酬体系的一个重要组成部分，薪酬水平对于理解组织薪酬政策的有效性具有不容忽视的特殊作用（Brown，2003）。绩效薪酬体系下，绩效薪酬强度相同时，团队薪酬水平越高意味着员工投入创新活动的潜在期望收益越大，绩效薪酬的正向激励效应也越大。所以薪酬水平有助于强化绩效薪酬对利用行为的正面效应。但就探索行为而言，由于其高风险特性，当薪酬水平增加时，绩效薪酬制度下潜在的收入损失也同时增加，因此，仅从期望收益视角看，薪酬水平不会影响绩效薪酬与探索行为的倒"U"型关系。同理，团队薪酬水平较低时，团队成员对不公平的薪酬体系的容忍度较低，从而强化高强度绩效薪酬对探索行为的消极影响。

默克斯兰德（McCausland，2005）的研究指出，员工在不同的薪酬水平下表现出的平均工作满意度存在差异。绩效薪酬对员工的平均工作满意度水平有积极影响，但是只对收入较高（或很高）的员工有效，对低收入员工甚至会产生负面作用。张勇等（2013）研究结果表明，团队薪酬水平调节绩效薪酬与团队成员探索行为的关系，在高薪酬水平情境下，高强度绩效薪酬对探索行为的负向效应更弱；

在低薪酬水平情境下，高强度绩效薪酬对探索行为的负向效应更强。而潜在的经济收益是个体投入低风险的利用性创新的主要原因。因此，薪酬水平可正向调节绩效薪酬与利用行为之间的关系，团队薪酬水平越高，绩效薪酬与利用行为之间的正向关系越强。

④薪酬框架。组织管理实践中最常见的绩效薪酬模式是奖励型和惩罚型。在奖励型绩效薪酬下，如果员工达到目标绩效将会获得一定数额的奖金，否则，只能得到基本工资；在惩罚型绩效薪酬下，员工只有达到目标绩效才可以获得基本工资，如果达不到目标绩效将会受到一定数额的罚款。张正堂等（2015）利用情景实验研究的结果表明，薪酬框架对绩效薪酬选择和努力意愿的关系起到正向调节作用：在奖励型薪酬框架下，绩效薪酬的选择对努力意愿的影响作用比较强。丁明智等人（2014b）的实证研究结果表明：薪酬陈述框架对风险规避与个体目标绩效薪酬选择之间关系具有调节作用。在损失框架下，风险规避对目标绩效薪酬选择的影响较弱；在收益框架下，风险规避对目标绩效薪酬选择的影响较强。

2.1.6.3 组织特征

（1）领导风格。组织情景下，组织的价值观、规范常常是领导者价值观的体现。因此，在不同的领导风格下，雇员对绩效薪酬的性质和目的可能有不同的解释和理解。例如，变革型领导更强调理想信念和对员工的关心与激励，因此，高变革型领导环境下，绩效薪酬更有可能被理解为多劳多得的奖励性分配制度，因而有利于激励创造力；卡哈伊德等（Kahaid et al.，2003）的实验研究却发现在现金奖励情境下，交易型领导比变革型领导的下属提出了更多的新点子。这表明某些特殊情境下（如奖励）交易型领导同样有助于创造力的发展。伯恩斯（Burns，1978）认为交易型领导主要通过权变奖励来激励下属。具体而言，交易型领导更加重视目标设置、澄清奖励与绩效的关系和为下属提供建设性的反馈,并在下属达成绩效时给予及时的奖励(Bass,1985)。

张勇等(2014)的研究结果表明:变革型领导调节绩效薪酬与突破性创造力的关系。高变革领导情境下,绩效薪酬通过正向影响内在动机间接对突破性创造力产生正向影响。交易型领导调节绩效薪酬与渐进性创造力的关系:交易型领导通过强化绩效薪酬对外在动机的影响进而放大了绩效薪酬对渐进性创造力的正向效应。

(2)组织知觉。

①组织支持感。万宇(2014)研究发现组织支持感在绩效薪酬强度与工作投入之间的关系中起到负向调节作用,且该调节作用只改变了曲线的倾斜程度而没有改变它的弯曲程度。也就是说当组织支持感程度高时,增加绩效薪酬强度会获得更大的工作收入水平的增加。同时,组织支持感的调节作用对绩效薪酬强度与工作投入的活力维度之间的关系更显著。

②创造力支持感。创造力支持感是员工感知到组织对展示出创造力的那部分员工鼓励、尊重、奖励和认可的程度。杨涛(2016)的研究分析了绩效薪酬价值补偿性所引致的"逐利的外在动机"与创造力支持感挤入的内在动机协同对创造力的影响,结果表明:第一,创造力支持感与绩效薪酬的跨层次交互作用负向影响员工的内在动机,创造力支持感越低,绩效薪酬对员工内在动机的挤入效应越强,表明存在绩效薪酬对内在动机的补偿问题;第二,创造力支持感跨层次调节内在动机对绩效薪酬与员工创造力关系的中介效应,并且创造力支持感越高,内在动机的中介效应越弱,表明在高创造力支持感下,存在绩效薪酬影响创造力的直接效应,这意味着内外动机协同唤醒高水平员工创造力。

在低创造力支持的环境下,员工创造性工作的试错过程所内蕴的风险让员工难以承受,面对工作难题,员工更倾向于通过常规、简便、可行的方式处理而非创造性的工作方式。低水平的创造力支持感，能够让员工在组织提供的些许支持、认同和承诺下降低一定的绩效薪酬控制感，并且越高的绩效薪酬，它的价值补偿性越能够带给员工足够的刺激和本能满足，绩效薪酬的信息性也将让员工获得久违的组织认同，进而不断提升员工的创造力水平。如果员工能够感受到组织提供的高水平创造力支持，员工将能获得充分的组织认同，创造性工作将被员工视为自己应当承担的义务，并且他们对创造性风险的承担水平也要高于未感知到组织提供创造力支持的时刻。因此，绩效任务不再是乏味的组织期望，而是变成员工能够感受到其内在价值并愿意为之奋斗的任务目标，绩效薪酬仅仅是作为工作成果的价值附属物满足个体等价交换的本能。所以，高创造力支持感能够让员工具有高水准的创造力，但是此时绩效薪酬对员工创造力的影响却微乎其微。

③人-工作匹配。个人与组织匹配的观念强调人与组织之间的互动关系，由于人-工作匹配强调人的知识、技能和能力与其工作岗位需要的匹配，或者是人的要求与岗位特性的匹配（Edwards，1991），其关系到雇员对绩效薪酬的认知与态度，格哈特和赖恩（Gerhart & Rynes，2003）认为那些感知到与工作岗位或组织更加匹配的雇员对绩效薪酬有更高的认同与偏爱，并因此而在工作搜寻时倾向于选择那些实施了绩效薪酬的组织。此外，人-岗匹配与否还会影响到员工创新的成功概率，那些拥有岗位所需的知识和技能的员工更有可能成功地完成创新任务。因此，当员工与其岗位高度匹配时，更有可能将绩效薪酬理解为创造性活动潜在的资源供给，而不是外在的情境约束。

已有研究证实了个体的认知风格与其工作岗位的匹配程度调节奖励与创造力的关系。张勇和龙立荣（2013）的研究结果表明：人-工作匹配调节绩效薪酬与创造力的关系，人-工作匹配度越高，中等强度绩效薪酬的正面效应越强,高强度绩效薪酬的负面效应越弱。郭国涛(2016)认为个人-组织价值观契合调节绩效薪酬与员工创造力的关系。

④心理契约。心理契约是指员工对自己和组织相互应尽的义务的一种信念,即员工相信组织已经承诺并将对自己履行某些义务。麦克尼尔(MacNeil,1985)将心理契约划分为交易型和关系型两种类型。交易型心理契约强调短期的、物质的交换,主要关注经济性的、直接的回报,缺少长期的承诺;关系型心理契约强调长期的、非物质的交换,主要关注情感性和开放性的承诺。

郭国涛(2016)认为绩效薪酬显著影响员工创造力,其中关系型心理契约起调节作用。在组织实际情境中,对于与组织建立了高关系型心理契约和高个人-组织价值观契合的员工来说,绩效薪酬能够显著提升员工的内在动机和员工创造力,促进作用最为明显;而对于与组织建立了高关系型心理契约和低个人-组织价值观契合的员工来说,绩效薪酬对员工的内在动机和创造力提升作用均不显著;对于与组织建立了低关系型心理契约和高个人-组织价值观契合的员工来说,绩效薪酬能够显著提升员工的内在动机和员工创造力;而对于与组织建立了低关系型心理契约和低个人-组织价值观契合的员工来说,绩效薪酬则会显著降低员工的内在动机和员工创造力。并且,绩效薪酬在一定的情境作用下,并不是直接作用于员工创造力,而是通过影响员工的心理因素——内在动机,进而影响员工的创造力水平。

(3)组织氛围。

①程序公正氛围。诺曼和贝内特(Naumann & Bennett,2000)定义程序公平氛围为员工们所共享的一种认知,这种认知是关于组织是否能在程序上公平地对待其全体成员,如组织是否能公平地制定工资、工作任务等的分配政策和公平地进行分配过程中的实际操

作。通过社会影响机制，成员们关于组织公平的积极或消极经历和判断会相互影响，表现为相互加强或相互减弱。当程序公平氛围为积极时（员工们感觉组织是公平的），个体将倾向于对组织实践（如绩效薪酬）做出积极的解释。杜旌（2009）考察了组织层面的程序公正氛围对绩效薪酬与员工态度和行为关系的调节作用，在高程序公平氛围的组织中，绩效薪酬强度与员工分配公平感和帮助行为正相关；在低程序公平氛围的组织中，绩效薪酬强度与分配公平感和帮助行为负相关。

②伦理气候。余璇和陈维政（2017）认为在绩效薪酬认知差异对员工分配公平感的影响中，关怀导向伦理气候起到正向调节作用，规则导向伦理气候不具有调节作用，而自利导向伦理气候起到负向调节作用。在关怀导向伦理气候中，成员之间相互体谅和关怀。规则导向伦理气候倡导遵守公司规则和程序，强调规则面前人人平等，个体行事会优先遵守公司规则和程序。自利导向伦理气候则是面临决策时，成员只顾及自身利益最大化，对自身行为的约束能力大大降低。在个体绩效薪酬体系中，尽管薪酬不可避免地会出现员工间的不同，但在关怀导向和规则导向伦理气候下，公司内部员工在进行分配公平判断时更容易考虑到他人的利益以及公司的规则和程序，因而不会出现同伴间频繁的比较，而是客观地看待自己的绩效薪酬，员工分配公平感会较高。在自利导向伦理气候下，公司内部员工在进行分配公平判断时更容易考虑到自身利益的最大化，因而会出现同伴间频繁的比较。

③组织规模。适宜的工作环境能够有效提高员工的归属感、授权、工作投入，改善与同事和上司之间的关系，并最终对工作满意度产生积极影响。在工作环境方面研究绩效薪酬和工作满意度之间直接影响的学者是阿尔茨（Artz，2008），他比较了三种不同大小组织中绩效薪酬对员工满意度影响的程度。结果是仅在大公司里，绩效薪

酬会提高工作满意度。因为在此种组织中，绩效薪酬真正拉近了员工与决策者之间的距离，并指导员工决定最优工作量。员工在追求利益的过程中自我调控，使工作具有较强的自主性和弹性。而小公司中员工的产量清晰可见，他们本就可以根据企业的产量要求控制工作量，因此绩效薪酬的作用并不明显。

2.1.7 绩效薪酬的研究述评

结合以上分析可以发现，绩效薪酬目前的研究主要集中在概念内涵、结构维度及体系设计等方面。在组织中，绩效薪酬决策受到多种因素的影响。本节在整合前人研究的基础之上，将绩效薪酬的前因变量归结为个体特征、工作特征以及组织特征三大类。其中在个体特征中，人口学因素、自我效能、文化倾向、控制倾向、公平敏感性以及风险态度均是影响绩效薪酬的重要前因变量；工作特征主要包括对绩效考核的认同、绩效水平以及薪酬框架和薪酬水平；组织特征主要包括组织竞争、规模、性质。此外，越来越多的研究聚焦于探讨绩效薪酬制度通过何种机制对员工产生激励作用，其中个体动机与个体认知是重要的中介变量。

绩效薪酬制度的实施通过一定的中介作用会对员工的态度、行为和结果产生影响，绩效薪酬的作用效果可以概括为工作知觉、工作态度、工作行为与工作结果四个方面。不同的管理情境下，很多因素都会影响到绩效薪酬制度的实施效果，所以有必要开展具体的、情境化的机制研究，在整合前人研究的基础上，本节将调节效应概括为个体特征、工作特征与组织特征三个方面。

绩效薪酬的整体文献研究框架如图2.1所示。

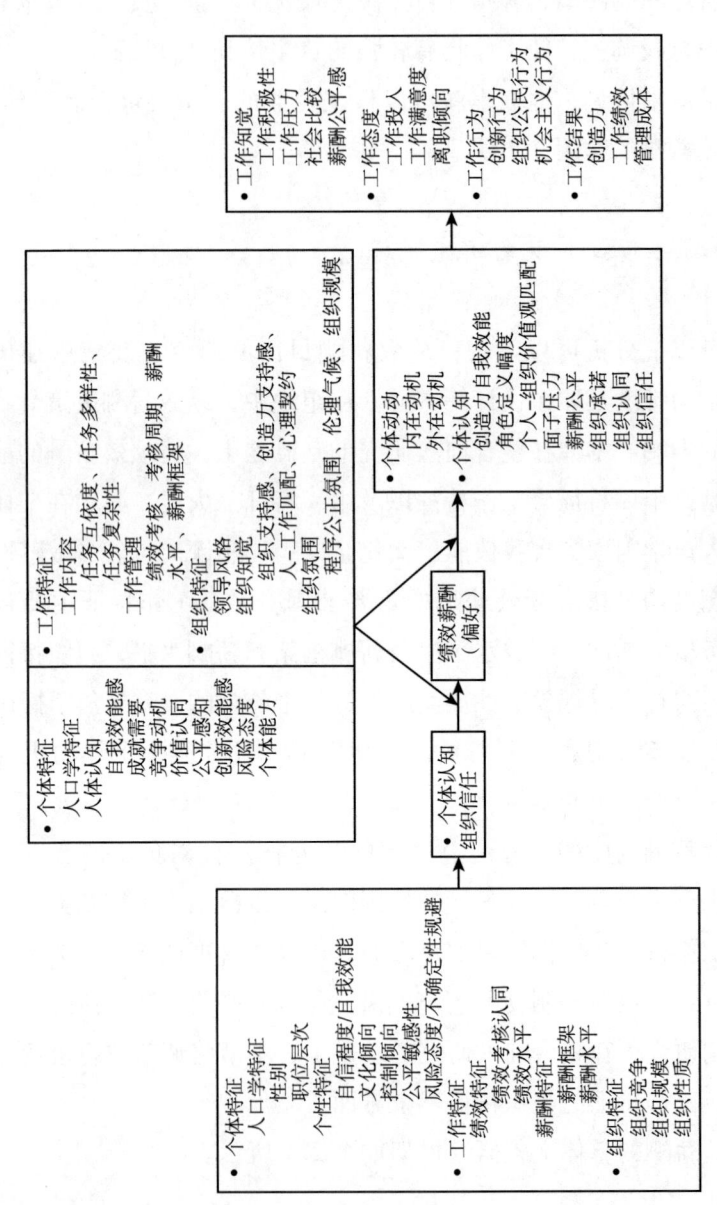

图2.1 绩效薪酬的文献研究框架

个体特征
- 人口学特征
- 个体认知

个性特征
- 自信程度/自我效能
- 文化倾向
- 控制倾向
- 公平敏感性
- 风险态度/不确定性规避

工作特征
- 绩效考核认同
- 绩效水平

薪酬特征
- 薪酬框架
- 薪酬水平

组织特征
- 组织竞争
- 组织规模
- 组织性质

↓

个体认知
- 组织信任

↓

绩效薪酬（偏好）

↓

个体特征
- 人口学特征
- 个体认知
  - 自我效能感
  - 成就需要
  - 竞争动机
  - 价值认同
  - 公平感知
  - 创新效能感
  - 风险态度
  - 个体能力

工作特征
- 工作内容
- 任务互依度、任务多样性、任务复杂性
- 工作管理
- 绩效考核、考核周期、薪酬水平、薪酬框架

组织特征
- 领导风格
- 组织知觉
- 组织支持感、创造力支持感、人-工作匹配、心理契约
- 组织氛围
- 程序公正氛围、伦理氛围、组织规模

个体动机
- 内在动机
- 外在动机

个体认知
- 创造力自我效能
- 角色定义幅度
- 个人-组织价值观匹配
- 面子压力
- 薪酬公平
- 组织承诺
- 组织认同
- 组织信任

↓

工作知觉
- 工作积极性
- 工作压力
- 社会比较
- 薪酬公平感

工作态度
- 工作投入
- 工作满意度
- 离职倾向

工作行为
- 创新行为
- 组织公民行为
- 机会主义行为

工作结果
- 创造力
- 工作绩效
- 管理成本

2.2 薪酬满意度的文献综述

薪酬满意度是组织中成员对其薪酬的总体性评价感受，它对促进组织成员的工作绩效，完善组织的薪酬制度，实现组织发展目标具有重要作用。本节对薪酬满意度内涵的理论发展、维度的划分测量进行了详细梳理，并对薪酬满意度的影响因素和作用机制进行了系统性整合述评。

2.2.1 薪酬满意度的内涵

目前的研究对薪酬满意度有三种类型的界定：一是综合性定义，即将薪酬满意度的概念做一般性解释，是雇员对其薪酬及相关制度、过程所持有的一种态度；二是期望差距定义，即将薪酬满意的过程视为个人在特定的环境中实际获得的价值与预期应获得价值间的一致程度；三是参照架构定义，即个人根据参考架构对薪酬加以解释后而得到的结果，重点在于雇员对其薪酬特性层面的情感性反应（谢延浩，2011）。表 2.3 和表 2.4 分别总结了国内外学者的代表性定义。

表 2.3　　　　　　　国外学者对薪酬满意度的定义

学　者	年份	定　义
维克多·弗鲁姆 （Victor Vroom）	1964	薪酬满意度是个体对奖励的满足感，即员工在追求和实现自我利益的过程中，组织能够提供与其需求相一致的奖励，那么员工就会感到最大的满足，员工会在权衡所得到的报酬与其自身工作努力程度之间的关系后，决定采取适当的行为达到最终的报酬目标

续表

学　者	年份	定　　义
劳勒（Lawler）	1971	薪酬满意度是个体对其薪酬所具有的总体感觉，此总体感觉是个体的态度和行为的一个重要决定因素，此种评价依赖于个体自身的需要、价值、信念、期望、欲望和渴望
米塞利和莱恩（Miceli & Lane）	1991	薪酬满意度是一种情感状态，即个体对其获得的薪酬的积极的或消极的情感（或感觉）的总和
特克莱布（Tekleab）	2005	薪酬满意度是从评价中得到的一种愉悦的或正面的情绪状态，包括情感的和认知的成分

表 2.4　　　　　　　国内学者对薪酬满意度的定义

学　者	年份	定　　义
冉斌	2002	薪酬满意度是员工把实际得到的货币性与非货币性薪酬之和与员工对薪酬的期望水平进行比较后产生的一种满意状态
杨剑等	2002	薪酬满意度是员工获得组织经济性报酬和非经济性报酬的实际感受与其期望值比较的程度
臧志鹏	2005	薪酬满意度是一种主观心理体验，与员工切身利益密切相关
郭起宏和万迪	2008	薪酬满意度是员工在将期望值与自己在组织中所获得的内在及外在薪酬比较之后所形成的一种心理感觉状态
刘金伟	2012	薪酬满意度既是一种对薪酬现状与期望的主观评价，也是一种通过内外部比较后产生的内心感受，是外部刺激和内部感知相互叠加的一种复杂心理状态
贺伟	2014	薪酬满意度是一个相对的概念，是员工获得的全部薪酬与期望值的比较

综上所述，薪酬满意度既可以是对真实所得与期望所得的对比结果，也可以是人们对当前薪酬系统的情感知觉。薪酬满意度是一种内心体验的反应，可以从不同维度对薪酬满意度进行测评。

2.2.2　薪酬满意度的结构与测量

广义的薪酬包括经济性薪酬和非经济性薪酬。经济性薪酬是指工资、奖金、福利待遇和假期等,包括直接报酬和间接报酬;非经济性薪酬是指个人对工作本身或对工作在心理与物质环境上的满足感,例如有成就感的工作或良好的工作环境。在薪酬满意度的构成维度方面,学者们主要从经济性和非经济性两个不同的视角看待薪酬满意度,其中,经济性薪酬的维度研究较为丰富,经历了从单一维度向多维度的转变过程。

2.2.2.1 经济性薪酬的维度

(1) 单因素维度。在对薪酬满意度研究的初级阶段,学者们对其概念的理解比较单一。明尼苏达大学研究者将薪酬作为一个单一维度来测量,并编制了明尼苏达满意度问卷(minnesota satisfaction questionnaire,MSQ)。工作满意度调查表(job satisfaction survey,JSS)的9个维度中包含1个薪酬满意度维度,其中有4个关于薪酬水平和薪酬增长的条目。奥彭和波米奇(Orpen & Bormici,1987)、刘帮成等(2008)以及刘、唐和朱(Liu,Tang & Zhu,2008)的研究均认为薪酬满意度只有1个维度。

(2) 双因素维度。劳勒(1971)、拉姆(Lam,1998)认为薪酬满意度应该用薪酬和福利这两个指标进行测量。戴尔和塞里奥尔特(Dyer & Theriault,1976)指出,薪酬满意度应该包括薪酬水平和薪酬管理体系感知两个维度。米塞利和莱恩(Miceli & Lane,1991)把员工薪酬满意度分为两类:一类是员工对薪酬水平的满意度,另一类是员工对薪酬制度的满意程度。卡拉赫(Carraher,1991)提出,薪酬满意度应该包括水平/加薪/结构与管理、福利两个维度。凯斯勒(Kessler,2006)等研究发现,薪酬水平和薪酬结构两个维度足以评价英国公务员的薪酬满意度。

(3) 三因素维度。阿什等(Ash et al.,1987)、李春玲等(2015)经实证研究认为,薪酬满意度包括薪酬水平、薪酬结构/管理和福利满意度（员工福利）3个维度。斯卡尔佩洛、胡贝尔和范登堡（Scarpello, Huber & Vandenberg, 1988）研究发现，对于工资免税的员工薪酬满意度来说，存在薪酬水平、结构/管理、福利和增薪4个维度；对于工资不免税和小时工来说，只存在薪酬水平、结构/管理和福利3个维度。

（4）四因素维度。赫尼曼和施瓦布（Heneman & Schwab, 1985）提出薪酬满意度包括薪酬水平满意度、薪酬提升满意度、福利水平满意度、薪酬结构满意度、薪酬管理满意度5个关键要素。然而，在后期进行了大量的实证研究和验证过程后，赫尼曼和施瓦布（1988）发现，将薪酬结构与薪酬实施满意度合并为薪酬结构及管理满意度后的四维度的薪酬满意度问卷拟合效果更好。之后许多学者的实证研究结果支持了赫尼曼等提出的四维结构，即薪酬满意度包括薪酬水平、福利、加薪和薪酬结构与管理4个维度（Mulvey et al., 1992; Judge, 1993; Judge & Welbourne, 1994; DeConnick et al., 1996; Lievens, 2007; 于海波, 2009）。

就四维度模型而言，多维度间区分但相关。贾奇（Judge, 1993）提出了一个关于薪酬满意维度的代表性结论，即薪酬满意的各维度之间并非相互独立，实际上多数是高度相关的。赫尼曼和贾奇（Heneman & Judge, 2000）认为，维度之间的关系归咎于薪酬体系的各部分在管理上互相联系，两两之间的相互关系强弱不尽相同；威廉姆斯等（Williams et al., 2007）则认为，福利满意与其他3个维度之间的关系，较其他3个维度两两关系为弱。赫尼曼和施瓦布在薪酬满意度四维度的基础上编制出了PSQ量表。该量表总体上具有较高的效度和信度，被广泛地运用到薪酬满意度测量领域中。目前，学术界对于PSQ量表划分的薪酬维度的研究并不确切和稳定，在薪酬满意度研究的50年时间里，学者们针对不同国度、不同文化背景、不同职业、不同地域的研究对象展开了不同方式的测量，达成了薪酬满意度是多维度的这一共识,突破了早期认为的薪酬满意度是由单一指标构成的认知。虽然学界在量表的具体维度方面可能还存在一些争议,但并不影响四维度模型本身的价值和重大意义。

(5) 五因素维度。斯特曼和肖特(Sturman & Short, 2000)认为"一笔性奖金满意"(lump-sum bonus satisfaction)也可以作为独立维度纳入 PSQ 量表之中。奖金是在不增加员工基本工资的情况下给予员工的一次性现金奖励,是组织激励个体与团队完成特定任务的重要途径,传统薪酬满意度问卷并没有涉及这一类的薪酬项目。斯特曼和肖特(2000)的研究表明,包括薪酬水平、福利、加薪、薪酬管理与结构、奖金的五维度模型具有最佳的拟合效果。加西亚等(Garcia et al., 2009)以出口制造业的蓝领工作者为研究对象,对斯特曼和肖特的五维度薪酬满意度模型进行了跨文化检验,结果表明五维度模型有着最佳拟合效果。也有研究认为"激励计划"也可作为薪酬满意的维度之一,如方和谢弗(Fong & Shaffer, 2003)。

在国内本土化验证研究中,伍晓奕等(2006)实证研究发现,薪酬满意度包括薪酬提升、薪酬水平、奖金、薪酬制度和管理、福利 5 个维度。王素娟(2015)认为,薪酬满意度的 5 个维度包括薪酬外部竞争性、薪酬结构合理性、福利制度有效性、绩效奖励效率、薪酬制度公平性。杨涛等(2017)研究发现,薪酬满意度的 5 个维度包括薪酬水平满意度、福利满意度、薪酬提升满意度、薪酬结构满意度、薪酬管理满意度。

目前,国际范围内对薪酬满意度调查表具有较高的关注程度,但学术界对于薪酬满意度的测量究竟应包含哪几个维度尚未达成共识或者形成具体模式,关于薪酬满意度维度的主流研究是把薪酬作狭义薪酬理解,其中四维结构模型的认识最具代表性,即薪酬满意度包括薪酬水平、薪酬提升、福利、薪酬结构/管理 4 个维度。尽管大量研究关注于薪酬满意的"真实"维度,但学者们对该问题至今尚未取得一致意见：在探索性因子分析（EFA）中，学者们多支持三因子结构或四因子结构；而在验证性因子分析（CFA）中，学者们多支持四因子结构或五因子结构。表2.5整理薪酬满意度的相关维度。

表2.5　　　　　　　　薪酬满意度的维度总结

研　　究	年份	维度	维度名称	对象	方法
赫尼曼和施瓦布（Heneman & Schwab）	1985	5	薪酬水平、薪酬增长、薪酬福利、薪酬结构、薪酬管理	护士；白领（管理、技术、专业人士）	CFA PCA
奥彭和波米奇（Orpen & Bormici）	1987	1	薪酬满意	101名大学讲师	PCA
斯卡尔佩洛等（Scarpello et al.）	1988	3~4	薪酬水平、福利、薪酬管理与结构	1007名工厂雇员；95名私人诊所雇员	PCA
赫尼曼和施瓦布（Heneman & Schwab）	1988	4	薪酬水平、薪酬增长、薪酬福利、薪酬结构/管理	护士；白领（管理、技术、专业人士）	CFA
阿什等（Ash et al.）	1990	3	薪酬水平、福利、结构与管理	穿制服的执法人员	PCA
米塞利（Miceli）	1991	2	薪酬数量、薪酬体系	无	文献
卡拉赫（Carraher）	1991	2	水平/加薪/结构与管理、福利	104名MBA学生	PCA
穆尔维等（Mulvey et al.）	1992	4~5	薪酬水平、福利、加薪、薪酬结构与管理	美国和加拿大的991名内审员	CFA
贾奇，贾奇和韦尔伯恩（Judge, Judge & Welbourne）	1993；1994	4	薪酬水平、福利、加薪、薪酬结构与管理	美国一家财富500强企业的战略业务单元的员工；200名服务、维持与安全员和115名生产、维持、文书与监督员	CFA
德康尼克等（De-Connick et al.）	1996	4	水平、福利、加薪、结构与管理	一个多元化的样本	CFA

续表

研 究	年份	维度	维度名称	对象	方法
拉姆（Lam）	1998	2	薪酬水平、福利	171名中国香港一线工人	EFA
斯特曼和肖特（Sturman & Short）	2000	5	薪酬水平、福利、加薪、薪酬管理与结构、奖金	医疗机构工作人员	CFA
方和谢弗（Fong & Shaffer）	2003	5	水平、加薪、福利、结构与管理、小组激励计划	中国香港样本	EFA
德吉特（De Gieter）	2006	4/3	3个样本支持四因子，教师样本支持三因子	比利时样本	CFA
卡雷尔等（Carreher et al.）	2006	4	薪酬水平、加薪、福利、结构与管理	美国的423名雇员；波罗的海国家的519名雇员	CFA
利文斯（Lievens）	2007	4	薪酬水平、加薪、福利、结构与管理	美国、比利时、塞浦路斯	CFA
刘帮成等	2008	1	薪酬满意度	上海徐汇区政府雇员	EFA
伍晓弈等	2008	5	加薪、奖金、薪酬制度和管理、薪酬水平、福利	国内服务业	EFA
刘，唐和朱（Liu, Tang & Zhu）	2008	1	薪酬满意度	企业员工	EFA
于海波	2009	4	薪酬水平、福利、加薪、薪酬管理与结构	全国159家企业的2426名企业员工	EFA
谢宣正和薛声家	2009	5	薪酬水平、加薪、薪酬政策与管理、福利、非经济报酬	262名6家企业人力资源管理师认证培训班学员	CFA
加西亚等（Garcia et al.）	2009	5	薪酬水平、加薪、福利、薪酬结构/管理、奖金	墨西哥工人	CFA

续表

研　究	年份	维度	维度名称	对象	方法
李春玲等	2015	3	薪酬结构与管理、薪酬水平、员工福利	171名北京的两家大型连锁超市员工	EFA
王素娟	2015	5	薪酬外部竞争性、薪酬结构合理性、福利制度有效性、绩效奖励效率、薪酬制度公平性	608名山东省的12家大中型劳动密集型企业的基层员工和一线管理者	CFA
杨涛等	2017	5	薪酬水平满意度、福利满意度、薪酬提升满意度、薪酬结构满意度、薪酬管理满意度	上海市4家三甲医院的在岗医务人员	EFA

2.2.2.2　非经济学薪酬的维度

除了经济学薪酬的视角，学者们结合广义薪酬的概念，从非经济学薪酬的视角对薪酬满意度的结构做出了新的探索。辛迅（2006）通过对成都部分高新技术企业中的知识型员工进行深入访谈，开发了测量全面报酬的18个项目量表，包含基本薪酬、激励薪酬、附加薪酬、福利、工作因素报酬、个人发展报酬、工作环境报酬。陈涛、李廉水（2008）提出从内在经济性薪酬、外在经济性薪酬、内在非经济性薪酬、外在非经济性薪酬4个方面来考虑整体薪酬满意度。谢宣正、薛声家（2009）将薪酬满意度划分为薪资水平、薪酬提升、福利、非经济性报酬、薪资政策与管理5个维度，将非经济性报酬作为一个维度添加到了薪酬满意度的维度构成中。刘景矿（2014）分析了大型房地产公司项目经理薪酬满意度的影响因素，得出薪酬福利、人际关系、发展前景、激励机制、企业认同感5个关键因素。杨俊青、杨菊兰等（2014）基于美国第二代薪酬协会提出的总体报酬五因素模型，并结合中国文化背景以及非国有企业的薪酬结构，设计了测量非国有企业总体报酬五维量表，包含薪酬、福利、工作生活平衡、绩效与认可、发展与职业机会5个维度。

2.2.3 薪酬满意度的影响因素

薪酬满意度的影响因素主要包括个体特征和工作特征两方面，其中个体特征主要包括人口学特征如性别、年龄、职称等；人格特征如情绪、金钱偏好/物质主义、认知复杂性、价值取向；个体感知如公平感知、社会比较。工作特征主要包括工作性质、绩效评估和薪酬特征如薪酬水平与增长、薪酬体系特征、薪酬管理与制度感知、薪酬参照体等。

2.2.3.1 个体特征

(1) 人口学特征。在人口统计学特征方面，研究表明，个人的性别、年龄、婚姻状况、民族与薪酬水平满意度之间低度相关，在加入实际薪水作为控制变量后，结果表明工龄、教育程度、工作经验、职务层级、组织历史与薪酬满意度低度相关（Williams et al.，2006）。郝金磊等（2014）研究发现，西部地区高校教师文化程度、职称、平均月收入、薪酬与消费水平匹配感等因素对教师薪酬满意度的影响显著。刘金伟（2012）研究表明，年龄、职称、行政级别等对薪酬满意度影响较大。颜玄洲（2012）研究发现，性别、学历和职称是影响教师薪酬满意度的主要因素。陈涛（2008）研究表明，不同年龄、不同性别、不同职称、不同单位性质的科技人员对奖励性薪酬满意度存在显著差异。总体而言，布朗等（Brown et al.，2008）认为人口统计学变量并不是薪酬满意度有效的、充分的预测因子，人口统计学变量的低解释力预示着它们不能单独充分地预测员工的薪酬满意度。

(2) 人格特征。

①情绪。沃森等（Watson et al.，1988）把人的性情分为积极情

感和消极情感两大类。积极情感是个体体验快乐情绪状态的个性倾向，其特征是有活力、热情、愉快等；消极情感是个体体验不快乐情绪状态的个性倾向，特征表现为紧张、忧郁、不愉快等。积极情感和消极情感是相互独立的情感特征，随时间的推移表现得相当稳定。根据格雷（Gray, 1970）提出的信号敏感度理论，对于奖励和惩罚的敏感度因人而异，积极情感高的人对奖励非常敏感，他们对很小的奖励都能察觉到；而消极情感高的人对惩罚非常敏感，唤起积极行为需要更多数量的奖励（Shaw et al., 2003）。

肖等（Shaw et al., 1999）研究表明，积极情感与薪酬满意度存在显著的正相关关系，而消极情感与薪酬满意度之间的相关性并不显著。福格尔（Fogel, 1989）也证实消极情感与薪酬提升满意度并不相关。赵勇、刘业政等（2006）的研究也证实了肖的研究结果，即消极情感与薪酬满意度不相关，而积极情感与薪酬满意度正相关，但当员工的薪酬水平低于一定阈限值时，这种关系则不成立。因此，企业如果想把薪酬水平作为奖励激励员工的工作行为时，则要考虑可能存在的这个阈限条件。

②金钱偏好/物质主义。个人价值观分为物质主义价值观和精神主义价值观。物质主义价值观即重视物质的工作态度与生活方式，持这一价值观者注重物质需求和欲望的满足；精神主义价值观即重视精神的工作态度与生活方式，持这一价值观者把精神的自足当作工作、生活的目的和追求（杨同卫等，2011）。显然，个体对工作及生活的不同态度与价值判断，势必影响薪酬满意度。杨同卫等（2011）研究表明，物质主义价值观对于薪酬满意度有着负向的影响。陈雨田等（2011）发现，薪酬对福利满意度有显著的积极影响，而金钱偏好对薪酬水平满意度和薪酬增长满意度有显著的消极影响。廖江群和王垒（2008）的研究表明，物质主义价值观对员工的薪酬满意度有显著的预测作用，高物质主义者薪酬满意度低，低物质主义者薪酬

满意度高。

③认知复杂性。认知复杂性指代个人构念系统的分化程度,反映个体建构"客观"世界的能力,认知复杂性高的人具有高度复杂化的思维能力和认知特点,会比其他人更有可能运用多种具有互补性的方法和多种互不相容的概念去理解周围的现象。因此,不难理解个体认知复杂性的差异与所感知到的薪酬满意度的有关维度具有高度的相关性。卡拉赫和巴克利(Carraher & Buckley, 1996)的研究结果表明,认知复杂性与薪酬满意度存在较高的内部关联性,即认知复杂性高的员工比认知复杂性低的员工能够感知到更多与薪酬满意度有关的维度。

④价值取向。文化价值取向通过影响人们的对外感知方式进而影响人们的满意度水平,反映在薪酬满意度上就会影响员工之间薪酬横向比较和自我心理协调(吕晓俊,2012),其中,集体主义和个人主义是两种显著的价值取向指标。赵武等(2014)研究发现,垂直集体主义和垂直个人主义与薪酬水平、福利加薪、薪酬结构满意度存在显著负相关关系;水平个人主义与薪酬水平、福利加薪满意度存在显著正相关关系;水平集体主义对薪酬满意度的影响不显著。

(3) 个体感知。

①公平感知。薪酬公平感知最直接的影响结果是薪酬满意度。许多学者对薪酬管理程序公平性对薪酬满意度的影响进行了探究,结果表明公平感显著影响薪酬满意度,并且分配公平性和程序公平性对薪酬满意度的不同维度影响不同。与程序公平相比,分配公平对薪酬满意度有更大影响(Summers & Hendrix, 1991;吴舜洁,2011);交往公平和信息公平对员工的各类薪酬满意度并没有显著的直接影响(Wu X. & Wang C., 2008)。罗伯特·蒂尔和罗纳德·卡伦(Robert E. Till & Ronald Karren, 2011)以及马新建等(2013)的研究均表明,人际、外部、内部、过程和信息公平对于薪酬满意度均有

影响，其中人际公平是最重要的指标。王志刚（2013）研究发现，个体公平、内部公平、过程公平和外部公平对总体满意度均存在正效应影响，其中，个体公平和过程公平的影响更为显著。韩锐（2013）以公务员群体作为研究对象，发现领导公平感分别对工资管理满意度、非经济报酬满意度有显著的正向影响；程序公平感对津贴/奖金满意度有显著的正向影响。分配公平感对薪酬满意度四维度均有显著的正向影响。

②社会比较。社会比较理论认为，员工对薪酬是否满意取决于员工把自己薪酬与他人的比较。赖斯等（Rice et al.，1990）发现，薪酬比较（比较标准是期望工资、他人工资、本地区平均工资、最低工资）与薪酬水平满意度之间呈显著相关性。米切利（Micelli，1991）发现，薪酬比较（政府部门与非政府部门的比较）与薪酬态度呈正相关。泰勒和维斯特（Taylor & Vest，1992）研究表明，外部薪酬比较降低了薪酬满意度，个人比较提高了薪酬满意度，而经济比较和自我比较对薪酬满意度的影响不显著。布朗等（Brown et al.，1992）发现，自我评价的投入－回报比率与薪酬水平、薪酬管理过程满意度之间呈正相关。威廉姆斯（Williams，1995）发现，薪酬比较与福利满意度呈正相关。贾奇（1993）发现，薪酬比较与薪酬水平、福利、加薪、薪酬管理4个维度都具有强的正相关性。斯威尼等（Sweeney et al.，2004）发现，薪酬比较（公平比较、多少比较、内部和外部比较）标准越高，员工薪酬水平的满意度越高。

于海波等（2009）研究发现，自我比较对薪酬满意度四维度、外单位比较对薪酬水平和加薪两方面的满意度、本单位比较和家庭比较对薪酬管理满意度有显著的影响；当家庭比较结果较低时，本单位比较与薪酬水平满意度呈显著正相关，而当家庭比较结果较高时，二者没有显著相关。周浩和龙立荣（2010）的实证研究结果表明，对于有利与不利的薪酬社会比较结果，人们的敏感度存在很大的差异：较之参照对象，只有当薪酬社会比较结果非常有利时，薪酬满意度才会显著提高；而一旦薪酬社会比较结果比较不利时，薪酬满意度就会急剧下降。当员工认为自己的薪酬与家庭成员或亲戚朋友相比较低的话，那么他们的本单位比较结果会影响到他们的薪酬水平满意度，但这时员工的薪酬水平满意度相对比较低。但是，当员工认为自己的薪酬收益高于自己的家庭成员或亲戚朋友时，他们的本单位比较结果对他们薪酬水平的满意度没有显著影响，而且这时员工对薪酬水平的满意度相对较高。贺伟等（2011）研究发现，部门内的工资比较对工资满意度有正向影响，这种关系在低传统性员工中更加强烈，但在部门层面该作用效果无显著差异；部门内福利比较的预测作用则并不稳定，但对于低传统性员工、在规模较小的部门内，福利比较对福利满意度仍然有正向影响。谢延浩等（2011，2012）实证研究表明，比较频率对薪酬水平满意有负向影响，越是经常比较，正面性的反应越低；参照比较数量差异对薪酬水平满意有正向影响，正向的差异越大，正面性的反应越大。

2.2.3.2 工作特征

工作特征因素主要是围绕由哈克曼（Hackman，1971）通过访谈实证提出的工作特征模型来展开，主要包括工作自主性、工作挑战性、任务完整性、技能多样性、工作反馈等。研究表明，由于工作特征中所包含的这些因素，会有利于满足个体薪酬所不能满足的员工某些方面的需要，因此它们与薪酬满意度之间大多有着正向相关关系，比如工作挑战性为员工提供了员工追求挑战自我、不断进步的需要，工作自主性为员工提供了员工追求自主决策，获得更多自主权利的需要。金一等（Kinichi et al.，2002）实证研究发现，工作特征的各因素与薪酬满意度之间的相关系数值在 0.14～0.23 的范围内。

（1）工作性质。乔治（George）研究指出，工作责任、工作压力、工作难度与薪酬满意度直接相关（叶勒等，2008）。贾奇和拉克等（Judge & Lacke et al.，1993）经过研究认为，人的职业阶层、工作性质与薪酬满意度存在显著的相关关系。威廉姆斯等（Williams et al.，2006）的元分析结果表明，工作自由、任务反馈、工作范围、技能多样性、任务意义、任务同一性与薪酬满意度呈中等程度的正相关。这些因素之所以与薪酬满意度呈正相关，是因为它们有助于满足薪酬无法满足的其他个人需要。

（2）绩效评估。杜沙姆（Ducharme，2005）研究发现，当对员工进行与薪酬有关的绩效评估时，他们的薪酬满意度是最高的；即使评估的部分与薪酬无关，他们的满意度仍明显高于不用接受评估的员工。员工享受绩效薪酬，但是不接受绩效评估，他们的薪酬满意度依然不高，因为无法确切感知付出与回报之间的具体联系。如果员工能够及时得到绩效考核反馈结果，他们对绩效薪酬的满意度将大大提高（Ducharme，2005）。

（3）薪酬特征。

①薪酬水平与增长。通常认为，个体看待薪酬为一个有价值的商品，薪酬满意应来源于"更多的"薪酬而非仅仅是"公平"薪酬，因此薪酬满意度最重要的决定因素之一就是个体的实际薪酬水平。赫尼曼（Heneman，1985）认为，"薪酬水平－薪酬满意之间的关系的一致性，可能是关于薪酬满意产生原因的研究结论中最为健全的"[①]。但已有研究中发现实际薪酬水平解释力较低。赖斯等（Rice et al.，1990）发现，个体实际得到的报酬与薪酬满意之间的关系一般都是正相关并具有统计显著性，能够解释25%左右的方差。赫尼

[①] Heneman H. G., Schwab D. P. Pay satisfaction: its multidimensional nature and measurement [J]. International Journal of Psychology, 1985, 20 (1): 129–141.

曼和贾奇（Heneman & Judge，2000）发现单纯的薪酬水平－薪酬满意间的相关关系相当弱，换言之，两者的关系是相容的、正相关的，但数值不大，并认为客观薪酬与薪酬满意之间的联系明显较弱的经验性证据令人感到困惑，客观的薪酬水平与主观的薪酬满意之间可能存在着相当大的动力传递损耗。威廉姆斯等（2006）发现，实际薪酬与薪酬水平满意仅有中等程度的关系，其相关系数为0.29，可能的原因是员工给予自己应得到多少薪酬的观念来评价现有薪酬，使得由薪酬水平到薪酬满意度的转化过程的复杂性大大增加（杨同卫和陈晓阳，2011）。

  马丽敏等（2003）认为有竞争力的薪酬会提高员工的薪酬满意度水平。但研究也表明，收入对薪酬满意度影响的边际效应会降低。顾远东和陈同扬（2010）的研究表明，随着高校教师实际收入水平的上升，其薪酬满意程度也上升，但当实际收入水平达到一定值后，薪酬满意度反而会降低。谢延浩（2011，2012）的研究表明，实际薪酬水平正向影响薪酬满意各维度，其中对薪酬水平满意、福利满意的影响相对较大；加薪幅度正向影响薪酬满意各维度，其中对加薪满意、薪酬水平满意、薪酬结构与管理满意的影响相对较大。陈涛等（2008）的研究结果表明，员工最终获得的薪酬水平是影响员工薪酬满意度最重要的因素。王勇明（2008）研究发现，收入水平以及教师感知的分配公平性是影响高校教师薪酬满意程度的重要因素。徐海波等（2014）研究发现，在项目负责人和技术骨干样本中，薪酬与绩效的相关程度越强，横向薪酬差距大小与薪酬满意度之间的负相关关系就越强；薪酬差距基于技能的程度越高，横向薪酬差距大小与薪酬满意度之间的负相关关系就越弱。

  ②薪酬体系特征。奥马尔和奥格尼（Omar & Ogenyi，2006）研究认为，公务员薪酬计划的激励性安排和基于绩效的薪酬与薪酬满意度是正相关的。有研究发现，薪酬体系特征都与薪酬满意度相关

(杨同卫，2011)。于海波（2008）研究发现，基于岗位的薪酬制度能提高薪酬管理和福利两方面的满意度；有奖金的薪酬制度能提高薪酬水平的满意度；高于外部市场平均水平的薪酬制度能提高薪酬管理和福利两方面的满意度；以长期绩效来确定奖金的薪酬制度与薪酬满意度不相关；以个体绩效为主要标准确定奖金的薪酬制度能提高4个方面的薪酬满意度。此外，还有研究发现加薪兑现时间与薪酬满意度相关（Judge，1993）。加薪兑现时间是指加薪信息被员工主动或被动获知后，到员工实际得到加薪的时间。邵建平等（2015）通过案例研究发现，兑现对提高工作绩效、改善员工行为有重要作用。加薪消息释放后，兑现时间在2个月以内的，员工的加薪预期满足度呈现小幅下降；而推迟3个月兑现的，则会出现跳水式的陡降。姚晴（2014）研究发现，薪酬特征P–O匹配及其各维度对薪酬满意度有显著预测力。

③薪酬管理与制度感知。研究发现，薪酬知觉与薪酬满意度正相关，这主要表现在薪酬管理和薪酬改革两方面（杨同卫，2011）。戴尔和塞里奥尔特（Dyer & Theriaultl，1976）在古德曼（Goodman，1974）研究的基础上，提出薪酬满意度还受到感知到的薪酬管理体系的影响，即员工感知到的关于薪酬标准的恰当性、对薪酬标准的理解、绩效评估的准确性以及薪酬政策或薪酬约定与实际是否符合等。修正后的薪酬满意度模型得到了学者维纳等（Weiner et al.，1980）的实证支持，他们的研究表明对薪酬管理系统的感知会对薪酬满意度的变化产生显著影响，薪酬管理感知能够解释薪酬满意度的大部分变异，而薪酬管理感知在相当大程度上源自对绩效与薪酬联系的感知。李·罗兰（Lee Roland，1976）研究发现，员工对于组织所实行的薪酬管理制度以及采用的管理方式的这两方面的感知，对他们的薪酬满意度也会有一定的影响，而且相对于比较自己与其他员工的薪酬进行比较而得到的薪酬满意度，员工与组织间的这种交互作

用从某种程度上说，对于员工的薪酬满意度感知的影响会更大。

杜鸣等（2005）研究发现，高效的薪酬管理、完善合理的薪酬制度和公平的薪酬体系是影响国有企业员工薪酬满意度最重要的3个因素。陈雪（2016）研究发现对薪酬保密程度的感知正向影响员工的薪酬满意度。谢延浩（2011，2012）研究发现，总体的个体薪酬特征偏好与组织薪酬特征的匹配正向影响薪酬满意，且对薪酬结构与管理满意的影响相对较大。并且，特定特征的匹配水平对相应的薪酬满意度产生正向的影响：薪酬水平特征的匹配将对薪酬水平满意度产生正向的影响，薪酬分配规则的匹配将对薪酬结构与管理满意度产生正向的影响，薪酬结构的匹配将对薪酬结构与管理满意度产生正向的影响，个人/集体基础匹配将对加薪满意度、奖金满意度产生正向的影响。

④薪酬参照体。福尔杰和马丁（Folger & Martin，1986）的"参照认知理论"（RCT）认为个体是通过评估导致结果的过程来判断一个事件的公平性，RCT不是把别人作为公平性判断的参照体，而是认为个体是通过印象过程选择来比较的，当他们能想象到一个不同的程序可能会导致更为有利的结果时，个体将感到更为不满意或具有生气、愤怒的体验。

谢延浩（2011，2012）认为薪酬参照体包括：自我、家人、朋友、同组织内的同事、组织外的他人，参照体效应的表征包括："信息知晓度""判断关联性""比较频率""数量差异"四类表征。其实证研究结果表明，自我参照比较的数量差异对薪酬水平满意度的影响相对较大，系统比较的数量差异对加薪满意度、薪酬结构与管理满意度、奖金满意度的影响相对较大；外部参照排序地位对薪酬水平满意度的影响较大，内部参照排序地位对加薪满意度、薪酬结构与管理满意度、奖金满意度影响度较大。

2.2.4 薪酬满意度的作用效果

薪酬满意度的作用效果主要体现在员工的工作态度和工作行为与结果两个方面。其中，工作态度主要包括组织承诺、组织认同、工作投入、内心知觉和工作满意度；工作行为与结果主要包括工作绩效、组织公民行为、离职倾向/其他消极行为等。

2.2.4.1 工作态度

（1）组织承诺。科恩和加图克（Cohen & Gatuker, 1994）、唐和赵（Tang & chiu, 2003）研究表明，薪酬水平满意度能够显著正向影响员工对于组织的承诺水平。对于政府雇员而言，薪酬满意度显著地影响着他们的工作满意度感觉以及对所服务公共部门的情感承诺和认同（刘帮成等，2008）。于海波等（2009）研究表明，薪酬满意度对情感承诺有显著的积极影响，而且影响系数比较大。方荃（2016）研究发现，薪酬满意度与组织承诺存在显著正相关关系。刘文涛（2017）研究发现，薪酬满意度以及各维度对情感承诺和理想承诺均有直接正影响。

（2）组织认同。苏文胜等（2010）研究表明，薪酬满意度与组织支持感显著正相关。何霞（2015）研究表明，薪酬满意度对教师职业认同感具有较强的解释力。余柳仪（2017）研究发现，知识型员工的内在薪酬满意度对组织认同有正向作用。

（3）工作投入。周文斌等（2013）研究发现，薪酬水平满意度、福利满意度、提升满意度以及管理/结构满意度与员工总体敬业度均具有显著的正相关关系。杜亚如（2015）研究发现，薪酬满意度整体对工作投入有正向影响，但是其维度薪酬福利满意度对工作投入并没有显著的正向影响。吴丹（2016）研究发现，立业期员工薪酬满意度维度中的薪酬水平满意度、薪酬提升满意度及薪酬结构满意度与敬业度间呈显著正相关关系，同时家庭压力对薪酬水平满意度、薪酬提升满意度与敬业度的关系起到正向调节作用。赵秋雯（2017）分析并验证了整体薪酬满意度及其各维度（直接货币薪酬、间接货币薪酬、个人职业发展环境、组织内部科研氛围）与工作绩效之间的关系，发现科研人员整体薪酬满意度对工作投入有正向显著影响。

（4）内心知觉。胡高喜等（2016）研究发现，薪酬福利满意度对高校教师主观幸福感有显著的正向预测作用，组织承诺在薪酬福利满意度和高校教师主观幸福感之间存在显著的中介效应，自我实现取向能够调节薪酬福利满意度对高校教师组织承诺的影响。张廷君（2010）研究发现，科研员工的经济薪酬满意度显著正向影响其态度忠诚度，科研员工非经济薪酬满意度对其态度忠诚度促进的贡献大于经济薪酬满意度。王文珺（2016）研究发现薪酬满意度对心理契约有显著正向影响。

（5）工作满意度。工作满意度泛指工作者在组织中所扮演角色的感受或情感反应，它与工作卷入程度、组织承诺和工作动机等都有密切的关系。近年来，工作满意度这一概念日益受到重视，因为只有尊重关怀员工，提高员工的工作生活质量，员工才能对企业忠诚和认同，乐于付出额外的努力，创造更大的价值。而满意度评价是最能体现这种思想，并帮助企业管理者实现上述理念的桥梁。所以，重视并科学有效地监测员工的工作满意度，已经成为现代企业管理的重要内容和手段（卢嘉等，2001）。

对于政府雇员而言，薪酬满意度显著地影响着政府雇员的工作满意度（刘帮成，2008）。陈晓静等（2013）研究表明，薪酬满意度与工作满意度有显著的正相关关系，工作满意度与员工工作绩效有显著的正相关关系。朱菲菲（2016）研究发现，内在和外在薪酬对中小学教师工作满意度有显著正向激励作用，且内在薪酬的激励作用更大；外在薪酬除通过工作满意度间接影响流动意向外，还会直接对中小学教师流动产生显著负向影响。

2.2.4.2 工作行为与结果

（1）工作绩效。现有研究对薪酬满意度与工作绩效关系的结论并不一致。根据国外的文献，一方面，赫尼曼和贾奇（2000）通过对多个组织进行研究后发现，薪酬满意度能正向促进组织绩效的提高。史蒂文克（Stevenc，2005）研究发现，薪酬满意度与地区层面的学术绩效之间也有着显著的正相关关系。科拉耳等（Currall et al.，2005）运用多层次分析法，在组织层面研究了员工薪酬满意度与组织产出之间的关系，研究结果显示，薪酬满意度对学校的学术绩效水平有显著的正向预测作用。施奈德等（Schneider et al.，2003）将薪酬满意度调查与组织财务绩效的客观数据进行整合，利用纵向与横向研究，用8年的时间深入研究了35家公司薪酬满意度对组织财务绩效的影响，结果显示，当控制了时间滞后问题时，在员工薪酬满意度较高时，公司的财务绩效和市场绩效也会有显著的提高。但是在没有控制时间滞后的问题时，薪酬满意度同公司财务绩效以及市场绩效之间的关系变得不显著。另一方面，威廉姆斯等（Williams et al.）研究认为，薪酬满意度与员工绩效水平之间并不存在显著的相关关系，但由于企业的绩效薪酬制度使得薪酬与绩效之间建立了较强的直线联系，薪酬满意度与客观绩效之间的关系表现得更强。

根据国内的文献，陈晶瑛（2009）研究发现，教师的薪酬满意度与教师教学工作绩效有显著的正相关关系，提高教师的薪酬满意度，对于教师高质量高标准地完成教学工作任务起着较强的促进作用。谢宣正（2009）以企业人力资源管理人员为对象开展调查研究后认为，总体薪酬满意度与工作绩效存在正相关关系。赵静（2012）

研究发现，事业单位人员绩效薪酬体系满意度与关系绩效存在负相关关系；事业单位人员绩效薪酬水平满意度、体系满意度和结构满意度与任务绩效存在正相关关系；绩效薪酬水平满意度和结构满意度与关系绩效存在正相关关系。陈晓静等（2013）以化工企业员工为对象进行研究发现，薪酬满意度对工作绩效没有直接影响，当工作满意度作为中间变量加入两者之间时，薪酬满意度与工作绩效之间才呈现出显著的正相关关系。毕妍、蔡永红和王莉（2015）研究表明，教师薪酬管理过程满意度和薪酬结果满意度均对教师绩效有显著的预测作用。毕妍等（2016）研究发现，薪酬结果满意度对学校绩效的正向影响不显著；薪酬管理过程满意度正向影响教师薪酬结果满意度，教师薪酬管理过程满意度正向影响教师绩效。肖力铭（2016）研究表明，员工的薪酬满意度和工作绩效之间存在显著的正相关关系，薪酬满意度中福利水平维度对工作绩效有显著正向影响。毛乐（2016）以山西省非国有企业新生代知识型员工为研究对象，研究发现与内在薪酬满意度相比，外在薪酬满意度对工作绩效、工作投入的正向影响更强。刘文涛（2017）认为，薪酬满意度对工作绩效有直接正向影响，薪酬满意度各维度对工作绩效有直接正向影响，且薪酬满意度及各维度对周边绩效有直接正向影响，薪酬满意度及各维度对任务绩效也有直接正向影响。沈琦（2017）认为，薪酬满意度各维度与工作绩效及各维度存在显著相关，可以通过薪酬满意度部分维度对员工工作绩效进行预测。吴明（2017）研究发现，薪酬满意度与工作绩效二者之间存在显著的正相关关系，并且二者各维度之间也存在显著正相关关系；同时，薪酬满意度能够显著正向预测工作绩效。

（2）组织公民行为。薪酬满意度显著正向影响组织公民行为。米赛尔和穆尔维（Micell & Mulvey）的研究表明，薪酬体系满意度比薪酬水平满意度对员工感知的组织支持有更加显著的正向影响效果，进而导致更高的组织公民行为。

苏文胜（2010）研究表明，我国事业单位员工的薪酬满意度与公民组织行为水平正相关。周志新（2014）对临床医师的问卷调查表明，薪酬水平满意度与职业态度、职业技能、职业自律及总体职业精神水平均呈显著正相关；福利满意度、薪酬管理满意度与职业态度、职业行为、职业技能、职业自律及总体职业精神水平均呈显著正相关；加薪满意度与职业技能呈显著正相关。张露（2016）实证分析发现，总体报酬满意度及其各个维度对组织公民行为具有显著正向的作用。

（3）离职倾向/其他消极行为。约翰和杰弗里（John & Jeffrey，1986）研究发现，工作满意度和薪酬满意度与离职倾向之间存在显著的负相关。威尔逊和皮尔（Wilson & Peel，1996）通过对大型企业的员工进行调查分析，发现薪酬满意度与离职倾向之间呈负相关。特克莱布等（Tekleab et al.，2005）研究发现，薪酬水平满意度对员工的离职行为并没有显著影响效果；薪酬提升满意度对离职则有显著的负影响，并且这种影响是以离职意向为中介的。

国内的文献也有一致的结论，康坷（2007）将企业员工按照学历程度分为知识型员工和普通员工两类进行研究，研究发现薪酬满意度与离职倾向在学历上没有显著差异。王磊（2011）研究发现，内在薪酬满意度对离职倾向有显著的负向影响。郭唯（2013）研究发现，个人组织匹配与员工离职倾向显著负相关，薪酬满意度与员工离职倾向显著负相关。杨昆南（2013）研究表明，薪酬满意度及各维度对员工的离职倾向具有显著的负向影响作用。兰玉杰（2013）研究发现，薪酬满意维度对离职倾向有显著负向影响。姚晴（2014）研究发现，薪酬满意度及其薪酬水平满意、薪酬增长满意、结构/管理满意维度对离职倾向有显著预测力。张红红（2015）研究发现，薪酬满意度对离职倾向有很强的预测力。在它的四大维度中，薪酬水平和薪酬提升两大维度的满意度对离职倾向的预测力最显著;沟通满意度对离职倾向的预测力较强。李春玲等(2016)研究发现,薪酬结构与管理满意度、薪酬水平满意度、员工福利满意度、年龄和职位对离职倾向有显著负向影响。余柳仪(2017)研究表明,知识型员工的内在薪酬满意度与离职倾向显著负相关。

此外,薪酬满意度负向影响不道德行为(Cohen Charas & Spector,2001;Tang et al.,2008)、反生产力的行为(Cohen-Charas & Spector,2001)、偷窃行为(Greenberg,1990)。对于代工企业而言,薪酬满意度要素与员工行为风险间呈负相关关系,薪酬满意度越高,企业员工行为风险的可能性就越低,员工薪酬满意度的降低将会带来员工行为风险的加剧;薪酬制度和薪酬公平的满意度低,会导致消极怠工行为;薪酬结构和福利政策欠佳,就会导致违反规章行为;薪酬制度、薪酬公平、福利政策、内在激励等方面的员工满意度低,会导致主动离职现象(罗帆等,2012)。

布雷茨和托马斯(Bretz & Thomas,1992)研究发现,员工对薪酬的不满意度会使员工产生一些消极的行为,而这些消极的行为会对组织绩效产生不良的影响。格林伯格(Greenberg,1990)认为员工薪酬降低时如果没有得到合理的解释会导致员工的欺骗行为,而得到合理解释的员工的薪酬满意度并未明显降低。福格尔和科诺夫斯基(Folger & Konovsky,1959)认为,薪酬满意的不同成分将有不同的后果。在个体水平上,薪酬不满意会产生诸多令人不愉快的后果,如低度承诺、离职行为、反生产行为、负面的工会态度以及不道德行为、低的组织公民行为、低的工作绩效、旷工等。伯格(Berg,1991)、科文(Covin,1993)研究表明,员工感知到薪酬不满会对工作绩效产生影响,产生缺勤、怠工甚至离职行为等不良工作反应。

2.2.5 薪酬满意度的中介机制

薪酬满意度的研究中，所涉及的中介变量主要包括公平感知、组织承诺、组织认同、组织支持和工作投入等。

2.2.5.1 公平感知

张夏然（2010）研究发现，人力资源管理伦理中的诚实信用、民主管理对薪酬满意度具有显著作用，组织公平感中的分配公平在此过程中起到完全中介作用。谢延浩（2011）研究发现，比较频率通过薪酬分配公平知觉影响薪酬水平满意；参照比较数量差异通过薪酬分配公平知觉影响薪酬水平满意。于海波和郑晓明（2013）研究发现，薪酬比较与薪酬满意度显著正相关。薪酬比较中的自我比较、外单位和家庭比较通过分配公平和程序公平的完全中介作用影响薪酬满意度的4个维度，并且分配公平比程序公平的中介作用大。陈雪（2016）研究表明，员工对分配公平和程序公平的感知在其感知到的薪酬保密程度与薪酬满意度之间起部分中介的作用。

2.2.5.2 组织承诺

组织承诺可以理解为对于组织的情感承诺，体现在消极情感和积极情感的不同影响上，对于薪酬满意度与其他结果变量如离职意向、主观幸福感等都起到了中介作用。科南（Coninck，2004）发现组织承诺在薪酬满意度与员工的离职倾向之间的关系中起部分中介作用。于海波等（2009）认为情感承诺在薪酬满意度和离职意向之间起完全中介作用，而且它也是薪酬满意度与任务绩效之间的完全中介变量，这个结果与科南等的结果不同。一项对高校教师的研究表明组织承诺在薪酬福利满意度和高校教师主观幸福感之间存在显著的中介效应（胡高喜等，2015）。刘文涛（2017）研究发现，情感承诺对薪酬满意度的各维度和工作绩效有中介作用；情感承诺对薪酬满意度以及周边绩效有部分中介作用；情感承诺对薪酬满意度以及任务绩效有部分中介作用；理想承诺对薪酬满意度的各维度和工作绩效有中介作用；理想承诺对薪酬满意度以及周边绩效有部分中介作用；理想承诺对薪酬满意度以及任务绩效有部分中介作用。

2.2.5.3 组织认同

余柳仪（2017）研究表明，知识型员工的组织认同在内在薪酬满意度和离职倾向之间起到了部分中介作用。肖力铭（2016）研究表明，组织认同在员工薪酬满意度和工作绩效的关系中起到了很强的中介作用，薪酬满意度对工作绩效的直接影响则较微弱。

2.2.5.4 组织支持

汪其超（2011）研究发现，薪酬满意度对组织支持感具有正向的影响，组织支持感是薪酬满意度和反生产行为之间关系的部分中介变量。毕妍等（2016）研究发现，组织支持感在薪酬满意度和教师绩效中起中介作用。

2.2.5.5 工作投入

毛乐（2016）研究发现，工作投入在整体薪酬满意度和工作绩效之间起部分中介作用；同时工作投入在整体薪酬满意度各维度和工作绩效各维度之间起部分中介作用。

2.2.6 薪酬满意度的调节变量

薪酬满意度的研究中，所涉及的调节变量可分为个性特征和组织特征两类。其中，个性特征变量主要包括金钱偏好/物质主义、公平敏感性、风险厌恶、成就动机和价值倾向；组织特征变量主要包括部门规模、个人组织匹配和主管支持感。

2.2.6.1 个性特征

(1)金钱偏好/物质主义。廖江群等(2008)研究发现,金钱态度在物质主义价值观和薪酬满意度之间起到负向调节作用。不同水平的金钱态度会改变高物质主义价值观与薪酬满意度之间关系的方向,但对低物质主义价值观个体的薪酬满意度没有显著的影响。陈雨田等(2011)研究发现,金钱偏好对薪酬和薪酬满意度的4个维度之间关系的调节效应,在低金钱偏好组中,薪酬对福利满意度和薪酬增长满意度有显著的积极影响;而在高金钱偏好组中,薪酬对4个薪酬满意度维度均没有显著影响。谢延浩(2011)实证研究发现,金钱崇拜在局部样本中调节了绝对薪酬(实际薪酬水平、加薪幅度)与分配公平、薪酬满意之间的关系,对于高金钱崇拜者而言,二者之间的关系较弱。金钱崇拜调节相对薪酬(参照比较数量差异、外部排序地位、内部排序地位)与分配公平、薪酬满意之间的关系,对于高金钱崇拜者而言二者之间的关系更为显著。

(2)公平敏感性。谢延浩(2011)研究发现,公平敏感性在绝对收入与分配公平知觉、绝对收入与薪酬水平满意、相对薪酬与分配公平、相对薪酬与薪酬水平满意的关系中起调节作用,对于自私自利者而言,关系更为强烈。褚亚红(2013)研究发现,关注获取和关注投入维度在分配公平感与薪酬满意度之间分别存在正、负向调节效应,关注获取维度在程序公平感与薪酬满意度之间存在正向调节效应。

(3)风险厌恶。谢延浩(2011)研究发现,风险厌恶调节了薪酬变动与薪酬满意之间的关系。具体而言,风险厌恶在薪酬变动与奖金满意之间、薪酬变动与薪酬水平满意之间分别起着调节作用;对于高风险厌恶的个体而言,正向效应弱于低风险厌恶者,负向效应强于低风险厌恶者。

(4) 成就动机。谢延浩 (2011) 研究表明，成就需要调节绩效薪酬知觉与薪酬满意之间的关系，成就需要在绩效薪酬知觉与加薪满意之间、绩效薪酬知觉与奖金满意之间分别起调节作用；对于高成就需要的个体而言，关系更为显著。吴明 (2017) 研究发现，成就动机在薪酬满意度和工作绩效中发挥正向调节作用，成就动机越高，薪酬满意度对工作绩效的积极作用越明显。

(5) 价值倾向。谢延浩 (2011) 研究表明，集体/个体中心取向调节相对薪酬与薪酬满意之间的关系。集体中心取向调节了参照比较与正义知觉之间、参照比较与薪酬满意之间的关系，对于高集体中心取向者的关系更强。个体中心取向调节了参照比较与正义知觉之间、参照比较与薪酬满意之间的关系，对于高个体中心取向者的关系更弱。个体中心取向调节薪酬水平与分配公平、薪酬满意之间的关系，高个体中心取向者对于薪酬水平更为敏感。

2.2.6.2 组织特征

(1) 部门规模。贺伟等 (2011) 研究发现，员工的实际工资水平与工资满意度无显著相关，部门内的工资比较对工资满意度有正向影响，这种关系在低传统性员工中更加强烈，但在部门层面该作用效果无显著差异；相反，员工的实际福利水平对福利满意度有显著正向影响，部门内福利比较的预测作用则并不稳定，但对于低传统性员工、在规模较小的部门内，福利比较对福利满意度仍然有正向影响。

(2) 个人-组织匹配。郭唯 (2013) 研究发现，个人-组织匹配对薪酬满意度与离职倾向之间的关系有部分调节作用。王红芳等 (2015) 研究发现，要求-能力匹配对工作满意度有显著正向影响，并在总体报酬对工作满意度产生影响时起到调节作用，即企业的要求-能力匹配度越低，总体报酬中绩效认可、职业发展和薪酬3个维度对工作满意度的影响越大，而福利对工作满意度的影响越小。

(3) 主管支持感。杨昆南（2013）研究表明，主管支持感能够显著调节薪酬满意度与员工离职倾向的负向关系，在主管支持感知高的情境中，薪酬满意度与员工离职倾向的负向关系将减弱；而在主管支持感知低的情境中，薪酬满意度与员工离职倾向的负向关系会增强。

2.2.7 薪酬满意度的研究述评

目前薪酬满意度的研究非常丰富，但很多方面的研究结论尚存在差异，部分研究以"零敲碎打"的形式出现，亟待改善，图2.2归纳梳理了薪酬满意度的文献框架。未来研究中，薪酬满意度的影响因素、作用效果、中介机制、调节变量等多个方面均有待进一步发展和完善。目前的研究中，主要存在以下三方面的局限。

第一，在薪酬满意度研究中未系统地考虑个体差异的存在及其影响效应。米契尔和米克尔（Mitchell & Mickel, 1999）认为，稳定的个体差异可能构成不同薪酬制度模型的基础，肖等（2003）认为，既往组织研究经常以干预主义的方法来解释雇员态度与行为，因为情境特征更具可塑性，通常忽略个体差异的效应。从个人-组织匹配的角度，克西斯托夫（Kxistof, 1996）认为，雇员将偏好于在与自身人格相契合的组织中工作，而薪酬特征如水平、结构、差异以及分配规则等也是反映组织文化与价值的重要组成部分。但现实情况是，个体间存在的显著差异将影响个体对于薪酬水平、薪酬结构/差异、薪酬组合、薪酬分配规则、薪酬基础等特征（要素）的偏好，故而在薪酬反应上有所不同。此外，不同的个体会有不同的参照体选择，永和布鲁默（Young & Brymer, 2000）认为，既往针对参照体选择的研究，通常关注于情境因素与人口统计学因素，而忽视了个体差异因素，导致对个体差异所扮演的角色缺乏足够的认知。

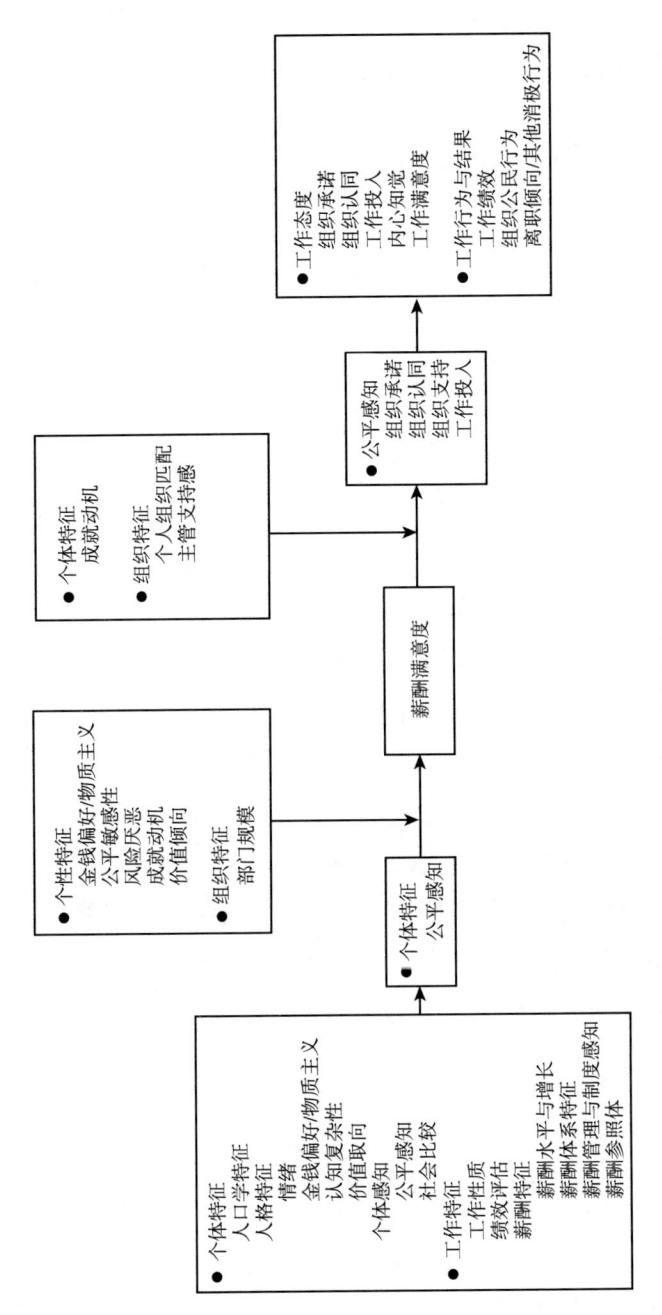

图2.2 薪酬满意度的研究框架

第二，社会比较标准的不同视角对薪酬满意度交互作用的研究较少。薪酬满意度的两大理论基础是公平理论（个人的投入－回报比率与他人进行比较）和差异理论（个体的期望工资与实际工资之间的知觉差异）（Willimas et al.，2006），二者强调了公平的不同方面。公平理论强调公平感和个人投入产出的比较，而差异理论强调期望和实际知觉之间的社会比较。文献中常见对社会比较与薪酬满意度关系的研究，但不同社会比较标准对薪酬满意度交互作用的研究较少。由于员工在工作过程中会产生各种比较标准，这些比较标准在影响薪酬满意度时，并不是孤立的，各种比较标准的结果会共同影响员工的薪酬满意度，这也意味着社会比较标准的不同视角间会存在一定的交互作用。

第三，薪酬意义建构框架及其影响效应的相对性尚不清晰。从单纯的数量意义上，薪酬代表着雇员对组织的价值体现，一是金钱的多与少，薪酬是达成结果的手段（购买力）；二是地位的高与低，雇员经常将薪酬视为其成就与认可的标准。人们眼中的金钱具有"身份特征"，应置身于"社会情境中"进行比较以考察其"群效用"并决定相对价值。因而从参照体比较情境中考察薪酬的相对效用，对于薪酬意义的完整展现亦有重要意义。薪酬水平对薪酬满意度的影响究竟有多少？如果只是部分的影响，还有哪些机制在起作用？基于薪酬满意度的多维度现实，薪酬前因的研究显得比较"粗放化"，需要开展多维度下不同影响因素的比较研究，这一工作对于管理实践更具影响力。

2.3 工作绩效的文献综述

工作绩效的内涵、结构与影响因素在学术研究者和管理实践者的双重视角下得以不断丰富与完善,目前学者们普遍认为工作绩效是一个多维概念,存在多重维度,且个体特征、领导因素和组织因素对工作绩效都存在不同程度的影响。

2.3.1 工作绩效的内涵

工作绩效是衡量工作执行有效性的重要结果变量,不仅是组织心理学和管理学的研究焦点,也是人力资源管理实践的重点。早期观念认为,工作绩效是指工作描述中指定任务的实现,主要集中在行为结果上。到了20世纪90年代后期,有学者提出工作绩效应当是一种行为过程而非结果。在此基础上,工作绩效的内涵得以扩展,不仅包含行为过程和行为结果,还包括胜任力和个体动机等综合性的特征因素。综合学者们的研究,工作绩效可以分为结果观、行为观和能力综合观三类,具体如表2.6所示。

表 2.6 工作绩效的代表性观点

观点	学者	年份	定义
结果观	波特和劳勒(Porter & Lawler)	1968	工作绩效包括绩效的数量和质量以及工作努力的程度
	杰里和梅丘尼(Jerry & Maycunich)	2005	绩效是指成就或是成果
	彭剑锋	2003	绩效指个体在活动中做出的结果和成绩
行为观	卡茨和卡恩(Katz & Kahn)	1978	工作绩效分为两种行为:一是角色内行为,指组织系统或工作内容所规定和要求的行为;二是角色外行为,指超出自己的工作角色和组织规则的员工的积极自愿行为
	坎贝尔(Campbell)	1990	绩效是指完成项目计划中指定的目标或其角色需求的行为
	孙健敏和焦长泉	2002	绩效是指个人绩效与组织目标一致且能够被观察评价的行为

续表

观点	学者	年份	定义
能力综合观	迈克尔、阿姆斯特朗和安吉拉（Michael, Armstrong & Angela）	1998	绩效包括行为和结果，是心理和体力劳动的行为以及为实现工作目标而取得的成果
	保罗和简（Paul & Jane）	2004	绩效是指个人工作行为、结果和态度的整合
	陈胜军	2007	绩效是指个人在工作实践中表现出的与组织任务相关且可以评估的工作绩效，行为，能力或态度的总和

2.3.2 工作绩效的结构

目前国内外学者对工作绩效的结构进行了不同的解构，从一维到四维，都有不同程度的应用。本节总结了代表性的研究结果，如表2.7所示。

表2.7　　　　　　　　工作绩效的结构

结构	研究者	要素
一维	崔、皮尔斯和的黎波里（Tsui, Pearce & Tripoli, 1997）	任务绩效
	法和郑（Farh & Cheng, 1997）	角色内绩效
二维	卡茨和卡恩（Katz & Kahn, 1978）	角色内行为 角色外行为
	范·达因和勒庞（Van Dyne & LePine, 1998）	
	邦南和摩托维德洛（Bonnan & Motowidlo, 1993）	任务绩效 情境绩效

续表

结构	研究者	要　素
三维	范·史考特和摩托维德洛 （Van Scotter & Motowidlo，1996）	任务绩效 人际促进 工作奉献
	威廉姆斯和安德森 （Williams & Anderson，1991）	角色内行为 组织公民行为个人导向 组织公民行为组织导向
四维	温志毅（2005）	任务绩效 人际绩效 适应绩效 努力绩效
	韩翼（2006）	任务绩效 关系绩效 学习绩效 创新绩效

2.3.3 工作绩效的研究进展

工作绩效作为组织行为学领域重要的结果变量之一，其影响因素被理论研究者和实践管理者广泛关注。具体分为个体因素、领导因素和组织因素三类，如表 2.8 所示。其中，个体因素主要包括人力资本、大五人格特质、自我效能感、组织支持感、工作满意度、组织认同和员工参与；领导因素包括领导风格、领导 - 成员交换以及信任权利距离；组织因素则包括人 - 组织匹配、高绩效工作系统、分配公平、组织的政治知觉和团队薪酬差距。

表 2.8　　　　　　　　　　工作绩效的影响因素

变量类别	前因变量	研究者	年份
个体因素	人力资本	柯江林等	2010
	大五人格特质	巴里克和蒙特（Barrick & Mount）	1991
		霍根和荷兰（Hogan & Holland）	2003
		奥和贝瑞（Oh & Berry）	2009
		姚若松，陈怀锦和苗群鹰	2013
	自我效能感	斯托伊科维奇和卢森斯（Stajkovic & Luthans）	1998
		张伶和连智华	2017
	组织支持感	罗德和艾森伯格（Rhoades & Eisenberger）	2002
		陈志霞和陈剑峰	2008
	工作满意度	奥斯特罗夫（Ostroff）	1992
		韩翼	2008
	组织认同	王帮俊和杨东涛	2014
	员工参与	塞伯特，西尔弗和伦道夫（Seibert, Silver & Randolph）	2004
领导因素	领导风格	泰珀（Tepper）	2000
		王等（Wang et al.）	2011
		高昂等	2014
	领导-成员交换	奥泽尔（Ozer）	2008
		刘耀中和雷丽琼	2008
	信任权利距离	韦慧民和龙立荣	2009
		刘海洋等	2016
组织因素	人-组织匹配	曲庆和高昂	2013
	高绩效工作系统	张军伟，龙立荣和王桃林	2017
	分配公平	特雷弗，赖利和格哈特（Trevor, Reilly & Gerhart）	2012
	组织的政治知觉	高中华和赵晨	2014
	团队薪酬差距	白锋和程德俊	2006

2.4 领导-成员交换社会比较的文献综述

2.4.1 领导-成员交换社会比较的内涵

2.4.1.1 概念内涵

领导-成员交换（LMX）关系一直是研究领域的热点，相关研究也取得了丰硕的成果（潘静洲等，2017）。大多数研究认为 LMX 关系是领导与员工间的二元关系，并将研究聚焦于这种二元关系的关系质量如何影响员工的态度与行为（Lee et al., 2018）。但实质上，不同于均衡式领导，LMX 理论的核心是差异化，即领导不会以相同的方式对待下属，而是与员工建立差异性交换关系（Dansereau et al., 1975）。在此差异化情境下，员工不仅会考虑自己与领导的关系质量，还会将 LMX 关系动态与他人进行比较（Henderson et al., 2009）。因此，随着研究的深入，学者们逐渐意识到，领导与员工的二元关系并非孤立存在而是形成于更广阔的团队背景下（Martin et al., 2018）。在此背景下，领导-成员交换质量有高有低，通过非正式的交流、共享信息等活动，员工不仅能够获取有关自己与领导关系的信息，还会感知到同事与领导的关系并引发比较过程（Hu & Liden, 2013），从而形成相对领导-成员交换关系（RLMX）与领导-成员交换社会比较（LMXSC）。LMXSC 是领导-成员交换理论的最新拓展，目前 LMXSC 的具体作用效果和机制的研究正在逐渐丰富。

LMXSC 是通过将个体 LMX 关系与团队 LMX 关系的平均值进行比较而获得的个人主观评价。既然是一种主观评估，LMXSC 就不需要团队中的其他成员参与评价，由个体即可进行。社会比较理论认为，个体会为了得出相对评价，通过有意或无意的方式来搜集团队成员 LMX 关系的信息，以此来确认自己和群体的异同点（Wood, 1989, 1996）。实践中，这种有意无意的比较方式有很多，例如有意地关注团队成员如何与上级沟通交往以及上级如何指派工作任务、进行工作奖惩等；无意地关注上级与员工间的肢体语言和面部表情等。个人通过收集所获得的信息来推断团队成员的 LMX，从而形成他们自己 LMX 的相对认知。根据维迪亚尔提和利登（Vidyarthi & Liden, 2010）的定义，LMXSC 是指员工在与他人进行比较后得出的他们与领导者之间交换关系的主观评价和感受，反映了员工的主观相对位置。

2.4.1.2 相关概念

领导-成员交换理论认为，领导者通常会区分他们与下属间的交换关系（Liden et al., 2006；Erdogan & Bauer, 2010），使得存在高、低差异的 LMX 处于相同的环境下并且相互联系，进而形成差异化的 LMX 情境，促使员工进行 LMX 的动态比较，员工与其他团队成员比较会形成 LMXSC、RLMX 和领导-成员交换差异化（DLMX），表 2.9 概括总结了这些相关变量的差异。

表 2.9　　　　　　　　　LMXSC 的相关概念

概念	构念层次	解析	理论基础	内涵差异
相对领导-成员交换（RLMX）	个体层面	通过比较员工 LMX 与团队成员 LMX 意义获得的实际相对位置	社会比较理论	相对关系值：LMX 在团队情境比较得出
领导-成员交换社会比较（LMXSC）	个体层面	员工在与他人进行比较后得出的主观相对地位	社会比较理论	相对关系值：LMX 在团队情境比较得出
领导-成员交换差异化（DLMX）	团队层面	团队所有 LMX 的离散度，表现在群体层面		
领导-成员交换（LMX）	个体层面	领导对低 LMX 成员进行经济交换；对于高 LMX 成员进行情感交换	社会交换理论	绝对关系值：排除团队情境而孤立化考量

2.4.2 领导-成员交换社会比较的作用机制

当前对差异化的领导-成员交换社会比较的作用效果并不统一：一方面，杨晓等（2015）探讨了 LMXSC 会通过影响内部人身份认知进而影响员工绩效；马璐和朱双（2015）研究表明相对的领导-成员交换关系会正向影响工作满意度和组织支持感；冉霞和徐济超（2013）从个体和团队两个层面都予以了验证，相对的关系能够显著的预测情感承诺。另一方面，廉莉（2017）认为领导-成员交换关系差异会显著地降低影响工作幸福感和心理契约；潘静洲等（2017）也认为领导-成员交换关系差异会消极地影响个体创造力。

在差异化的领导-成员交换社会比较的作用机制方面，这种关系差异在内部人身份认知和员工绩效之间（杨晓等，2015）、领导-成员交换关系与情绪枯竭和员工组织支持感知之间（吴婷和张正堂，2017）、绩效考核与创新行为之间（汪洪艳，2017）、领导-成员交换与自我效能感之间（王冬冬和钱智超，2017）都起到调节作用。其中，杨晓等（2015）在通过问卷调查并对 7 家企业 48 名团队领导与 308 名下属配对分析后发现，控制 LMX 后，内部人身份认知在领导-成员交换社会比较与任务绩效间起部分中介作用且具有正向影响作用，领导-成员交换关系差异在两者之间发挥调节作用。吴婷和张正堂（2017）采用 120 家分店的 514 名员工的匹配数据，结合资源保存理论、社会交换理论和公平理论，重点探讨并发现了领导-成员交换关系质量差异化分别对领导-成员交换关系与情绪枯竭，以及领导-成员交换关系与员工组织支持感知的关系起调节作用；进一步地，领导-成员交换关系质量差异化还会调节员工组织支持感知在领导-成员交换关系与情绪枯竭中的中介作用。汪洪艳（2017）以我国本土组织中的462名在职员工为样本，调查揭示了差异化的领导-成员交换关系在绩效考核政治与员工创新行为之间的调节效应。王冬冬和钱智超（2017）则以新生代员工为调查对象，研究发现领导-成员交换对员工的敬业度有显著的正向影响，员工自我效能感在其中起着中介作用；且领导-成员交换差异越大，领导-成员交换与自我效能感之间的正向关系就越显著。

2.4.3 领导-成员交换社会比较的研究进展

当前的工作环境多数需要领导的资源支持，以往文献表明，团队中的个体会感知到上级的不同对待（Sias & Jablin, 1995），即便是相同的领导行为也会使员工形成不同的心理感知（彭正龙和赵红丹，2011），这种感知也会通过团队成员间的沟通和交流进一步被强化。在这种工作情境下，团队成员之间如果进行社会比较，结果会有两点：一是可以判断在团队中的相对位置并形成LMXSC；二是全面了解所有团队成员的LMX，并在内部人和外部人之间进行区分。员工可以根据团队的相对位置和社会比较进行自我分类，并将个人划分为团队内部或外部的成员。LMXSC越高，对内部人员的认可就越强，成员就越愿意承担责任并有效履行职责（Stamper, 2002）。研究显示，在控制LMX之后，LMXSC仍然具有对内部人身份认知、组织支持感、工作满意度、任务绩效、组织公民行为的显著预测能力（Vidyarthi, 2010；杨晓等，2015；马璐和朱双，2015；朱双，2016）。

2.5 变量关系研究

2.5.1 绩效薪酬与工作绩效的关系研究

针对绩效薪酬对工作绩效的影响，学者们得出了不同的结论：一方面，国外研究显示绩效薪酬对员工绩效存在积极作用。绩效薪酬制度可以提高劳动生产率（Locke et al.，1950；Parnell & Sullivan，1992）、公司股东的回报率（Abowd，1990）、员工绩效（Menguc & Barker，2003；Ramaswami & Singh，2003；Cadsby，Song & Tapon，2007）。国内学者也发现了相似研究结论，绩效薪酬模式和感知能够促使员工提高任务绩效（翟璐，2011）、周边绩效（李春玲等，2017）、创造性绩效（李鹏等，2015）等。

另一方面，有的研究显示绩效薪酬可能会损害组织绩效。雇主对员工绩效控制的使用有时会导致员工在表现上的减少（Falk，2006），同时也容易导致员工只关注短期绩效，不利于长期绩效结果（Pfeffer，1998；Deckop，1999）。

2.5.2 绩效薪酬与薪酬满意度的关系研究

当前有关绩效薪酬和薪酬满意度二者关系的研究多聚焦于线性关系研究。一方面，绩效薪酬感知对薪酬满意度有积极影响。在绩效薪酬计划中，员工知觉到绩效水平与薪酬回报之间的联系，认为绩效的提高有利于价值的取得（如薪酬增长）时，薪酬满意度会增加。国外学者的研究发现，绩效薪酬感知对总体薪酬满意度及子维度等都具有显著的正向影响（Heneman et al.，1988；Ducharme et al.，2005；Omar et al.，2006；Kim et al.，2008）。同样，国内很多学者的研究也发现，绩效薪酬感知、绩效薪酬强度能够正向影响薪酬满意度。王重鸣等（2010）对我国机关事业单位科技人员进行的研究发现，绩效薪酬感知对薪酬满意度有显著正向影响；具体到各个维度，绩效薪酬感知对科技人员薪酬水平满意、福利满意、增薪机制满意、薪酬管理满意均有显著影响，且绩效薪酬感知对薪酬满意各个维度的作用程度存在差异。楼华勇（2010）研究发现在绩效薪酬的实施过程中，增加绩效薪酬在整体薪酬中的比例，员工薪酬满意度都能得到显著提高。谢延浩（2011）通过实证研究发现绩效薪酬感知与薪酬满意度之间是正向的线性关系，其中对加薪满意、奖金满意、结构与管理满意的影响相对较大。姜小岩（2012）绩效薪酬感知对薪酬满意度以及其 4 个维度，即薪酬水平满意度、增薪机制满意度、福利满意度和薪酬结构与管理满意度有显著的影响。侯娇峰（2013）的研究发现绩效薪酬感知对薪酬水平满意度、薪酬福利满意度、薪酬增长满意度和薪酬结构/管理满意度都有积极的影响，其中对薪酬结构/管理满意度的影响最大。赵琛徽和梁燕（2015）通过对国内多家不同类型的企业的 210 名员工进行问卷调查，发现员工绩效薪酬强度与薪酬满意度之间呈显著正相关关系。

但另一方面，也有部分学者认为，绩效薪酬和薪酬满意度之间存在非线性关系，祖伟等（2010）、谢延浩等（2012）、袁宇等（2014）认为绩效薪酬强度与薪酬满意度之间呈倒"U"型关系。此外，学者们也提出薪酬满意度受组织等其他因素的影响，根据以往文献，在绩效薪酬与薪酬满意度之间起到调节作用的变量主要为个人特征变量，包括职位（祖伟等，2010；赵琛徽等，2015）、效能感（王重鸣等，2010）、风险厌恶（谢延浩，2011）、成就需要（谢延浩和孙剑平，2012）等。这些差异都会造成员工对绩效薪酬制度的理解不同、信任程度也会有所差异。由于绩效薪酬将员工的部分收入置于不确定因素中,因而会使员工产生紧张和压力。这种紧张和压力在一定的范围内会促使员工提高工作努力的程度,由此引起的工资收入的增加会提高其薪酬的满意度;然而,当绩效薪酬强度过大时,由此引起的压力就会对个体产生一些副效用,从而导致薪酬满意度的降低。绩效薪酬的强度越大,越可能使这种差距加大。适度的差距可能会使能力较差的员工产生紧迫感和危机感,激发其去努力提高自身能力,缩小差距;但当绩效薪酬强度过大,薪酬的差距超过员工的可接受范围时,便会引起员工的不公平感,从而可能导致薪酬满意度的下降。

再者,还有很多研究将薪酬满意度作为中介变量(Blau,1994;Williams et al.,2006)。以往的研究表明薪酬满意度在薪酬水平和社会支持(Griffin,Mathieu & Jacobs,2001)、心理资本和组织承诺之间(赖小霞,2011)、薪酬特征 P-O 匹配和离职意愿(姚晴,2014)、绩效薪酬感知与工作投入之间(李静,2013)、薪酬公平与各类偏差行为之间(韩锐、李景平和张记国,2014)均存在中介效应。

2.6 文献综述小结

通过文献回顾,可以从以往研究的过程中发现理论上的差异,其中部分研究侧重代理理论,该理论认为绩效薪酬代表的是控制性机制(Deckop et al.,2004),并以此来调整上下级利益,这种机制会通过控制个体的行为和结果来激励个体进行更多的工作投入和产出(Oliver & Anderson,1995);另一部分研究则侧重习得性努力理论,强调绩效薪酬的激励效应,认为绩效薪酬通过产生的风险威胁将员工的行为和绩效与报酬联系起来而激发个体执行工作任务、产生工作效率（Gerhart，2009）。这两种观点看起来似乎存在冲突，实际上则并不矛盾（张勇，2014）。根据认知评价理论，外在的奖励同时具有信息性和控制性两种属性，如果外在的或物质的奖励被个体理解为控制性的特征时，就会减弱员工的主动性，损害员工的积极性，也不利于个体的行为结果和绩效表现。与之相反，如果外在的或物质的奖励被个体理解为信息性的特征时就会增强个体的积极性，促进员工的主动性，还有利于个体的工作开展和结果表现（Deci & Ryan，1985）。许艳红（2017）的研究也明确指出绩效薪酬的信息性的正向作用以及控制性的负向作用。

  总体而言，目前关于绩效薪酬激励性的调查结果并不完全一致，一方面是因为员工对绩效薪酬激励的反应可能会受到某些背景因素的影响（Rynes et al.，2005），另一方面是因为仅考察绩效薪酬的平均或主效应会过于简单而忽略核心内容（Gerhart et al.，2009）。绩效薪酬对员工态度和行为的影响通常受某些特殊因素的制约，通过回顾以往的研究发现对团队环境中的个人影响因素探究存在空白。此外，目前关注领导-成员在交换关系中的差异主要集中在员工的情感感知和表现上，然而，关于差异化关系在特定情况下对组织机制管理影响的研究仍然有限（王震和仲理峰，2011）。在此基础上，本书通过整合相关理论提出研究假设，重点关注绩效薪酬激励过程的机制，并希望揭示经济激励与个人态度和绩效之间的内在联系。

第 3 章 理论基础与研究假设

本章主要是在文献研究的基础上，探讨了绩效薪酬对薪酬满意度和工作绩效影响机制的理论基础，并在此基础上提出了相应的研究假设。

3.1 研究的理论基础

在薪酬研究领域，公平理论、期望理论等是最早关注薪酬如何影响雇员行为的理论。奥普萨尔和邓内特（Opsahl & Dunnette，1966）、布鲁姆（Bloom，2008）认为，对于薪酬如何以及什么时间影响雇员的认知、行为和情感仍然是有待研究的重要问题。通过梳理国内外的研究文献，发现绩效薪酬有着较为坚实的理论基础。本节对绩效薪酬、薪酬满意度、工作绩效和领导－成员交换社会比较这四个变量的核心理论基础进行了梳理。

3.1.1 激励效应与分选效应

绩效薪酬一般通过两种方式对工作结果产生影响（Rynes et al.，

2005；Cadsby et al.，2007；Gerhart et al.，2009）。首先是绩效薪酬潜在的"激励效应"，它指绩效薪酬具有对员工行为和态度的积极（或消极）影响，如绩效薪酬可以显著提升员工的平均工作投入程度（Eriksson & Villeval，2008），这是大多数研究关注的焦点。其次是绩效薪酬潜在的"分选效应"（sorting effect），指绩效薪酬释放出的信息对不同个体特征的员工有不同的影响，即吸引、选择符合组织需求的人才并淘汰不符合组织价值的员工，使得员工团队构成发生改变，最终让员工的价值观和行为趋于一致（Cadsby，2007）。还有学者的研究发现绩效薪酬对员工有"分流"作用，能力强的员工流向实施绩效薪酬的企业，而能力差的员工则愿意待在实施固定薪酬的企业（Lazear，2000；Eriksson & Villeval，2008）。

佩卡里宁和里德尔（Pekkarinen & Riddell，2008）通过对芬兰企业的研究发现，实施绩效薪酬制度的员工平均收入普遍比实施固定薪酬的员工高，进行薪酬体制改革的公司员工收入明显提高，而且新员工的能力水平也有显著提升，说明绩效薪酬的激励效应与分选效应十分明显。拉泽尔（Lazear，2000）也对绩效薪酬这两方面的效应进行了研究，发现绩效薪酬使组织产量增加了，且激励效应和分选效应基本相等。卡兹比等（Cadsby et al.，2007）也发现绩效薪酬通过激励效应和分选效应对员工行为产生的影响并非直接形成，而是通过影响员工感知来实现的。因此，绩效薪酬之所以能够对员工的各种行为产生影响，也是因为它改变了员工的心理感知，只有感知发生变化，才能引起相应的行为改变，达到绩效薪酬的激励效应和分选效应（楼华勇，2010）。绩效薪酬的具体形式有多种，针对个体的绩效薪酬形式和针对集体的绩效薪酬形式，二者各有优缺点，通过绩效薪酬感知所产生的激励效应和选择效应也有所差异（理查德，2002；Rynes，2005），概括如表3.1所示。

表 3.1　个体绩效薪酬与集体绩效薪酬的激励效应与分选效应对比

形式	优点	缺点	激励效应	分选效应
个体绩效薪酬	1. 可以提高绩效优秀者的薪酬满意度；2. 可以提高产量，降低成本；3. 在产量一定时，可以减少监督成本	1. 可能诱发短期行为，如员工可能为了维持稳定的绩效而抵制新技术的使用；2. 产量提高，可能是以牺牲质量为代价的；3. 高绩效者可能不愿意在培训低绩效者和新员工方面进行合作；4. 加剧员工之间，以及员工与管理者之间的冲突和不信任	在工作任务互依程度低、个人绩效易衡量的企业，能使员工满意感增强，生产率提高	留住高绩效者，吸引高自我效能感和高成就需求者加入；低绩效者和新员工的主动离职可能较高
集体绩效薪酬	1. 可以促进员工之间的合作，团队工作能得到大多数人的支持；2. 对个人绩效和组织绩效都有一定的促进作用	1. 弱化了个人绩效与工资的关系，使高绩效者得到的回报不足；2. 容易引发"搭便车"行为；3. 个人工资与集体（或组）绩效挂钩，增加了员工个人的薪酬风险，容易引发不公正感	在工作任务互依程度高、个人绩效衡量难度大的企业，对个人和组织绩效都有促进作用	可能使高绩效者努力程度降低，主动离职增加，但能够吸引有合作观念的人加入；绩效平平者和自我效能感较低者愿意选择留在组织

3.1.2　人本学派与行为学派

绩效薪酬作为组织奖励的基本形式，在很大程度上影响到企业的组织文化与绩效水平，但采用绩效导向的薪酬激励员工提升绩效的做法也一直存在争议。德西、考斯特纳和瑞安（Deci, Koestner & Ryan, 1999）利用元分析方法对来自 128 个实验室的研究结果进行讨论，结果表明奖励对自由选择行为（在缺乏外部刺激的情境下进行任务）的净影响是有限的负向关系，即在口头奖励上的影响是正向的，在实物奖励上则是反向的；但艾森伯格和卡梅伦（Eisenberger &

Cameron,1999）的元分析结果则指出，奖励对内部动机的任何削弱效果都能够避免，奖励可以促进个体的创造性（张剑和郭德俊，2003）。

以阿马比尔和德西（Amabile & Deci）等为代表的一批认知心理学家与以艾森伯格为代表的行为心理学家针对外在的经济性奖励与个体创造力关系的争论构成了近30年来心理学研究的一道独特风景，目前划分为两大派别：人本学派和行为学派。人本学派以阿玛贝尔（Amabile）等学者为代表，以认知评价理论（Deci & Ryan,1985）为基础，认为过于注重外在的激励因素会对内在激励因素产生挤出效应，即外在奖励的出现会促使员工将自己的行为认知为是由外部因素决定的，进而奖励会抑制员工的内在动机和创造力。该学派认为人类的本性在于追求自由、自我表达和自我实现，而用于绩效改进的奖励系统对个体自主探索新发现的创造性活动具有天生的破坏性，且奖励会不可避免地将个体的注意力转移到任务本身之外的奖励上，这种注意力的缩窄会降低由高度任务卷入引发的自发性和灵活性，进而降低创造性绩效（Sternberg & Lubart,1991）。行为学派以艾森伯格等学者为代表，以强化理论和习得性努力理论为依据，认为付出努力会使个体产生厌恶感，而奖励可以减少这种厌恶感，促进员工的内在动机和创造力。该学派认为奖励是对个体某种维度行为的一种强化，相信通过合理的绩效奖励可以有效地增加个体的自我决定感和绩效压力进而提高其内在兴趣、创造力等绩效表现。

3.1.3 期望理论

期望理论是美国心理学家和行为科学家弗罗姆（Vroom,1964）在托尔曼（Tolman,1932）和勒温（Lewin,1935）研究的基础上建立的。该理论认为，个体对行为结果能在多大程度上达到其期望值以及行为结果对行为者的吸引力,很大程度上决定了个体采取某种行为的动机水平。期望理论可以用公式来表示:激励 = 期望值 × 效价。其中,激励主要是指调动个体积极性、挖掘个体潜力的程度,期望值主要是指个人依据自己的经验来判断通过自己的行为努力有多大把握能达到自己所期望的目标,效价是指预期达到期望的目标对自己可能产生的价值。期望理论表明,个体对绩效薪酬接受与否的决策取决于其感知到的效用价值,人们只有在预期其行为有助于达到期望目标的情况下才会被充分激励,从而产生真正的行为。

根据期望理论,与纯粹的固定薪酬体系相比,绩效薪酬之所以能更好地激励员工是因为绩效薪酬的实施将员工的行为和绩效与报酬建立起直接和清晰的联系,促使员工为了期望的回报而展现组织期望的行为和绩效(杜旌,2009),而组织对个体吸引力的大小取决于个体感知到的该组织的工具性和相应的效价。因此,个体在选择组织时会考虑其工具性作用,往往会选择能够给自己带来较高效价的组织。不同薪酬体系常被用来表征不同的组织,组织往往通过薪酬的激励内容和分配方式使自己得到区分(Gerhart & Milkovich, 1990)。期望理论认为,员工提高相应的绩效所能获得的较高报酬水平会进一步增强自己的工作动机并提高自己的工作绩效。因此,运用期望理论须处理好三对关系:努力与绩效的关系,绩效与奖酬的关系,奖酬与个人需求的关系(史振磊,2003)。

3.1.4 公平理论

公平理论(Adams, 1965)重点在于研究薪酬分配的公正性、合理性对成员工作积极性的影响。薪酬公平理论认为薪酬公平感是员工对报酬数量分配公平性的判断,成员受到的激励水平很大程度上来自他所体验到的公平程度,而成员对公平与否的感知则来源于主观比较，包括横向比较（也称社会比较）和纵向比较（也称历史比较）。横向比较是指组织成员将所得到的薪酬与自身投入之比（投入报酬比）和同事的投入报酬比相比较，纵向比较是指成员将他当前所获薪酬与投入之比（投入报酬比）和其在过去某一时期所获投入报酬比相比较。若自己的投入产出比值与他人的投入产出比值相当，则认为是公平的，个人将感到心情舒畅，更可能对提供给自己报酬的组织表现出更强的满意度，做出更多有利于组织的行为；若自己的投入产出比值与他人投入产出比值不相等，个人将感到不公平，会表现出更多消极的反应（汪纯孝等，2006）。根据公平理论，对待薪酬公平的问题，个体可能采取以下几点做法：改变自身的投入、改变自身的所得、改变对投入及产出的认知、离开造成不公平的情境或改变参照对象等。

　　公平理论在组织中的应用主要反映为员工的组织公平感，是指组织成员对与个体利益相关的组织制度、政策和措施的公平感受，主要分为分配公平、程序公平、互动公平三大类（Nichoff & Moorman，1993）。分配公平是指组织的资源分配和配置上符合公平的程度，以及员工对于这些分配结果的反应，强调的是对结果的感知；程序公平是指员工对薪酬政策制定程序是否感到公平的一种认知，福格尔和格林伯格（Folger & Greenberg，1993）将该概念运用至薪酬管理领域，认为员工不只对薪酬分配的结果进行比较，还会对薪酬程序公平进行比较；互动公平是指员工对于自己是否被组织制定的政策公平对待的认知以及员工对决策制定的过程自身是否获得解释和说明的认知。比斯和莫格（Bies & Moag，1986）提出互动公平概念以补充之前学者理论的缺陷，认为人们不仅注重分配公平与程序公平，也注重他人对自己的方式与态度，且管理人员对待员工的态度也会影响员工的公平感。

3.1.5 认知评价理论

认知评价理论（Deci & Ryan，1985）主要探讨内在动机的影响因素，特别是社会环境因素对胜任、自主、归属三种基本需求满足的影响。根据认知评价理论，凡是满足人们胜任感、自主性和归属感需要的社会事件，如报酬、积极反馈、免于受到贬低性评价等都能提高个体行为的内在动机。

对个体来说，外部奖励拥有两类特性：信息性和控制性。信息性是指奖励给个体传达对其任务完成情况的评价和反馈信息，个体获得奖励的同时也就获得了外界对其行动能力和行动成果的认可，增强了其自主动机；控制性是指某种奖励使个体认为必须按照规则的要求完成特定的工作才能够获得相应的奖励，否则就不能得到奖励，这种体验使个体认为自己的行为受到了控制，降低了其自主的需要，削弱了个体的自主动机（许艳红，2017）。在实际中，奖励等外在因素趋向于减少自主性的感觉，促使感知的因果轨迹发生由内部向外部的变化，从而削弱内在动机；相反，对工作的某些方面提供选择和允许干预，则可以趋向于提高自主性的感觉，能促使感知的因果轨迹发生由外向内的变化，从而增强内在动机（Deci et al.，2001；Baard et al.，2004；刘丽红等，2010）。

具体来说，绩效薪酬是一种物质奖励，通常被认为是控制性的，会削弱内部动机。但是如果薪酬的获取、分配、互动过程都给员工以自主胜任和关系良好的感觉，则可以使薪酬由控制性向信息性方向转化，即员工感受到绩效性薪酬的获取是靠自己的努力获得，可能因为参与了薪酬分配的标准制定，从而产生自主的感觉；如果分配结果是公平的，则员工会感受到自己的工作绩效得到了组织的肯定，从而产生胜任感；如果工作中体验到充分的支持感，分配过程中主管与员工的互动是在诚实、平等、尊重的基础上进行的，则会使员工感受到组织支持员工发展的良性氛围，从而产生归属感。这三种基本需要的满足会增强内部动机，进而获得提高个体的工作结果。综上所述，奖励增强内部动机的作用与奖励削弱内部动机的作用可以同时产生，在影响内在动机时，相互抵消，当正向调节作用大于负向调节作用时，通过绩效薪酬促进员工正向知觉与行为的做法就会被认为是可取的。

3.1.6 社会比较理论

社会比较理论指个体在不能获得客观事实、不能明确自身环境的情况下，就会通过和其他人比较作为信息确认的手段，通过比较进行自我评价，借以确认自己的属性。社会比较具有双重性：它不仅在于确认自己的属性，而且还包含着主体的积极愿望，即希望得到肯定性情感的满足。能力比较中的"向上性动机"，就是这种倾向的积极表现。有人提出"自我增进功能"的社会比较，也是强调自我评价社会比较的双重性作用，认为主体即使已确认自己的某种属性，但还要借助于这种社会比较，获得肯定性情感的满足。

经济学和管理学方面的研究都提供了相应的证据（伍如昕，2014），领导与下属交换关系差异化导致的社会比较无论对于个体还是对于团队都是一把"双刃剑"，它既可以激发员工的内在动机，也可能抑制个体的积极情感。贺伟等（2011）、于海波等（2013）的研究均发现薪酬方面的社会比较会对薪酬满意度产生显著的正向影响。但也有研究认为雇员间的这种比较会产生一些负向影响，例如，激发非伦理行为（Edelman & Larkin, 2009; Gino & Pierce, 2010），导致嫉妒和退出行为（Bartling & Von Siemens, 2010），以及会打击员工积极性（Mas, 2008）。贺伟和蒿坡（2017）认为当部门的绩效薪酬强度较低时，员工会降低通过提高工作绩效来改善收入水平的工具性感知，并将注意力从个体内部转向人际间的收入比较，从而强化了薪酬分配差异对情感承诺的负面影响。

3.2 绩效薪酬与工作绩效的关系

工作绩效，作为组织关注的重心，是自身角色需求所表现的行为和结果的综合，其呈现水平很大程度上要依靠个体的投入水平。而绩效薪酬以个体绩效为条件实现了个体利益和组织利益的有效捆绑，绩效薪酬强度反映的奖励特征可以直接影响员工投入程度，从而能显著地影响员工工作绩效。当前，已有的研究表明了绩效薪酬能显著地预测某些组织重点关注的结果变量，但对绩效薪酬的效用结果尚未达成一致（Heneman，Ledford & Gresham，2000）。目前的研究既发现绩效薪酬奖励有助于提高工作绩效（Cadsby et al.，2007；李春玲等，2017）；也发现绩效薪酬激励可能会导致员工产生负向行为或是不利于组织绩效的结果（Holmstrom & Milgrom，1991）。

具体来看，一方面，部分研究认为绩效薪酬对员工绩效存在积极作用。根据期望理论，绩效薪酬能够激励员工，是因为它能将员工的行为和绩效与报酬联系起来，促使员工为了他们所期望的报酬去展现组织所要求的行为或绩效。许多研究均证实个人绩效薪酬可以产生明显的绩效改善，卡兹比等（Cadsby et al.，2007）通过实验研究发现，相对于固定工资，绩效薪酬能够通过选择效应和激励效应达成显著更高的生产率。同样，国内学者也发现了相似的研究结论，翟璐（2011）的研究发现个人绩效薪酬模式相比群体绩效薪酬模式能促使员工表现出更多的任务绩效，而群体绩效薪酬模式则促使员工表现相对更多的周边绩效；偏向结果考核的绩效薪酬模式相比偏向行为考核的绩效薪酬模式能促使员工表现更多的任务绩效，而偏向行为考核的绩效薪酬模式能促使员工表现相对更多的周边绩效。李鹏、刘丽贤和李悦（2015）认为绩效导向的薪酬制度能够通过对心理需要的满足，促进自主动机进而提高创造性绩效。李春玲、乔珊和尹莉（2017）以咨询业知识型员工为样本，研究结果表明绩效薪酬感知对任务绩效和周边绩效有显著正向影响。

另一方面，也有部分研究认为绩效薪酬可能损害组织绩效。绩效薪酬代表一种竞争性激励，它可能削弱员工之间的凝聚力和合作精神，容易使员工只关注短期绩效的实现（Deckop et al.，1999；Bamberger et al.，2009）。并且，群体绩效薪酬可能引发"搭便车"行为，会降低激励效应（Rynes et al.，2005）。雇主对员工的控制有时会对员工表现起负面作用（Falk，2006）。此外，马君和范·戴克（Van Dijk，2013）研究发现绩效薪酬对防御型任务有正向影响，但受心理计量折扣的影响增量递减；绩效薪酬对促进型任务则有"S"型非线性影响，当绩效薪酬比例控制在30%左右时有助于抑制对伦理动机和成就动机的挤出效应，提高激励效果。

借助认知评价理论，我们可以清晰地理清其作用机制。具体而言，在低强度绩效薪酬情景中，较低的自我决定能力会让个体从绩效薪酬中感知到的控制性大于信息性，即更倾向于将绩效薪酬看作控制性的暗示（Eisenberger & Aselage，2009），因而表现出较低的绩效回报。与之相反，在高强度绩效薪酬环境下，较大的绩效压力导致了较低的胜任感，同时还降低了个体的积极性和主动性（Byron et al.，2010），甚至还可能提高员工个体的工作退缩性和恐惧感（Van Dyne，Jehn & Cummings，2002），因而个体同样会感知到绩效薪酬控制性大于信息性，这也限制了其个人能力发挥与绩效表现。相比之下，在绩效薪酬强度适中的环境中，员工由于公平的机制和适度的绩效压迫具有更高的自我决定能力和胜任知觉。此时，个体更倾向于将绩效薪酬视为更具信息性的指示，从而产生较高的绩效回报。

此外，根据对"过犹不及"效应（Pierce & Aguinis，2013）的关注，所有看似单调的积极关系都会到达特定环境的拐点，在拐点之后，好事会变得适得其反。同时，根据个体不同的心理参照点效应认知即个体对待损益的参照点不同，绩效薪酬带来的影响效果也完全不同（Merriman & Deckop，2007），最终导致激励效果会呈现倒"U"型（Pokorny，2008）。综上所述，提出如下假设：

假设1：绩效薪酬强度和员工工作绩效之间是倒"U"型关系，即存在最优绩效薪酬强度。

3.3 薪酬满意度的中介作用

薪酬满意度是指个体对组织中薪酬制度体系的态度和看法，可以包括员工对实际薪资和预期薪资的比较，也可以涵盖个人对薪酬体系的总体情感认知（Miceli & Lane，1991；贺伟，2014）。大量的理论和实践探究显示了薪酬满意度的心理属性，而绩效薪酬是否被员工接受和认可在很大程度上取决于个体感受，薪酬满意度就是这样的态度和感受，也是影响并决定员工行为的重要因素之一（祖伟和龙立荣，2010）。

一方面，薪酬满意度可以促进绩效表现。以往的研究表明，薪酬满意度作用于员工的工作行为和结果，能正向提高组织绩效（Heneman & Judge，2000；周文斌等，2013）、组织承诺（于海波等，2009）等。另一方面，绩效薪酬强度会影响个体对薪酬的感知，产生不同的满意度水平。从管理实践角度，在较低的绩效薪酬强度下，员工的绩效与收入缺乏联系，员工对通过提高工作绩效来改善收入水平的工具性感知会降低（贺伟和蒿坡，2014）。而当绩效薪酬强度过高时，薪酬带来的压迫感和紧张感则会降低员工的薪酬满意度

（Green，2004）。相关研究表明，由于绩效薪酬带给了员工风险和压力感知，在一定程度上会激发员工增加努力程度而避免承担损失，随着增加的收入进而提高员工的满意度；但当这一程度超出了个体承受限度就会导致强烈的反作用，也会影响薪酬满意度水平。再者，绩效薪酬强度较高时会造成较大的薪酬差距，容易引起员工对薪酬不公平的认知，造成员工的心理不适，不利于提高薪酬满意度。

由于绩效薪酬将员工的部分收入置于不确定因素中，因而会使员工产生紧张和压力。这种紧张和压力在一定范围内会促使员工提高工作努力的程度，由此引起的工资收入的增加会提高其薪酬的满意度；然而，当绩效薪酬强度过大时，由此引起的压力就会对个体产生较大的负效用，从而导致薪酬满意度降低。此外，绩效薪酬基于绩效，因此会使能力强和能力弱的员工在收入水平上产生差距，绩效薪酬强度越大，越可能加大这种差距。适度的差距可能会使能力较差的员工产生紧迫感和危机感，激发其努力提高自身能力，缩小差距。但当绩效薪酬强度过大，薪酬的差距超过员工的可接受范围时，便会引起员工的不公平感，从而可能导致薪酬满意度下降。袁宇和李福华（2014）以高校教工 600 份薪酬满意度调查问卷为样本，通过对样本数据进行二次曲线拟合分析等处理，验证了高校教工绩效薪酬强度与薪酬满意度之间存在倒"U"型关系。

还有研究认为，远端变量对其近端变量起到辅助作用，对绩效来说，其远端变量包含组织和工作等不同的特征，绩效薪酬强度作为一种企业管理方面的远端变量，在影响近端变量的基础上，会呈现出辅助性的结果（李毅，2019）。德雷尔等（Dreher et al.，1988）的研究结果说明薪酬与组织结果之间必然以"薪酬的态度反应"作为中介；韩锐等（2014）发现薪酬公平感可通过"薪酬满意度"的中介路径，共同作用于各类偏差行为；姚晴（2014）发现薪酬满意度在薪酬特征 P－O 匹配及其决定标准匹配、支付结构匹配维度与离职倾向之间起部分中介作用。因此，探讨绩效薪酬强度对员工绩效的影响需要考虑薪酬满意度的过程性影响。根据认知评价理论，绩效薪酬同时拥有信息性和控制性（张勇和龙立荣，2013），信息性是指绩效薪酬具有个体期望获得的信息，控制性是指绩效薪酬代表个体不得不完成规定的任务和组织的目标（常涛等，2014）。绩效薪酬强度具备的这两种属性同时作用于个体的态度与行为，在绩效薪酬强度较低和适中的时候，员工觉察到更高的信息性，从而拥有较高的满意度和绩效表现；而在绩效薪酬强度过高时则觉察到更多的控制性，从而满意度降低进而不利于个体绩效表现。基于以上分析，提出如下假设：

假设2：绩效薪酬强度和薪酬满意度之间是倒"U"型关系，即存在最优绩效薪酬强度。

假设3：薪酬满意度在绩效薪酬强度与员工工作绩效之间存在中介效应。

3.4 领导-成员交换社会比较的调节作用

绩效薪酬能够显著地预测薪酬态度，但这种预测作用也不是绝对存在的。之前的研究表明，员工对绩效薪酬的看法受到诸多因素的影响，包括员工对薪酬计划的理解以及薪酬体系的工作背景（Dulebohn & Martocchi，1998）。由此可知，绩效薪酬的激励效果从整体上来看是积极的，但是差异化的个体和组织影响因素会影响绩效薪酬对员工正向激励的作用。

领导-成员交换关系社会比较（LMXSC）与领导-成员交换（LMX）的绝对交换关系不同，是LMX在团队层面上通过相对比较进行的主观认知。客观的关系一般只作为一种信息状态，主观认知的关系却可以进行信息加工，信息状态不具有主观的社会比较过程，因此在实际中个体对于环境的主观认知要比客观的事实更加影响态度和行为（Kristof，2005）。真实工作环境中的员工个体除了考虑自己的 LMX 的绝对质量以外，更愿意考虑通过团队比较而得到相对质量，并以此作为感知领导支持、团队地位等一系列结果变量的依据。已有研究证实了社会比较产生的自我评价也是一种有效激励，这种激励具备特殊的主观性，并且能够显著地影响员工的工作态度和工作行为。LMXSC 产生的自我认可不同于 LMX 产生的互惠义务，从某种意义上来说，这种相对的 LMX 比绝对的 LMX 对于员工的心理感知起着更为重要的作用（Henderson，2008）。

根据研究，绩效薪酬是否被看作工作中的威胁和挑战是当前个体认知和评估中的首要问题。如果员工认为绩效是可控的，他们倾向于将绩效薪酬视为机会；相反，如果员工感到无法控制，他们倾向于将绩效薪酬视为一种威胁。凯恩和杰克斯（Kain & Jex，2010）曾提出个体对绩效的控制不足是在工作环境中最为影响员工身心健康的。在企业中，上级或是主管作为一个团队的资源管理者与资源分配者，高 LMXSC 的员工会感觉自己可以掌握比其他成员更多的资源（Graen & Cashman，1975），以及更多来自领导的支持、鼓励和偏爱（Gerstner，1997），这种认知会使员工认为自己比其他员工更加优秀，从而也会更愿意表现优秀。此外，高 LMXSC 意味着个体会自我认知到上级的关怀与信任，与之相对应的，下级也会更容易对领导表示出服从和信任，而上下级之间的充分信任是良好的调剂品，会显著影响员工的工作满意度（凌茜等，2010）。因此，高 LMXSC 的员工会倾向于将绩效薪酬解读为"潜在的"工作支持和资源供给，这种间接的"优势"会促进员工的积极认知，并会减少员工对绩效薪酬外在约束性和控制性的认知。

具体来看，第一，虽然中等强度绩效薪酬更能促进员工的薪酬满意度，但仍有其他原因使其具体作用存在差异，受到情境变量的影响。一方面，如果员工拥有高 LMXSC，个体在团队中的相对位置就会愈加突出，它将增强社会比较所产生的心理优势，提高个体的内部认同感；对于低 LMXSC 成员则相反，员工不会因此产生积极的心理认知（Gerhart & Rynes，2003）；另一方面，如果员工拥有较低的 LMXSC，积极心理认知程度和自我决定感会大大降低，因此将绩效薪酬视为受控制的知觉感会更强烈，也不利于对个人能力的确认。对于低 LMXSC 的员工而言，考虑到以上两方面原因，中等强度的绩效薪酬对其激励作用也会相对较低。综合上述分析我们预测，在绩效薪酬强度处于适中的水平下，高 LMXSC 的个体比低 LMXSC 的个体具有更高的薪酬满意度。

第二，虽然高强度绩效薪酬不利于提升员工薪酬满意度，但也存在至少两个原因使得具体作用效果存在差异。一方面，高 LMXSC 的员工认为自身与领导的交换关系高于其他成员，需要更好的产出回馈，因而承担了更大的压力，所以高 LMXSC 的员工在高强度绩效薪酬下的薪酬满意感会大大降低；另一方面，根据关系来做管理决策常常会导致一些利益冲突，如果员工在工作环境中面临关系型组织和环境，会自然而然倾向于从主观感受而非客观情况看待问题，即更注重公平感知（Chen，Chen & Xin，2004）。如果员工认为受到不公平对待，他们很可能会视绩效薪酬为有利于部分人利益的不公平制度，从而会体验到相对的被剥削感（Suls，1986）。在中国的管理情境中，集体主义塑造了人们在群体中互相比较的氛围，导致多数员工会更在意这种比较的关系，与其他员工的 LMX 差异越大，员工越会感觉到不公平，绩效薪酬的负面影响可能越强。此外，根据以往的文献可以发现程序公平氛围调节了绩效薪酬对情感承诺的负面效应（Du & Choi，2010）。从上述分析可知，在高强度绩效薪酬条件下，高 LMX-SC 的员工比低 LMXSC 的员工的薪酬满意度更低。

第三，在绩效薪酬强度较低的情况下，"大锅饭"式的平均主义薪酬体系会弱化员工对绩效薪酬的积极感知，员工感知到自身绩效与薪酬没有紧密联结关系，缺乏相应的积极信息，就会产生较低的分配公平感、自我决定感和归属感。因此，无论是否倾向于关系比较，员工的薪酬满意度都不太可能存在显著差异。综上所述，提出如下假设：

假设4：领导－成员交换社会比较（LMXSC）对绩效薪酬强度与薪酬满意度的关系具有调节作用，即高LMXSC的员工在中等绩效薪酬强度下的薪酬满意度更高，在高绩效薪酬强度下的薪酬满意度更低，在低绩效薪酬强度下的薪酬满意度没有显著差异。

根据社会比较理论，具有较高LMXSC的员工会更容易体会到个人在组织中的相对地位，员工的相对地位感知代表了个体的积极情感体验，也为员工认知等方面积累了资源。高LMXSC的员工能增强绩效薪酬的效用，从而影响薪酬满意度和员工绩效。因此，领导－成员交换社会比较可能会调节薪酬满意度的中介效应，在假设1、假设2、假设3和假设4的基础上，提出假设5：

假设5：领导－成员交换社会比较会调节薪酬满意度在绩效薪酬强度和员工工作绩效之间的中介效应，即员工越容易进行领导－成员交换社会比较，薪酬满意度在绩效薪酬强度和工作绩效关系中的中介效应越高。

根据上述分析，绘制了本书的理论模型，如图3.1所示。

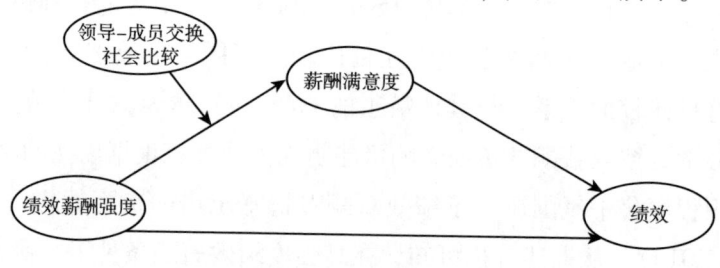

图3.1 理论模型

第4章 绩效薪酬对工作绩效影响的研究设计

为了验证绩效薪酬对薪酬满意度和工作绩效影响机制的研究假设，有必要采取科学的测量方法，选择合适的研究样本，客观、完整地收集数据并展开分析。本章主要包括三部分：研究工具的选取、研究程序的梳理和研究样本的分析，以及研究方法的说明。

4.1 研究工具

研究变量主要包括绩效薪酬强度、员工绩效、薪酬满意度、领导-成员交换社会比较和控制变量，研究工具采用李克特（Likert）五点量表，从1到5，1表示非常不同意，2表示比较不同意，3表示中立，4表示比较同意，5表示非常同意。

第一，绩效薪酬强度。对绩效薪酬强度的测量采用张勇和龙立荣（2013）的测量工具，通过选择题的问答方式进行调查：您的绩效薪酬（总薪酬中与绩效相关的收入部分）占总薪酬的比例有多少？请按以下分类进行选择。在实际计算中，用每段的中间值作为具体度量。

①0~5%　　②6%~15%　　③16%~30%　　④31%~50%

⑤51%~69% ⑥70%~84% ⑦85%~94% ⑧95%~100%

第二，员工绩效。采纳樊景立等（Farh et al., 1997）开发的问卷，包含4个经典条目，由领导对员工绩效进行评价，具体条目包括：对部门整体业绩作出重大贡献，是本部门内表现最优秀的员工之一，始终按计划完成并交付优质的工作，工作表现始终能够满足上级的要求。

第三，薪酬满意度。对薪酬满意度的测量，采纳的是亨尼曼与施瓦布（Heneman & Schwab, 1988）编制的薪酬满意度问卷。该问卷共分为18个项目，分别测量4个子维度的满意度（见本书附录）。在该量表中，1~4题是针对薪酬水平满意度的测量，对与岗位相关的薪酬水平满意度的评价；5~8题是针对福利水平的测量，主要考察员工对非现金形式支付的薪酬的满意度；9~12题是针对薪酬加薪满意度的测量，侧重于员工对企业中薪酬晋升的方式及相关影响因素的评价；13~18题是关于薪酬结构和管理水平的满意度，主要测量了员工对组织中薪酬结构、政策和管理水平的态度。

第四，领导-成员交换关系社会比较（LMXSC）。LMXSC问卷采用维迪亚蒂和里登等（Vidyarthi & Liden et al., 2010）开发的问卷进行测量（详见本书附录）。该量表经过严格设计与测试程序，最终包含6个条目，主要由员工来评价其与直接领导的关系情况。主要包括：我和领导之间的关系好于团队中大多数成员和他/她的关系；当领导不能亲身参与重要会议时，会要求我替他/她出席；与团队中的其他成员相比，我从领导那里获得更多的支持；我和领导的工作关系比大多数团队成员和他/她的工作关系更为有效；领导对我比对其他同事更加忠诚；与和其他团队成员共事相比，领导更愿意和我一起共事。

第五，控制变量。主要选择了4个控制变量，包括性别、年龄、教育程度和岗位年限，分别进行了虚拟变量处理。(1) 性别。0 表示"男性"，1 表示"女性"。(2) 年龄。1 表示"25 岁以下"，2 表示"25~29 岁"，3 表示"30~39 岁"，4 表示"40~49 岁"，5 表示"50 岁及以上"。(3) 教育程度。1 表示"初中及以下"，2 表示"高中"，3 表示"大专"，4 表示"本科"，5 表示"硕士及以上"。(4) 岗位年限。1 表示"2 年以下"，2 表示"3~6 年"，3 表示"7~9 年"，4 表示"10~19 年"，5 表示"20 年以上"。

4.2　研究程序和样本

实证研究的调查对象是不同国有企业入职一年以上的正式员工，通过电子邮件邀请、现场调查问卷和邮寄收集问卷等方式进行问卷发放。研究量表由员工填写绩效薪酬强度、薪酬满意度、领导-成员交换社会比较 3 个问卷，由直接主管填写对员工工作绩效评价的问卷，所有量表均由受试者独立完成。

研究调查通过 3 次调研采集不同的研究变量数据，每次调查前后间隔一个月，以尽可能降低同源方差对研究结果的影响。研究调查会获得各公司人力资源部的协助，充分向被调查者传达调查背景和注意事项并取得调研对象的配合。在第一次调查中，通过电子邮件邀请并回收了《薪酬调查问卷 A》，主要获取人口统计变量（性别、年龄、教育程度、工作年限）和自变量（绩效薪酬强度）；在第二次调查中，针对第一次调查的对象，现场发放并回收了《薪酬调查问卷 B》，主要获取中介变量（薪酬满意度）和调节变量（领导-成员交换社会比较）；在第三次调查中，通过与调研单位负责人的沟通，得到第二轮调查中填写有效问卷的员工所对应的直接领导的信息，通过邮寄并回收了《员工绩效调查问卷》，获取由领导填写的因变量

（员工绩效）的数据。所有问卷详见本书附录。

调研共发放了358份员工问卷，经过三轮调研共回收领导和员工配对的问卷273份，有效回收率76.26%。剔除了不符合要求的问卷样本，例如明显填写不认真，信息空缺较多或连续填写重复信息等，最终有效的样本量为212份，问卷有效率为77.66%。具体样本分析如表4.1所示。

表4.1　研究样本分析

项目	变量	统计代码	样本数量	所占比例（%）
性别	男性	0	152	71.7
	女性	1	60	28.3
年龄	25岁以下	1	6	2.8
	25~29岁	2	38	17.9
	30~39岁	3	75	35.4
	40~49岁	4	68	32.1
	50岁及以上	5	25	11.8
学历	初中及以下	1	2	0.9
	高中	2	10	4.7
	大专	3	70	33.0
	本科	4	113	53.4
	硕士及以上	5	17	8.0
岗位年限	2年以下	1	86	40.6
	3~6年	2	70	33.0
	7~9年	3	33	15.6
	10~19年	4	16	7.5
	20年以上	5	7	3.3

4.3 研究方法

本书将理论研究、实证研究和案例研究相结合，具体的研究方法包括文献研究、问卷调查和案例分析。

（1）文献研究。通过对书籍、期刊、会议、学术论文等文献资料的梳理，重点分析了绩效薪酬与薪酬满意度等变量的研究现状和理论发展，在归纳和总结的基础上提出研究假设，构建研究模型。

（2）问卷调查。通过规范的问卷设计和调研程序搜集相关数据，并综合运用多种统计分析软件开展实证研究，借助 SPSS24.0 和 AMOS22.0 等统计分析工具，通过描述性统计、相关分析和多元回归分析来研究绩效薪酬、领导-成员交换社会比较、薪酬满意度和工作绩效之间的关系及其边界条件，并进行相关的信度和效度检验、主效应检验、中介和调节效应检验等来验证研究假设，得出研究结论。

（3）案例分析。分别选取国有企业、高校和医院三种不同类型的组织开展案例分析，针对不同组织和不同对象的现实背景、国际比较、问题剖析和改进策略等，逐一展开具体探讨和阐析，回应现实需求，解答实践困惑。

第5章 绩效薪酬对工作绩效影响的实证分析

本章主要内容是数据分析和结果讨论,分别探讨了绩效薪酬强度对工作绩效的主效应,薪酬满意度的中介作用和领导-成员交换社会比较的调节作用,关注个体差异如何影响绩效薪酬的真实激励效果及其作用过程。借助SPSS24.0和AMOS22.0等统计分析工具,通过描述性统计、相关分析和多元回归分析进行相关的信度和效度检验、主效应检验、中介和调节效应检验等来验证研究假设,得出研究结论。

5.1 信度和效度检验

5.1.1 信度检验

信度分析反映的是数据结果的一致性或可靠性程度,目前学术界普遍采用的是Cronbach's Alpha系数来判断问卷的信度,Cronbach's Alpha系数越大,表示各个题项的相关性越大,测量标准误差越小,即内部一致性程度越高。本书采用内部一致性Cronbach's Alpha系数来衡量各量表的可靠性。根据吉尔福德（Guilford，1965）的检验标准，如果 Cronbach's Alpha 系数大于 0.70，就表示量表信度较高，即量表具有良好的信度。

研究的量表信度分析结果如表 5.1 所示。薪酬满意度 0.970（薪酬水平为 0.962、福利为 0.936、薪酬增长为 0.900、薪酬结构/管理为 0.937），领导-成员交换社会比较为 0.935，绩效为 0.840，所有维度及总量表的 Cronbach's Alpha 系数都在 0.80 以上，说明测量工具具有良好信度，可以满足研究需要。

表 5.1　　　　　　　量表的信度分析（N=212）

研究变量	维度	Cronbach's Alpha	
薪酬满意度	薪酬水平	0.962	0.970
	福利	0.936	
	薪酬增长	0.900	
	薪酬结构/管理	0.937	
领导-成员交换社会比较		0.935	
绩效		0.840	

5.1.2　效度分析

通过信度检验后，继续对量表的效度进行检验。效度反映的是选用的量表能够准确测量出实际事物的程度。首先，本书采用的是现有成熟量表，具备良好的内容效度；其次，运用 SPSS24.0 软件，对量表所有题项进行探索性因子分析，KMO 值为 0.930。根据检验标准，如果 KMO 的值大于 0.8，则说明问卷调查的数据非常适合做因子分析；继续对其进行因子分析，发现提取的主因子解释方差占 71.926%，因此在解释原变量的信息方面比较理想，对总体方差的解释度较高。

在以上分析的基础上，进一步确认研究量表的稳定性和合理性。

基于探索性因子分析，使用 AMOS22.0 进行验证性因子分析，通过验证性因子分析可以进一步检验各变量之间的区分效度，结果如表 5.2 所示。通过验证性因子分析，考察每个因子载荷是否明显（是否大于 0.5），并考察模型的整体拟合度。通过采用稳定的拟合优度指标（Carmines & Melter, 1981; Brown & Sudeck, 1993; Steiger, 1990）来综合衡量模型的拟合程度：$2 < \chi^2/df < 5$ 可以接受；RMSEA 在 0.05 ~ 0.09 表明该模型非常适合；IFI、TLI 和 CFI 通常建议大于 0.9。结果如表 5.2 所示，双因子模型 $\chi^2(247) = 627.700$，$\chi^2/df = 2.541$，RMSEA = 0.085，CFI = 0.930，TFI = 0.921，ILI = 0.930，拟合效果较单因子模型相比更好，说明这两个变量之间有着良好的区分效度。

表 5.2　　　　　　　　　验证性因子分析结果

拟合指标	χ^2	df	χ^2/df	IFI	TLI	CFI	RMSEA
LMXSC, CS	627.700	247	2.541	0.930	0.921	0.930	0.085
LMXSC + CS	1227.908	248	4.951	0.820	0.799	0.819	0.137

注：模型 1（双因子模型）：领导－成员交换社会比较、薪酬满意度；模型 2（单因子模型）：领导－成员交换社会比较＋薪酬满意度。

另外，在通过 SPSS24.0 进行探索性分析时，结果显示的因子个数大于 1，且因子最大解释量仅为 27.11%，远低于 50%，可以暂时排除同源性误差的存在。在有效性分析中，验证拟合指数在可接受的范围内，表明该研究的同源性误差在一定程度上受到控制。

5.2　相 关 分 析

为了解样本数据的分布情况，运用 SPSS24.0 软件对研究变量进行描述性统计分析，主要包括平均值、标准差、最小值和最大值，以及变量的相关系数，如表 5.3 所示。其中，绩效薪酬强度与薪酬满意度（r=0.106，n.s）、绩效（r=0.056，n.s）之间没有发现显著的相关性，初步表明了绩效薪酬与薪酬满意度和绩效之间并非简单线性关系。领导－成员交换社会比较与绩效薪酬（r=－0.015，n.s）、薪酬满意度（r=0.106，n.s）之间没有显著的相关关系。薪酬满意度与绩效（r=0.198，p<0.01）呈显著正相关。以上的相关性研究分析与理论预期一致，能够为研究假设提供一定的初步支持。

表 5.3　　　　　　　　　　　　相关分析

变量	M	SD	1	2	3	4	5	6	7	8
1. 性别	0.28	0.45	—							
2. 学历	3.01	0.41	0.236**	—						
3. 年龄	3.32	0.99	-0.087	-0.234**	—					
4. 岗位年限	2.00	1.08	0.010	0.000	0.181**	—				
5. 绩效薪酬强度	0.45	0.23	0.036	-0.056	-0.045	-0.031	—			
6. 领导－成员交换社会比较	3.57	0.80	-0.173*	0.062	-0.028	-0.053	-0.015	—		
7. 薪酬满意度	3.04	0.80	0.030	-0.037	0.091	-0.174*	0.106	0.173*	—	
8. 绩效	4.05	0.63	0.174*	0.099	-0.056	-0.146*	0.056	0.050	0.198**	—

注：*，** 分别表示 p<0.05，p<0.01。

5.3　假设检验

5.3.1　多重共线性控制及检验

研究中对领导－成员交换社会比较对工作绩效影响的交互效应进行了分析，因此为控制多重共线性，在回归分析时对除控制变量外的所有变量进行了中心化处理。各个回归方程中各变量的方差膨胀因子（VIF）的值小于 2.054，远小于罗胜强（2014）建议的临界值（VIF=10），说明本书中的多重共线性可以被接受，回归分析结果可靠。

5.3.2 绩效薪酬强度对工作绩效和薪酬满意度的曲线估计

5.3.2.1 绩效薪酬强度对工作绩效的曲线估计

通过运用使用 SPSS24.0 对绩效薪酬强度和工作绩效之间的关系进行二次曲线的拟合，由表 5.4 可以看出，绩效薪酬强度与工作绩效的二次函数拟合结果是显著的（$p<0.01$），二者之间的关系为 $Y = 3.707 + 2.030X - 2.248X^2$，拟合曲线如图 5.1 所示。由此可以证明，绩效薪酬强度和工作绩效之间存在倒"U"型关系，即假设 1 成立。

表 5.4　绩效薪酬强度对员工绩效影响的模型估计

方程	模型摘要					参数估算值		
	R^2	F	df_1	df_2	Sig	常量	b_1	b_2
二次	0.043	4.675	2	209	0.01	3.707	2.030	-2.248

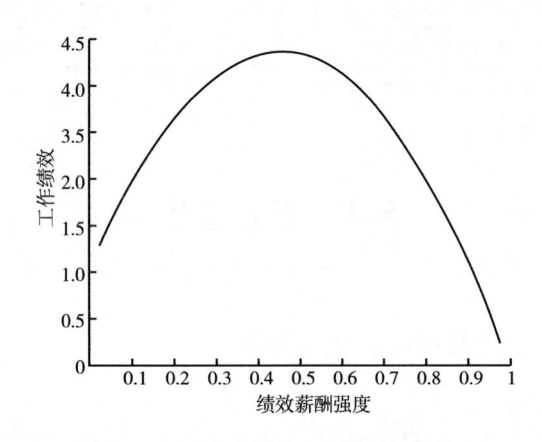

图 5.1　绩效薪酬强度与工作绩效的关系

5.3.2.2 绩效薪酬强度对薪酬满意度的曲线估计

同样使用 SPSS24.0 对绩效薪酬强度与薪酬满意度的关系进行二次曲线的拟合，结果见表 5.5，绩效薪酬强度对薪酬满意度的曲线关

第5章 绩效薪酬对工作绩效影响的实证分析 ┄┄┄┄▶ *127*

系影响达到了显著性水平（p<0.01），二者之间的关系为 Y=2.543+2.665X-2.753X²，拟合曲线如图 5.2 所示。由此可以证明，绩效薪酬强度与薪酬满意度之间的倒"U"型关系成立，二者之间存在最优绩效薪酬强度使得薪酬满意度水平最高，即假设2成立。

表 5.5　　　　绩效薪酬强度对薪酬满意度影响的模型估计

方程	模型摘要					参数估算值		
	R^2	F	df_1	df_2	Sig	常量	b_1	b_2
二次	0.049	5.342	2	209	0.005	2.543	2.665	-2.753

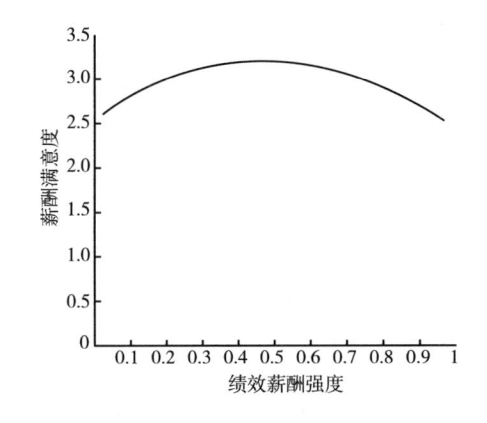

图 5.2　绩效薪酬强度与薪酬满意度的关系

5.3.3　绩效薪酬强度、薪酬满意度和工作绩效之间影响的回归分析

采用分层线性回归的方式对主效应及中介效应进行检验，结果如表 5.6 所示，模型 1~模型 3 的被解释变量为中介变量薪酬满意度，模型 4~模型 7 的被解释变量为工作绩效。根据模型 6 可知，绩效薪酬强度的平方项对工作绩效有显著的负向影响（M6：B=-0.261，p<0.01），研究的主效应成立，绩效薪酬强度与工作绩效呈倒"U"型关系，假设1进一步得到支持。

表 5.6　回归分析结果

变量	M1 B(SE)	M1 $\hat{\beta}$	薪酬满意度 M2 B(SE)	M2 β	M3 B(SE)	M3 β	M4 B(SE)	M4 β	绩效 M5 B(SE)	M5 β	M6 B(SE)	M6 β	M7 B(SE)	M7 β
控制变量														
常量	2.976 (0.497)		2.912 (0.498)		3.144 (0.500)		3.817 (0.391)		3.794 (0.393)		3.991 (0.394)		3.622 (0.427)	
性别	0.082 (0.124)	0.046	0.073 (0.123)	0.041	0.038 (0.123)	0.022	0.225* (0.097)	0.161	0.222* (0.098)	0.159	0.193* (0.097)	0.138	0.188* (0.096)	0.135
学历	-0.055 (0.141)	-0.028	-0.039 (0.141)	-0.02	-0.047 (0.139)	-0.024	0.082 (0.111)	0.053	0.088 (0.111)	0.057	0.081 (0.109)	0.052	0.087 (0.108)	0.056
年龄	0.103* (0.057)	0.128	0.107 (0.057)	0.133	0.083 (0.057)	0.104	0.002 (0.045)	0.004	0.004 (0.045)	0.006	-0.016 (0.045)	-0.026	-0.026 (0.045)	-0.041
岗位年限	-0.027** (0.01)	-0.185	-0.026 (0.01)	-0.181**	-0.025* (0.010)	-0.169	-0.018* (0.008)	-0.153	-0.017* (0.008)	-0.151	-0.016* (0.008)	-0.138	-0.013 (0.008)	-0.113
自变量														
绩效薪酬强度			0.345 (0.236)	0.1	0.203 (0.240)	0.059			0.125 (0.186)	0.046	0.004 (0.189)	0.001	-0.02 (0.187)	-0.007

续表

变量	薪酬满意度							绩效						
	M1		M2		M3		M4		M5		M6		M7	
	B(SE)	$\hat{\beta}$	B(SE)	β	B(SE)	β	B(SE)	β	B(SE)	β	B(SE)	β	B(SE)	β
绩效薪酬强度的平方					-2.428*(0.972)	-0.175					-2.061**(0.766)	-0.188	-1.776*(0.771)	-0.162
中介变量														
薪酬满意度													0.117*(0.055)	0.148
R^2	0.043		0.053		0.081		0.057		0.059		0.091		0.111	
$Adj-R^2$	0.025		0.03		0.054		0.039		0.036		0.065		0.081	
ΔR^2	0.043		0.010		0.028		0.057		0.002		0.032		0.020	
ΔF	2.331*		2.749		6.238*		3.133*		0.450		7.233**		4.627**	

注: *, **, *** 分别表示 $p<0.05$, $p<0.01$, $p<0.001$。

根据巴伦和肯尼（Baron & Kenny, 1986）的中介效应依次检验法步骤，需要分别检验自变量对因变量、自变量对中介变量的回归系数，而后将自变量和因变量同时代入回归方程再进行检验。根据表5.6，绩效薪酬强度的平方项对薪酬满意度有显著的负向影响（M3：B = -2.428, p < 0.05），对工作绩效有显著的负向影响（M6：B = -2.061, p < 0.01），而当绩效薪酬强度与薪酬满意度同时进入回归方程时，绩效薪酬强度平方项对工作绩效影响的回归系数的显著性和效应均有降低（M7：B = -1.776, p < 0.05），同时薪酬满意度的回归系数则较为显著（M7：B = 0.117, p < 0.05）。根据中介效应依次检验的程序，可以判定薪酬满意度在绩效薪酬对工作绩效的影响过程中起到部分中介作用，即中介效应成立。上述分析表明了绩效薪酬强度与薪酬满意度呈倒"U"型关系，假设2进一步得到支持，同时假设3也得到了验证和支持。

5.3.4 领导-成员交换社会比较的调节效应回归分析

5.3.4.1 领导-成员交换社会比较的调节效应

采用分层多项式回归分析（Leung, Huang & Su, 2011）来检验曲线关系调节效应的假设。具体而言，以薪酬满意度作为因变量，分为五步进行回归：(1) 引入控制变量（性别、学历、年龄）；(2) 引入自变量（绩效薪酬强度）的线性项（X）；(3) 引入自变量的平方项（X^2）；(4) 引入调节变量（领导-成员交换社会比较）的线性项（Z）；(5) 引入自变量和调节变量的线性交互项（XZ）以及自变量的平方与调节变量的"平方-线性"交互项（X^2Z）。同时，将自变量与调节变量均进行了中心化处理。

根据曲线关系的调节效应检验（Aiken & West, 1991），如果只有"调节变量×自变量"的系数显著，则表明调节变量只是改变了二次曲线的倾斜程度，没有改变二次曲线本身的形状，比如曲线弯曲程度；如果只有"调节变量×自变量平方"的系数显著，则表明调节变量只是改变了二次曲线的形状，没有改变二次曲线整体的倾斜度；如果"调节变量×自变量"和"调节变量×自变量平方"这两项的系数都是显著的，则表明二次曲线既被改变倾斜程度，也被改变形状。结果根据表5.7所示，绩效薪酬强度与LMXSC的交互项对员工薪酬满意度具有显著负向影响（M5：B = -0.634，$p<0.05$），绩效薪酬强度平方项与LMXSC的交互项对员工薪酬满意度也有显著负向影响（M5：B = -2.450，$p<0.05$），即无论是线性交互项还是平方交互项的系数均是显著水平，因而领导-成员交换社会比较对绩效薪酬强度与员工薪酬满意度之间的倒"U"型关系具有显著的调节作用，假设4通过检验。

为了进一步检验领导-成员交换社会比较如何调节了绩效薪酬强度对薪酬满意度的曲线关系，本书采用艾肯等（Aiken et al.，1991）建议的实证分析方法，分别检验在低水平LMXSC（低于均值一个标准差）和高水平LMXSC（高于均值一个标准差）的情况下绩效薪酬强度与员工薪酬满意度的关系。分析结果表明：在低等水平领导-成员交换社会比较下，绩效薪酬强度平方项与员工薪酬满意度的相关系数为负（B = -0.199，t = -2.867，$p<0.01$），在高等水平领导-成员交换社会比较下，绩效薪酬强度平方项与员工薪酬满意度的相关系数为负（B = -0.404，t = -2.606，$p<0.05$）。

同时，分别在两组水平下进行曲线拟合，结果与从表5.8可以看出，2组样本中，低等水平的领导-成员交换关系社会比较下，绩效薪酬强度对薪酬满意度影响的二次函数拟合达到了显著水平（$p<0.05$），高水平的领导-成员交换关系社会比较下，该二次函数拟合达到边缘显著（$p<0.1$）。可计算出，高等水平关系比较下的最优绩效薪酬强度（0.55）较低等水平关系比较的最优绩效薪酬强度（0.41）更高。以上的实证分析支持了本书的研究假设，即假设4得到了进一步验证。具体作用效果如图5.3所示。

表 5.7　调节效应回归分析结果

变量		M1 B (SE)	M1 β	M2 B (SE)	M2 β	M3 B (SE)	M3 β	M4 B (SE)	M4 β	M5 B (SE)	M5 β
						薪酬满意度					
控制变量											
	变量	2.976 (0.497)		2.912 (0.498)		3.144 (0.500)		3.243 (0.493)		3.137 (0.487)	
	性别	0.082 (0.124)	0.046	0.073 (0.123)	0.041	0.038 (0.123)	0.022	0.105 (0.123)	0.059	0.115 (0.121)	0.065
	学历	−0.055 (0.141)	−0.028	−0.039 (0.141)	−0.02	−0.047 (0.139)	−0.024	−0.087 (0.137)	−0.04	−0.033 (0.137)	−0.02
	年龄	0.103* (0.057)	0.128	0.107 (0.057)	0.133	0.083 (0.057)	0.104	0.084 (0.056)	0.105	0.07 (0.056)	0.087
	岗位年限	−0.027** (0.01)	−0.185	−0.026 (0.01)	−0.181**	−0.025* (0.010)	−0.169	−0.023* (0.010)	−0.16	−0.025* (0.010)	−0.17
自变量											
	绩效薪酬			0.345 (0.236)	0.1	0.203 (0.240)	0.059	0.199 (0.235)	0.057	0.198 (0.232)	0.057

第5章 绩效薪酬对工作绩效影响的实证分析   133

续表

薪酬满意度

变量	M1 B(SE)	M1 β	M2 B(SE)	M2 β	M3 B(SE)	M3 β	M4 B(SE)	M4 β	M5 B(SE)	M5 β
绩效薪酬的平方					-2.428* (0.972)	-0.175	-2.548** (0.956)	-0.18	-2.483* (0.950)	-0.18
调节变量										
领导-成员交换 社会比较							0.193** (0.067)	0.194	0.327*** (0.091)	0.329
领导-成员交换 社会比较×绩效 薪酬强度									-0.634* (0.286)	-0.150
领导-成员交换 社会比较×绩效 薪酬强度的平方									-2.450* (1.158)	-0.200
R²	0.043		0.053		0.081		0.057		0.059	
Adj-R²	0.025		0.03		0.054		0.039		0.036	
ΔR²	0.043		0.010		0.028		0.057		0.002	
ΔF	2.331*		2.149		6.238*		3.133*		0.450	

注：*、**、***分别表示 $p < 0.05$，$p < 0.01$，$p < 0.001$。

表 5.8　不同分组下绩效薪酬强度对薪酬满意度影响的模型估计

方程		模型摘要					参数估算值		
		R^2	F	df_1	df_2	Sig	常量	b_1	b_2
二次	低 LMXSC	0.040	3.282	2	156	0.040	2.591	1.909	-1.735
	高 LMXSC	0.136	2.682	2	34	0.083	2.481	5.497	-6.741

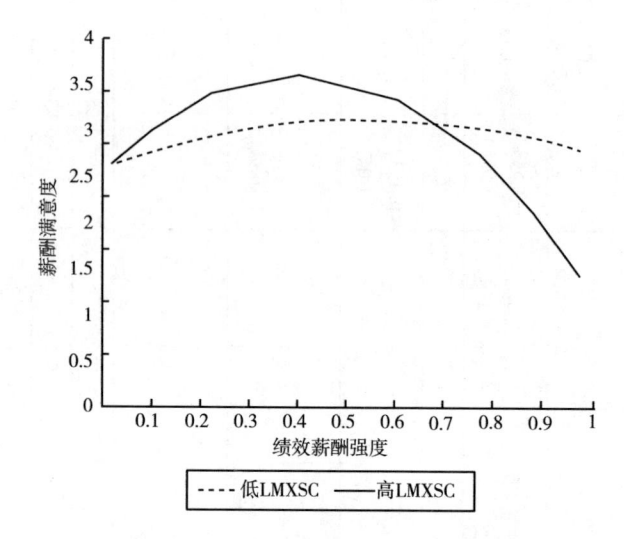

图 5.3　领导－成员交换社会比较的调节作用

5.3.4.2　被调节的中介效应检验

根据温忠麟和叶宝娟（2014）的观点，检验有调节的中介模型，需要检验三个回归方程：第一个方程需要检验调节变量是否调节了自变量与因变量之间的关系；第二个方程需要检验调节变量是否调节了自变量和中介变量之间的关系；第三个方程需要检验调节变量是否调节了中介变量和因变量之间的关系以及自变量对因变量的残余效应。根据确定的研究标准，如果能够同时满足如下的两个条件，就能说明中介效应是受到调节的。具体条件为：首先，在第一个方程中，自变量对因变量的直接效应要显著，并且二者之间的关系不受调节变量的影响；其次，在第二个方程和第三个方程中，首先要保证系数们显著，然后判断 a_1 与 b_2、a_3 与 b_1、a_3 与 b_2 三组系数的乘积的正负性，如果能有一组系数不等于0，则说明有调节的中介效应是成立的。

由表5.9的分析结果可知：首先，绩效薪酬强度平方项显著影响绩效，绩效薪酬强度平方项和领导－成员交换社会比较的交互项对绩效影响并不显著（即满足条件1）；其次，绩效薪酬强度平方项与领导－成员交换社会比较对薪酬满意度的交互项系数 a_3 显著（－2.450）、薪酬满意度系数 b_1 显著（0.124），且系数都不为0，因而乘积项不为0（即满足条件2）。显然，有调节的中介效应成立，假设5得到支持，即领导－成员交换社会比较正向调节薪酬满意度在绩效薪酬强度和工作绩效关系中的中介作用，对于高领导－成员交换比较的个体，绩效薪酬通过薪酬满意度对工作绩效的正向间接影响更强。

5.4　分析与讨论

5.4.1　绩效薪酬强度与工作绩效和薪酬满意度的曲线关系

通过以上研究，可以看出绩效薪酬与薪酬满意度以及工作绩效的关系与具体的绩效薪酬激励的强度有关，在现实中也可以发现工作情景中的绩效薪酬强度的激励效果并非片面的正向或负向的关系，而是一种非线性的倒"U"型关系。以往的部分研究只是从某一个侧面做了思考，有的只考虑了绩效薪酬的实施联结了努力与奖励的关系，有的认为绩效制度设置了风险与压力，其负面感知影响了员工行为，从而得出绩效薪酬会激励或是抑制员工的产出，但根据本书的研究结果，绩效薪酬的奖励强度差异可能有完全不同的影响效果。

表5.9 回归分析结果

变量	薪酬满意度 M1 B(SE)	M1 β	M2 B(SE)	M2 β	绩效 M3 B(SE)	M3 β	M4 B(SE)	M4 β	M5 B(SE)	M5 β
控制变量										
常量	3.243 (0.493)		3.137 (0.487)		4.023 (0.395)		4.01 (0.398)		4.016 (0.392)	
性别	0.105 (0.123)	0.059	0.115 (0.121)	0.065	0.214* (0.098)	0.153	0.215* (0.099)	0.154	0.196* (0.098)	0.14
学历	-0.087 (0.137)	-0.040	-0.033 (0.137)	-0.020	0.068 (0.110)	0.044	0.077 (0.111)	0.05	0.082 (0.109)	0.053
年龄	0.084 (0.056)	0.105	0.07 (0.056)	0.087	-0.016 (0.045)	-0.030	-0.019 (0.046)	-0.03	-0.031 (0.045)	-0.05
岗位年限	-0.023* (0.010)	-0.16	-0.025* (0.010)	-0.170	-0.016* (0.008)	-0.14	-0.016* (0.008)	-0.14	-0.012 (0.008)	-0.1
自变量										
绩效薪酬强度	0.199 (0.235)	0.057	0.198 (0.232)	0.057	0.002 (0.189)	0.001	0.005 (0.190)	0.002	-0.048 (0.189)	-0.02
绩效薪酬强度的平方	-2.548** (0.956)	-0.18	-2.483* (0.950)	-0.180	-2.099** (0.766)	-0.19	-2.115** (0.776)	-0.19	-1.913* (0.779)	-0.17
中介变量										
薪酬满意度									0.124* (0.057)	0.156

第5章 绩效薪酬对工作绩效影响的实证分析　137

续表

<table>
<tr><th rowspan="3">变量</th><th colspan="6">薪酬满意度</th><th colspan="4">绩　效</th></tr>
<tr><th colspan="2">M1</th><th colspan="2">M2</th><th colspan="2">M3</th><th colspan="2">M4</th><th colspan="2">M5</th></tr>
<tr><th>B (SE)</th><th>β</th><th>B (SE)</th><th>β</th><th>B (SE)</th><th>β</th><th>B (SE)</th><th>β</th><th>B (SE)</th><th>β</th></tr>
<tr><td>调节变量</td><td></td><td></td><td></td><td></td><td></td><td></td><td></td><td></td><td></td><td></td></tr>
<tr><td>领导-成员交换 社会比较</td><td>0.193** (0.067)</td><td>0.194</td><td>0.327*** (0.091)</td><td>0.329</td><td>0.062 (0.054)</td><td>0.079</td><td>0.074 (0.075)</td><td>0.094</td><td>0.034 (0.055)</td><td>0.043</td></tr>
<tr><td>交互项</td><td></td><td></td><td></td><td></td><td></td><td></td><td></td><td></td><td></td><td></td></tr>
<tr><td>领导-成员交换 社会比较×绩效薪酬强度</td><td></td><td></td><td>-0.634* (0.286)</td><td>-0.150</td><td></td><td></td><td>-0.137 (0.233)</td><td>-0.040</td><td></td><td></td></tr>
<tr><td>领导-成员交换 社会比较×绩效薪酬强度的平方</td><td></td><td></td><td>-2.450* (1.158)</td><td>-0.200</td><td></td><td></td><td>-0.219 (0.945)</td><td>-0.020</td><td></td><td></td></tr>
<tr><td>领导-成员交换 社会比较×薪酬满意度</td><td></td><td></td><td></td><td></td><td></td><td></td><td></td><td></td><td>-0.062 (0.058)</td><td>-0.070</td></tr>
<tr><td>R²</td><td colspan="2">0.117</td><td colspan="2">0.150</td><td colspan="2">0.097</td><td colspan="2">0.099</td><td colspan="2">0.119</td></tr>
<tr><td>Adj-R²</td><td colspan="2">0.087</td><td colspan="2">0.112</td><td colspan="2">0.066</td><td colspan="2">0.059</td><td colspan="2">0.080</td></tr>
<tr><td>ΔR²</td><td colspan="2">0.036</td><td colspan="2">0.033</td><td colspan="2">0.006</td><td colspan="2">0.002</td><td colspan="2">0.022</td></tr>
<tr><td>ΔF</td><td colspan="2">8.323**</td><td colspan="2">3.957*</td><td colspan="2">1.341</td><td colspan="2">0.180</td><td colspan="2">2.487*</td></tr>
</table>

注：*，**，*** 分别表示 $p<0.05$，$p<0.01$，$p<0.001$。

绩效薪酬在不同的强度约束下呈现出不同程度的信息性和控制性，因此对个人态度和行为结果产生了不同的影响。奖励的信息性和控制性的表达体现在个体认知上就是感知到合理的奖励价值，马君等（2015）的研究表明感知到的奖励价值对激励效果有倒"U"型的曲线关系。绩效薪酬联结着绩效与薪酬的关系，正是这样外部刺激的不断加深，员工越倾向于激励自身并不断强化，进而影响个体的投入与产出。高强度奖励可能损害个体争取的价值认知并加剧内部竞争，不利于长期绩效的提高（Grant，2008），只有在适度的绩效薪酬强度体系下，员工才会越来越表现出积极的工作认知态度和结果，当绩效薪酬比例控制在30%左右时，有助于抑制对成就动机的挤出效应并提高激励效果（马君等，2015），本书的研究结果的比例建议在45%~49%。

总体而言，奖励强度必须与个体的实际工作价值需求相匹配。就如阿玛贝尔（Amabile，2001）借助"小白鼠闯迷宫"的比喻，强调当奖励遮蔽了双眼时，个体都将执着于努力地走出迷宫而忽略真正的价值。在组织实践中，"一刀切"式的绩效薪酬制度不能充分发挥有效激励，反而损害绩效薪酬的激励效果，组织在应用绩效薪酬管理体系时，需要有的放矢，具体情况具体分析，结合部门或岗位层次的不同设定适合的绩效薪酬强度。绩效薪酬强度受到来自组织资源和员工感知两方面的约束，另外，基于个体绩效、团队绩效或组织绩效的绩效薪酬在总体绩效薪酬强度既定的条件下，也可能会存在不同的组合方式，这些组合方式会受到组织文化和战略导向的影响。因此，绩效薪酬强度在不同的组织之间、同一组织的不同发展阶段也会存在一定的差异。

5.4.2 薪酬满意度的中介作用

在绩效薪酬体系下，绩效薪酬将个体行为和绩效、奖励联系起来，从而可以有效地激励员工，促使个体为了期望的奖赏开展组织需要的绩效表现，薪酬满意度是一个重要的感知测量指标，积极的情感认知会有效促进员工的产出行为与绩效结果。就薪酬满意度的中介作用而言，员工的绩效结果需要借助个体的工作投入和认知程度，一般而言，这种对于工作的投入也会在过程中激励到员工。一方面员工会据此产生一定的成就感和胜任感，另一方面其结果更有利于组织绩效和发展（Burke，2008；李毅，2019）。另外，格林和海伍德（Green & Heywood，2008）的研究也表明，绩效薪酬的实施使得员工的总体满意度、薪酬满意度都得到了增加；科拉尔和托勒等（Currall & Towler et al.，2005）的研究表明，薪酬满意度的提升会促进绩效的行为。所以，当绩效薪酬强度适当的时候，员工绩效与薪酬满意度的提高具有同向作用；但如果绩效薪酬强度与员工工作价值不匹配，或是超出员工承担的压力及风险阈值，员工的薪酬满意度就会急剧下降，进而导致绩效结果的降低。

5.4.3 领导-成员交换社会比较的调节作用

研究显示了领导-成员交换社会比较作为一种群体中的个体变量在绩效薪酬激励效果中的影响，以及在上述中介效应中的调节作用。领导-成员交换社会比较高的个体对群体决策有更高的控制感，更多的沟通形式，更多机会为组织作出贡献，间接反映个人对组织声望、影响力和组织支持的看法。领导-成员交换社会比较高的个体，无论是在情感还是物质的交换逻辑中，都一直对组织的薪酬结构产生积极的心理体验。

从不同的绩效薪酬强度水平分别考虑，在低强度的绩效薪酬比例下，员工会认为绩效表现没有太多作用，绩效激励的作用不能凸显，员工的薪酬满意度处于较低水平。在这种情况下，如果员工是处于高的地位感知和领导－成员交换社会比较水平下，内部人身份认知度就会越强，也会格外重视集体利益和目标，从而主动提高个体绩效，乐于承担岗位责任并高效履行，进而影响绩效薪酬强度与薪酬满意度的关系（Stamper & Masterson，2002）。而在低水平绩效薪酬强度下，虽然高领导－成员交换社会比较能带来高的工作绩效，但却不能带来薪酬收入的增加，员工的薪酬满意度就会进一步降低。

在中等水平绩效薪酬强度下，适度的绩效薪酬占比对员工有明显的激励作用，从而使薪酬满意度提高。根据文献回顾，我们会发现个体感知有着重要的影响，它对员工的态度有着明显的促进作用（Hu & Liden，2013）。通过认知评价理论和社会比较理论，领导－成员交换社会比较不同水平的员工会对绩效薪酬的信息性和控制性有差异化的解读，高领导－成员交换社会比较的员工会感知到有利于自己的信息并进而产生积极的态度，在一定程度上会认为自己在组织中的认可度较高、接纳度较高、信任程度和权力优势较高，进而认为自己的能力越强，其工作满意度也会随之提高（凌茜等，2010）。薪酬激励与关系比较带来的促进作用会相辅相成，进一步提高工作热情并产生较高绩效，带来较高的薪酬满意度。总体而言，在中等强度的绩效薪酬比例下，较高的领导－成员交换社会比较会进一步提升员工的薪酬满意度，进而产生更高的绩效。

5.5 研究结论

本章通过实证研究证实了绩效薪酬强度与薪酬满意度和工作绩效之间的倒"U"型关系，以及薪酬满意度的中介作用和领导－成员交换社会比较对这一关系的调节作用，最终得出三点结论。(1) 绩效薪酬强度与薪酬满意度和工作绩效之间均存在倒"U"型曲线关系。绩效薪酬强度并非越高越好,而是存在一个适度的最优值。(2)薪酬满意度是绩效薪酬强度影响工作绩效的中介变量,绩效薪酬强度的激励作用部分通过薪酬满意度进行传导。(3)领导-成员交换社会比较在绩效薪酬强度和薪酬满意度之间存在调节效应,进一步的,也在薪酬满意度的中介过程中存在调节效应。与一般员工相比,高水平领导-成员交换社会比较的员工在适度的绩效薪酬强度条件下容易获得更高的奖励信息性,从而获得更高的满意度以及更愿意基于较高的满意度而增加绩效产出;而在较高的绩效薪酬强度下会更容易获得奖励的控制性感知,从而有较低的满意度感受并进而弱化通过薪酬满意度进行绩效产出的行为。

综上所述,如果员工感受到绩效薪酬是凭借自己的努力获得的,甚至参与了薪酬分配的标准制定,就会产生自主感;如果员工感受到分配结果是公平的,则会认为自己的工作绩效得到了组织的肯定,就会产生胜任感;如果员工感受到组织支持员工发展的良性氛围,就会产生归属感。研究和实践表明,绩效薪酬的激励提升或弱化个体内在认知的作用可以同时产生,也可以相互抵消。不同的薪酬管理特点导致个体对薪酬奖励的解读存在差异,当正向激励作用大于负向抑制作用的时候,采用绩效薪酬激发员工正向知觉与行为就会被认为是正确的。所以,组织需要构建合理的绩效考核和奖惩体系,不断正向促进员工的工作态度和行为,进而提高个体和组织的绩效水平,并实现绩效薪酬的有效激励。

第6章　绩效薪酬体系的管理策略与对策建议

从世界范围看，绩效薪酬制度改革经历了集中、分散和多元的特征，现在大部分国家都进入了多元化阶段（杨伟国和文彦蕊，2011）。现代组织在制定薪酬体系时，一方面会考虑薪酬差距与水平来体现员工为组织所创造的有效价值，另一方面也会着重考虑薪酬标准和背景来促进员工为组织带来更多的增值价值，从而最终实现组织和员工"互利共赢"（李毅，2019）。绩效薪酬是组织战略中的关键组成部分，它能通过激发员工的努力，提高员工的薪酬满意度进而对组织绩效产生积极影响，绩效薪酬能否发挥正向作用的本质是绩效薪酬的设计和管理能否保证员工获得的信息性激励大于控制性抑制。绩效薪酬承载的信息性是员工衡量自身在组织中地位和价值的重要依据，体现了较强的内在动机；绩效薪酬反映的控制性是员工感知到自己被组织间接管控，体现了被动的选择性。组织可以通过一系列与其他人力资源管理实践相结合的措施，不断提高绩效薪酬制度的效能，进一步强化绩效薪酬对员工的积极影响。本书基于以上的研究结论，提出相应的管理建议。

6.1 完善绩效管理体系，实现信息与控制的交叉优势

绩效薪酬是基于员工个人的绩效评价结果而发放的薪酬，虽然属于薪酬管理系统的范畴，但是作为一种既定的薪酬政策，对它的可控性主要体现在绩效管理系统上。所以，组织需要构建合理的绩效管理体系，实现信息性与控制性的共同作用，进而促进绩效薪酬制度的有效激励。具体体现在以下四个阶段：

第一，绩效目标制定阶段。在这个阶段，组织可以根据总体的战略规划制定绩效计划，这一环节可以向员工提供的"信息"主要是为了完成组织的战略目标，组织对他们的期望和要求；与此同时，也要让员工参与到绩效目标的制定过程中，管理者应认真倾听下属的意见，减少"控制性"的关键就是增加员工的自主性和参与性。在该阶段，一方面需要注意绩效目标的可行性，建立考核指标应综合考虑其对员工态度、行为及技能的影响，全面反映不同岗位员工的工作状况和工作任务量，体现各岗位劳动对组织绩效成果的贡献（向雪，2015）；另一方面要获得员工认可和支持，绩效评估在某种程度上对员工是一种压力，如果员工能够认识到绩效评估的合理性和对其职业生涯发展的积极作用，就有可能主动参与进来。

第二，绩效管理辅导阶段。绩效管理辅导是绩效目标确立后管理者对员工的帮助、训练、指导、反馈、目标修改与更新等一系列的活动，核心目的就是要释放员工的最大潜能，最大限度提升其业绩。由于工作过程是动态的，工作目标需要根据环境变化不断调整，为了更好地完成工作，员工需要在工作过程中不断得到反馈信息，以便适时调整。同时，他们也希望得到管理者的资源和帮助，了解管理者对自

己工作是否认同等，这些"信息"将帮助他们更好地推进工作。这一阶段也是员工最容易感到"控制性"的阶段，因为员工可能会认为自己是在为了管理者设置的那些"指标"而工作。所以最重要的是要让员工了解，组织实行绩效管理的目的不是对他们的监督和考核，而是为了改进绩效。在该阶段，一方面管理者要与员工建立长效持续的双向沟通机制，了解员工的想法和动态，掌握员工的工作进展，适时给予鼓励，对不良行为及时指出；另一方面，建立起管理者与员工间的信任关系，有利于员工获得对绩效评估和薪酬分配等组织活动的信任和认同，提高其对绩效产出和薪酬结果的控制感知。

第三，绩效考核过程管理阶段。这一阶段考核者将对被考核者在一个绩效期间的工作成果作出评价和反馈，作为发放绩效薪酬最重要的依据。绩效考核结果所提供的"信息"让员工认清了自己的优点与不足，管理者还需要帮助员工明确未来需要的资源和支持等，这些"信息"使员工相信自己有能力胜任所从事的活动，在工作中获得成长和提升。诸如此类的措施使员工在获得绩效薪酬的同时也感受到了更多其所承载的信息性。为了减少绩效薪酬政策中的控制性因素，需要注意以下几点：一是规范绩效评价主体。组织需要保证考核及评价的客观合理公正，尽量由多个评价人员共同对被考核人员做出评价，避免因考核者个人的偏差而得出不公正的结论，必要时考评者需要参加相应的技能培训与开发等。二是明确绩效评价内容。考评内容及标准需要保证合理性，如果考评标准缺乏客观性和准确性，考评结果出现偏差，将会直接导致绩效评估的失败。三是明确评价奖励对象。组织中的一些薪酬制度是基于个体的（如员工绩效奖），一些薪酬制度是基于团队的（如团队激励奖），相比于个体激励，团队激励能够促进对关系需要的满足和合作的文化，但也要避免"搭便车"问题的发生（Han et al., 2007）。

第四，绩效考核结果管理阶段。考评后组织除了予以反馈沟通、促进绩效改进等工作之外，还要根据考核结果对员工的绩效薪酬和职务晋升等问题进行调整，真正落实绩效薪酬制度的过程管理和成果应用。结果管理中需要注意两点：一是实现信息公开透明。面对绩效薪酬管理综合化、多元化发展，强化员工的信息公平感，绩效薪酬管理必须实现信息公开透明，除了畅通信息渠道，保证考核数据的准确、公平、公正性，还要建立完善绩效薪酬管理网络平台。二是实现人力资源管理协同作用，强化考核结果与薪酬奖励的关联性。提高程序公平，考核结果作为绩效薪酬分配、人才遴选的重要依据，对考核先进的标杆员工，要予以充分肯定，以促进整个队伍绩效的不断改进。

6.2 完善绩效薪酬政策，实现个体与组织的协同发展

组织的薪酬结构可以向员工传达有关薪酬构成方式、薪酬等级方面的信息，易于员工理解的薪酬结构会增加员工的信息公平感。

第一，建立合理差异性的薪酬水平。员工在关注内部绩效薪酬是否公平的时候，还会比较处于相同行业其他公司的绩效薪酬状况，当他们发现自己所得明显低于其他员工时，薪酬满意度就会大大降低。管理者需要进行详细全面的薪酬市场调查，通过提供合理的薪酬水平增强员工的薪酬满意度，进而提高其积极性、归属感和工作绩效。

第二，构建激励发展性的薪酬调整。首先，组织在绩效薪酬调整方面，应把握主动性，对于表现优秀、成绩显著的员工主动为其调薪，使员工意识到只要认真工作有所贡献就会得到相应的回报。其次，绩效薪酬的变动要具备科学性和规范性，所有员工的薪酬变动要参照统一的标准，只有公平的加薪才会真正激励员工。此外，薪酬的

提升应当是一个长期行为，组织要把握合理的加薪节奏和机会，根据市场情况、公司发展以及员工表现等多方面综合考虑加薪问题（王文珺，2016）。

第三，实施透明公正性的薪酬管理。组织需要让员工清楚地知晓薪酬的制定标准，例如了解如何进行岗位评价和薪酬等级划分、薪酬由哪些部分组成，如何进行绩效考核，绩效薪酬如何分配等薪酬管理制度，有助于提高员工的薪酬满意度。另外，也可以让员工参与薪酬制度的设计，员工与管理者之间的相互沟通会促进彼此的信任，从而提高员工的薪酬满意度。

第四，合理组合配置绩效薪酬模式。绩效薪酬的使用应充分考虑工作特征，个体绩效薪酬和集体绩效薪酬并不是相互替代的关系，而是相互补充的。无论哪种形式的薪酬都有其潜在的局限性，而选择使用薪酬的组合模式往往可以降低某种特定薪酬的风险，同时强化它的大多数优点（Rynes et al.，2005），为提高薪酬满意度提供重要支持。在结构较为松散的组织中，员工的工作过程与工作结果受到他人努力和技能的影响较低时，较宜采用以个体绩效为主要依据的薪酬分配形式；当组织内的互动需求较多，合作行为增加时，则可以采用基于集体绩效的付薪方式。从绩效薪酬的分配取向来说，组织不仅需要鼓励个体的努力创造，也需要强化各部门岗位间的协作配合。至于个体绩效薪酬与集体绩效薪酬的比例，可以综合考虑工作任务的依存度和激励的有效性。

6.3 合理设置激励强度，强化物质与精神的双重激励

绩效薪酬反映了"多劳多得"的价值理念，这种理念会激发个

体的内在动机（张勇和龙立荣，2013）。作为一种将薪酬与产出相结合的薪酬体系，绩效薪酬打破了"大锅饭制度"（杜旌，2009）。要科学实现绩效薪酬的有效激励，需要注意以下几点：

第一，合理设定绩效薪酬强度的范围和区间。通过研究，我们发现绩效薪酬与薪酬满意以及员工绩效之间存在着倒"U"型关系，而不是简单或绝对的线性正负关系。这也说明平均主义的绩效薪酬强度既会降低员工的薪酬满意度，也会抑制员工的工作绩效，而差距过大的绩效薪酬强度又会让员工产生巨大的压力，减少投入和产出，只有中等强度的绩效薪酬制度会给予员工较为满意的心理状态，并促进其较高水平的绩效表现，且中等强度奖励最适合通过吸引—选择—磨合机制满足个体的身份认同和胜任需求。因此组织要充分考虑员工损益的心理参考点，在不同管理情境下选择最佳的绩效薪酬强度。

第二，发掘弥补绩效薪酬强度不足的改善手段。一是可以增加绩效奖励频率弥补绩效薪酬强度的不足，组织可以适当增加奖励的频率，同时保持奖励总额不变。二是可以制定一个能够容忍短期绩效不足并奖励长期绩效表现的激励计划。容忍短期绩效不足是给予员工一个缓冲阶段，而鼓励长期绩效是一种促进增长的手段。依据艾德（Ederer，2013）的研究分析，这种结构能够容忍短期失败并奖励长期成就，相当于为员工提供"金色降落伞"，优于陡峭型激励结构。三是可以配套设置多元薪酬体系以提高全面薪酬的激励性。员工激励需要保持绩效评价和绩效奖励的张力和弹性（贺伟和龙立荣，2011），在不同特征群体的员工中，需要我们艺术地安排结构化和非结构化的奖励，并在外在物质和内在精神，实践理性与情感感性之间寻找一个动态的平衡点。

6.4 激发个体内在动机,提高薪酬满意度和工作绩效

内在动机是员工的一种心理状态和情绪,使其保持对工作的热情和对组织的信任,是绩效薪酬和员工积极行为间的重要中介变量。在组织管理过程中,管理者要善于引导员工,尊重员工的意见,通过提高员工在绩效薪酬过程中的自我决定感和自尊感,激发其内在动机,从而促进员工的积极行为(郭国涛,2016)。如果员工感知到可以控制自己的工作绩效,就会把基于绩效的薪酬计划视作机遇,通过努力实现工作绩效并获得相应的绩效薪酬。对于采用以绩效为依据进行分配的组织而言,员工对自己的绩效有掌控感非常重要,这也会使员工对未来的报酬有明确预期,产生较高的满意度。研究表明薪酬满意度作为绩效表现的一个有利前因,并且作为绩效薪酬激励效果的中介变量,提高员工的薪酬满意感知对组织发展十分有利。具体可以从以下几方面进行完善:

第一,提高个体自我效能感知。高自我效能感的员工对实现工作绩效的预期更加积极,更倾向于将绩效薪酬视作可以把握的机会(盛龙飞,2014)。高自我效能感的员工在同一绩效薪酬制度背景下,更能实现自我调节和激励,契合组织实施绩效薪酬计划的初衷,增大工作投入,促进个体和组织共同发展。对现有员工的自我效能感进行重塑和提升,帮助员工树立自信、增强工作动机,首先需要从绩效目标的制定开始,管理人员要认识到员工间的差异,制定切合个体能力的不断完善的绩效目标,帮助员工获得成功的体验和经验。其次,创先争优,树立典型,进行经验展示和推介。在鼓舞先进员工走向更大成功的同时,增加其他员工获得各方面技巧能力的信心。最后,定期

培训，给员工一个"真实"的练兵场，展示各种任务压力情境，通过"角色扮演"使员工体验到真实的压力感和紧迫感，从而更有信心和方法解决工作中的难题。

第二，绩效薪酬设计需满足工作价值的需要。虽然目前的组织管理能够做到经常性的"重赏"，但却很难激发出真正的"勇夫"，矛盾的核心在于缺乏激励员工的积极认知。管理者可以从以下几方面予以完善：一是旨在提升胜任力，通过引导员工学习或是实践来提高对价值和能力的认同，如专业领域技能、认知能力等；二是体现归属感和承诺一致性，鼓励员工做到言行一致，如工作投入、组织承诺等软性指标；三是涵盖自我实现，鼓励员工接受挑战性任务并扩展自我技能，如学习能力、变革能力等指标。

第三，建立绩效薪酬沟通反馈机制。绩效薪酬沟通是组织在制度的设计过程中，就各种信息进行全面的沟通和交流，让员工充分地理解绩效薪酬的目的和过程，建立良好的反馈机制，使双方达成共识，从而实现绩效薪酬对员工的促进和激励作用。研究表明，员工之间以及员工和组织的相互沟通是信息传递的重要途径，也是员工正确理解绩效薪酬制度的基本前提（Williams & Levy，1992），员工对绩效考核过程的态度和他们对绩效薪酬的理解程度呈正相关（Dulebohn & Ferris，1999），一旦绩效评价的误差增加时，增加的奖励成本将会抵消绩效薪酬的激励效应（Milgrom & Robert，1995）。组织需要构建一个有效的沟通反馈机制，帮助员工就所有详细信息进行充分的理解。一方面可以借助媒介进行有效宣传。如人力资源部门需通过公司的会议、海报、内刊等媒介来进行绩效薪酬管理与应用的广泛培训和宣传（向雪，2015）；另一方面，组织管理者一定要全面了解组织的薪酬是如何制定和调整、薪酬体系是如何运作的，这样才能形成有效的上下级薪酬沟通，相较传统组织依赖于员工手册、员工大会等来告知薪酬问题的方式效果更优（任虹，2011）。同时，组织的管理人员需要关注薪酬管理的敏感性,在薪酬结构的设计和实施过程中,注意沟通方式,在对组织的薪酬管理决策进行解释时做一个合格的信息传递者(郭国涛,2016)。再者,鼓励通过访谈或采纳合理化建议的方式让员工监督组织绩效薪酬的政策和程序,使其可以提出申诉或建议,从而增强员工对薪酬体系的认同感和满意度,也有利于员工开展提高个人和组织绩效的"最佳实践"(谢延浩和孙剑平,2012)。

6.5 匹配个体性格特征,强化绩效薪酬的选择与激励

绩效薪酬会对拥有各方面不同特征的员工产生较大差异(丁明智,2014),不同心理特征的个体会有不同的绩效薪酬的接受度(张浩和丁明智,2017)。中国当前的企业面临着环境复杂、个性多元的困境,僵化的薪酬安排无法适应每个员工的需求。当组织给予员工薪酬方案选择时,不同风险偏好、归因倾向、自我效能的员工各自的心理需求都需要得到满足,且感受到组织对员工的尊重和认可。同时,通过设计多种薪酬支付方式,给员工提供自我选择空间,可以实现有效分选,更好地满足个体的异质性需求。因此,组织需要掌握员工对绩效薪酬的真实看法和实际需求,并注重个体绩效薪酬偏好的差异化。

企业实践中重视个体的参照比较过程,并能积极、主动地引导和调节比较行为的发生及能动地进行后果控制。在企业的经营管理中,领导者通常可以设置条件、运用措施等手段来"促进"或"抑制"比较的过程。例如,薪酬的内部参考排名状态将对加薪,结构和管理以及奖金满意度产生更大的影响(谢延浩,2011)。本书的研究也表明领导-成员关系的社会比较对薪酬激励效果存在边界影响,"关系

的差异化"作为团队层面体现个体因素的变量被认为对个体如何解释和应对团队中社会交换的动态变化具有关键性的影响（Liao，Liu & Loi，2010）。由此，管理者对待员工并不是越平均越好，在现实的管理中，不可能也没必要完全平均化。管理者可以尝试在团队中培养一种进取的文化以增大关系差异，或在团队中提倡团队导向或集体主义以削减这种差异的程度，也可以存在一定程度的"差别对待"，比如稍微向骨干型的员工倾斜，使其成为绩效的主力和团队的核心。但是，管理者一定不能将差异化作为一种政治手段来利用，领导－成员关系差异化的激励效果呈正"U"型曲线（潘静洲等，2017），如果管理者对团队中成员全部不同对待，很容易产生不利后果，对组织中的团队造成冲突影响和损害（周明建和侍水生，2013），也不利于团队绩效。另外，管理者将成员进行区分的信息并不能自动转入员工内心，员工是通过无意的比较来判断相对位置，因此领导者要通过多种途径，使得员工能够真实地感知到获得了比其他同事更多的资源支持和信任授权等，激发个体的"自己人"认知，充分调动其工作热情（杨晓等，2015）。具体可以体现在以下几个方面：

第一，考虑员工的风险态度，激励核心员工。个体绩效薪酬的实施更可能吸引冒险型员工进入组织，从而影响员工群体的心理特征构成，因此，组织可以权衡不同类型工作与心理特征的匹配关系，来确定不同岗位绩效薪酬的强度，吸引与工作岗位相匹配的员工，增加员工的薪酬满意度，最终促进员工工作绩效的提高。再者，在高能力员工（尤其是知识型员工）群体中，实施绩效薪酬改革特别要注意心理行为特征对绩效薪酬接受程度的影响，并结合多种人力资源实践以提高其薪酬满意度，减少高能力人才的流失（丁明智、张正堂和王泓晓，2014）。对于涉及营销及创意设计等需要开拓冒险精神的岗位更适合采取较高激励强度的绩效薪酬，而对于财务和质检等涉及重要安全问题的岗位则不宜采用过高激励的绩效薪酬（张浩，

2017）。因此，组织应根据工作岗位的不同特征需求来确定合理的绩效目标和绩效薪酬强度。

第二，依据个体的控制倾向，匹配工作内容。曹雁（2010）认为三种控制角色的控制效果不同：产出控制是一种较为分权化的控制方式，适用于强调产出或绩效为主的控制系统，可以客观地定义与衡量绩效；行为控制是通过自上而下明确定义的操作程序而呈现，保障下属确实遵从规定的程序，适用于行为导向契约；投入控制一方面通过提升员工知识技能使员工具备充分的能力，另一方面通过提升员工对工作的投入程度或对组织的承诺感提升执行工作的动机，其优势在于预先防范绩效不佳可能发生的问题。薪酬支付基础一般为绩效、职务和技能三类。当工作的绩效具有可确认与可控制的特性时，比较适合采取绩效薪酬进行产出控制，比如销售人员会安排销售奖金，绩效薪酬比例较高；当工作属于定义明确的工作且工作产出是标准化产品时，适合采取职务薪酬进行行为控制；当工作具有绩效变动性高且需要相当程度的技能时，适合采取技能薪酬进行投入控制，比如研发人员等更加重视员工的技能水平。

第三，调整薪酬的陈述框架，以适用不同员工。薪酬陈述框架（或者说薪酬契约描述与沟通的形式）会影响绩效薪酬对不同特征个体的分选效应。在收益框架下，个体风险规避与目标绩效薪酬选择的关系更强，因此，在绩效薪酬实践中采用收益框架更易于甄别和吸引富于冒险精神的员工（丁明智，2014）。

第四，控制员工的社会比较，提升薪酬满意度。研究表明个体绩效薪酬效率会受到心理因素的影响，薪酬并不是一个孤立的组织政策，其广泛地影响着组织的其他决策和行动。同时，社会比较理论也表明某个员工的报酬可能会产生溢出效应，影响组织内其他雇员的决策。社会网络及人际交往渠道的多样化使得关于同事努力、绩效和报酬的信息变得更加容易获取。由薪酬比较引发的心理成本由于员工通过社会网络共享信息而得到增强，与卡德等（Card et al.，2012）观察到的在线工资信息对公共雇员的影响一样。由于越来越难以强迫实施薪酬保密，源自社会比较和公平偏好的成本未来将在薪酬制定中扮演着更加重要的角色，使得量化薪酬成为可供选择的解决方案。量化薪酬（产值化的薪酬）将通过整个组织现有的工作岗位和员工资历水平创造出一致性标准，从而极大地减少公平和嫉妒等与个体间薪酬比较相关的问题。引入量化薪酬可能不会完全减少过度自信的成本，但是当存在过度自信时，量化薪酬可以使这一成本在一定程度上有所降低（伍如昕，2014）。同时，组织还需要对员工进行适当的心理辅导，使员工明白合理比较和过度比较的差异，也可以进行期望适度培训，帮助员工了解其能力的真实情况以及岗位需要的胜任素质，了解市场行情，明确自身定位，从需求层次角度帮助员工建立正确的薪酬观念。

第 7 章 绩效薪酬的管理实践与案例分析

现代组织中绩效薪酬体系已成为普遍有效的激励手段，但针对不同的组织情境、不同的个体特征，其作用效果也有所差异。本章共包括三部分：一是主要关注供给侧改革背景下的国有企业绩效薪酬设计，二是探讨高等学校教师的绩效薪酬体系改革和推进，三是针对公立医院医生的绩效薪酬体系开展讨论分析并提出相应的改善建议。在之前文献分析、实证研究和实践讨论的基础上，本章选取了绩效薪酬体系具体实施中存在较多问题但仍然需求迫切的三种不同类型组织（国有企业、高校、医院），针对不同研究对象的现实背景、国际比较、问题剖析和改进策略等方面，逐一展开具体探讨和阐析，以期回应现实需求，解答实践中的困惑。

7.1 供给侧改革背景下的国有企业绩效薪酬设计

我国经济经历高速发展阶段之后步入"新常态"时期，出现了经济指标下滑等经济结构问题，为此，政府部门在工作会议中提出"供给侧"概念，并提出改革方向。"供给侧改革"是我国宏观经济管理的"新思路",国有企业作为我国企业发展的重要结构模式和管理形式,正是"供给侧"改革的重点关注对象。根据政府提出的指导意见,在强化企业内部动力方面要求国有企业按照市场原则实施产权多元化、改善公司治理结构、实施市场化的激励和约束机制等改革措施。根据调查,国有企业在 2015 年 1~10 月的利润同比下降 9.8%,而财务费用同比增加 9.5%,企业内部问题亟须调整;在 2014 年底高技能人才占比技能人才总数的 26.35%,面临传统产业升级换代的重大问题,未来对高技能人才需求迫切。在提高国有企业竞争优势时,把握人才的力量对国有企业改革也至关重要。目前,随着国有企业改革的深入发展,企业实践中的管理问题也随之更新,为激发员工的积极性和创造性以增加企业动力和提高效益,绩效薪酬管理成为其中的关键。科学的绩效薪酬管理制度能够有效吸引、保留和激发人才,从而为国有企业顺利改革、成功过渡到可持续性发展企业增添资本。

7.1.1 供给侧改革背景下的国有企业薪酬调整

供给侧改革背景下的薪酬改革对国有企业来说既是一次机遇也是一次挑战。随着经济社会的发展,薪酬模式的不断翻新,国有企业实践中的薪酬模式和体系也需要与时俱进。

7.1.1.1 国有企业薪酬改革调整

绩效薪酬改革作为国有企业改革的一个重要组成部分,一直是社会关心的热点,同时又是一个难点。国有企业薪酬改革既要兼顾公平和效率的统一,也要兼顾行政化与市场化的融合,要通过改革建立起激励与约束并存、既符合企业一般规律也反映国有企业特质的分配机制。"供给侧改革"是指从供给的角度对经济进行结构优化,其本质是需求导向。"绩效薪酬"的"供给侧"调整也可以从绩效薪酬的质量、结构以及制度方面进行考量，其中，绩效薪酬的质量包含公平与激励问题。

根据国有企业工资改革的历程，从计划经济时期的行政化审批，到20世纪80年代中期的工效挂钩机制，再到国资委推行的工资总额预算管理，国企工资改革从未停止，并且随着国企改革及市场参与度的提高而显得日益复杂与迫切。而在2010年以后继续深化国企改革的企业实践中，企业绩效薪酬管理问题也在新环境中逐渐暴露。在人力资源供需层面，存在传统行业人员的"同质性"过剩与新兴行业的"优质性"不足的供需矛盾。因此，绩效薪酬改革方面，需要以薪酬激励作为出发点，有效发挥员工的积极性与创造性；并辅以薪酬公平作为保障要求，在稳定中体现市场竞争机制要求的效率化薪酬，实现员工与企业和谐积极发展。

7.1.1.2 供给侧改革背景下的国有企业薪酬改革走向

在查阅相关研究文献中发现，学者们普遍更关注国企改制中高层管理者的薪酬管理，而对员工整体薪酬改革关注较少。整体而言，薪酬改革走向是关注效率，注重人才激励。在企业人力资源管理中，绩效薪酬激励是企业人力资源管理运行的动力源泉，不仅能够有效激发员工创新活动与高效行为，还有助于企业的活力供给。具体可行的激励手段包括：对通过市场化运作新兴产业项目的企业或由传统行业走向市场化的企业，可实施项目收益提成；对于高新技术和创新型公司，可实施科技成果入股、专利奖励等激励方式；完善国有企业经营管理人才中长期激励措施等。总体而言，绩效薪酬激励关注的核心是人，因此在当前国企改革的有效举措是根据国有企业的特点进行差异化的人才绩效薪酬激励机制改革。

7.1.2 案例背景

7.1.2.1 案例选取

案例的选取十分重要，恰当的选择能够确保研究的准确性和有效性。本书最终选择了 XY 集团为研究对象，XY 集团规模较大，下辖的各级国有公司较多，员工人数超过 10 万人，集团发展阶段顺应国企改革要求。此外，电力企业是供给侧改革的重点，其企业人力资源改革及绩效薪酬改革也具有典型性。考虑上述原则，经筛选分析后确定 XY 集团作为研究对象。

7.1.2.2 资料收集与分析

研究通过案例法与访谈法共同研究，一部分资料主要通过查阅 XY 集团公开的各类数据统计表、宣传资料、工作文档等获得；另一部分资料通过对 XY 集团相关人员进行现场访谈的形式获得，其中访谈对象鉴于 XY 集团的结构（下属企业包括上市公司、各地分公司、各地子公司以及专业公司），分别选取集团各公司共 8 人。最后理论联合实践，基于 XY 集团案例反映的问题，归纳出我国国有企业在深化改革后期进行绩效薪酬体系改革的对策。

7.1.2.3 背景介绍

XY 集团是 2002 年在原国家电力公司部分企事业单位基础上组建而成的特大型发电企业集团，是中央直接管理的国有独资公司，是国务院批准的国家授权投资的机构和国家控股公司试点。其主要经营范围为：经营集团公司及有关企业中的国有资产；从事电力能源的开发建设；组织电力生产和销售；电力设备制造检修；电力工程、环保工程承包与咨询；和与电力有关的其他工程。截至 2014 年底，XY 集团在役及在建资产分布于全国及境外多个地区，资产总额达 7357.88

亿元，员工总数逾 10 万人。自 2010 年起，集团公司连续 6 年入选世界 500 强。

电力行业具有特殊性，电力价格由国家制定，当前部分电力企业的发电量已经达到历史最低水平，但高定价的电力使得企业利润并没有降低。于是在总体经济形势缓行或衰减的背景中，企业利润不降反增，企业利润对整体市场的"无痛反应"加剧了这种恶性循环，造成了低效率市场。XY 集团作为一家由垄断行业部分转向市场化参与竞争的国有企业，经过多年的发展，企业规模不断扩大，但企业盈利能力和资金利润率却在不断萎缩。与此同时，企业人力资源管理方面出现诸多问题，而薪酬问题最为突出。对于电力行业而言，薪酬改革走向是公平结合效率，稳步发展。一方面，真正的公平不是"大锅饭"而是"奖罚有度"，差异化薪酬有助于长期薪酬公平的持续与稳定；另一方面要注重薪酬激励手段，针对不同岗位序列人才实行不同的固定薪酬与浮动薪酬比例，提倡多种生产要素参与的绩效薪酬激励。

7.1.3 案例企业的薪酬管理现状与特征

通过分析研究样本，发现案例企业的薪酬管理特征主要有以下几点。

7.1.3.1 薪酬管理主体多元化，结构多层级

XY 集团实施以集团公司、分（子）公司、基层企业三级责任主体为基础的集团化管理体制和运行模式，并且经过公司多年发展，相继成立了 13 个不同地区的发电有限公司即分、子公司，成立了 6 个省分公司等分支机构和电力燃料、环境产业等专业公司，目前集团还拥有 4 家上市公司。XY 集团薪酬管理的管控模式与人力资源管控模

式一致,人力资源管控模式有监管与顾问的形式。XY集团采用二者并行的模式,监管是指集团公司人力资源部门负责对下属企业人力资源发展与薪酬管理进行监督指导,作为总的控制中心;而顾问模式是集团公司人力资源部门负责提供咨询顾问,下属企业自主制订发展与管理流程。

XY集团的薪酬分配方式是上级定下级,下级参考集团标准自行分配。由于集团层级较多,这种多层次结构影响了集团人力资源管理的上传下达和高效执行的效率。在薪酬制度方面,各个下级企业参考集团的薪酬制度,在薪点制基础上,参考规定的薪酬构成的各个部分,酌情根据自己企业实际运营模式有所调整。

7.1.3.2 薪点制度以岗为核心,奖励系数并举

XY集团执行的是薪点制,因为不同地域、不同企业间实际经营状况不同,所以集团内每一个公司的薪点值不同,薪点核算也不完全相同。同时,岗位薪点与奖励系数并举,每个人都有自己的岗位系数,即奖励系数,依据该系数分发每月固定的奖金及每个月不固定的奖励。以岗位定薪点定系数,并侧重于生产部门。各下属单位根据装机容量不同,会执行不同标准,分公司岗位工资薪点一般会执行薪级标准一的ABC列,具体如表7.1所示。

7.1.3.3 薪酬构成货币为主,固定工资为主

集团公司实行以岗位薪点工资为主体的结构工资制度,工资结构由基础工资、岗位薪点工资、辅助工资和奖励4个单元组成。其中,辅助工资又分为工龄工资和津贴;奖励分为各类奖金和加班工资,奖金又细分为月度绩效奖金和特殊奖金,具体有基本奖金、一次性奖金、先进奖金、领导嘉奖奖金等其他特殊名目奖金。

薪酬构成带有历史痕迹和部分行政色彩。公司由原来的电力部组成,薪酬构成一定程度上沿袭历史,主要以基本薪酬(每年微量

表 7.1　XY 集团公司岗位薪点工资标准

岗级	≥1000万千瓦企业	10万千瓦以下企业	岗位基准-基准	岗位基准-与上级差	薪级标准-E	薪级标准-D	薪级标准-一 C	薪级标准-一 B	薪级标准-一 A	薪级标准-二	薪级标准-三	薪级标准-四	薪级标准-五	薪级差
1	单位正职		132				126	129	132	135	138	141	144	
2	单位副职		120	12			114	117	120	123	126	129	132	3
3	中层正职		108	12			102	105	108	111	114	117	120	
4	中层副职		97	11	85	88	91	94	97	100	103	106	109	
5	高级岗位	单位正职	86	11	74	77	80	83	86	89	92	95	98	
6	高级岗位	单位副职	76	10	64	67	70	73	76	79	82	85	88	
7	高级岗位	中层正职	67	9	59	61	63	65	67	69	71	73	75	
8	中级岗位	中层副职	59	8	51	53	55	57	59	61	63	65	67	2
9	中级岗位	高级岗位	52	7	44	46	48	50	52	54	56	58	60	
10	中级岗位	高级岗位	46	6	38	40	42	44	46	48	50	52	54	
11	初级岗位	高级岗位	41	5	33	35	37	39	41	43	45	47	49	
12	初级岗位	中级岗位	37	4	33	34	35	36	37	38	39	40	41	
13	初级岗位	中级岗位	33	4	29	30	31	32	33	34	35	36	37	
14		中级岗位	29	4	25	26	27	28	29	30	31	32	44	
15		初级岗位	26	3	22	23	24	25	26	27	28	29	30	1
16		初级岗位	23	3	19	20	21	22	23	24	25	26	27	
17		初级岗位	20	3			18	19	20	21	22	23	24	

的增长）和绩效（占比很小）为主。其中，高管薪酬是年薪制，一般由两部分构成：基础工资和考核。其中，考核分为年度绩效考核与任期考核。对于高级职位来说，薪酬构成是基薪与奖金各占 50%；基层与中层员工薪酬的固定薪酬占比大，年度业绩考核占个人薪酬总额的 25%~35%。此外，中层及以上公司领导每年有一笔责任制嘉奖兑现。薪酬改革以后，XY 集团采用的结构导致一线员工的薪档差距拉大；高层、中层和基层的员工的薪级差也拉大；福利补贴大幅缩减且人均差距不大。

7.1.4 案例企业薪酬管理存在的问题

在对案例企业薪酬资料分析和管理人员访谈的基础上，本小节概括了案例企业薪酬管理中的主要问题。

7.1.4.1 子公司各自为政，薪酬管理水平参差不齐

XY 集团的各子公司在人力资源管理上习惯各自为政，人力资源管理水平也参差不齐，例如上市公司的人力资源管理发展比较先进和完善，但有的子公司仍然停留在人事管理阶段，管理无序且低效。因此，企业间的信息无法充分交流、管理经验很难共享。此外，薪酬制度刚性力度欠缺，人治较多，还有许多制度方面比较模糊，各下级公司灵活运作，造成多样的复杂结果。

访谈中我们得到的反馈如下：

"我们分公司根据二级公司制定的指标执行，由于监管和指导到位，目前薪酬管理现状比其他地方要好一些，一些地方还比较完善。"

"公司（集团总部）是有一定的制度，但是具体情况没法完全统计，在这中间还存在很多模糊的地方，也做不到完全实现。"

7.1.4.2　薪酬体系应用固化，部分企业形式主义

薪点制是以严谨的岗位评估为基础设置的，XY集团参照多种相关因素为岗位确定一个薪点数值，这些数值呈阶梯式分布，并且留有递增空间，从结果上看与真正的薪点制相类似。例如，不同分公司按照生产、行政、多种经营序列划分不同额度，进行本企业薪酬总额分配，再套用薪点制，并不符合特定序列或岗位的实际薪酬。总的来说，形式化使用的薪点制并没有切合实际地从工作分析和岗位评估进行工作评价，具体有以下问题：

第一，职位薪酬体系成为岗位竞争体系，收入几乎完全与职位划等。薪酬和晋升直接挂钩，当员工希望获得加薪时，就会以盲目升职为目的，涌向管理岗位，存在短期行为；同时当员工晋升无望时，也就没有机会获得加薪，就会积极性受挫，消极怠工甚至离职。

第二，薪点制度形式化，倒果为因。下级公司根据集团公司的制度要求执行的是薪点制，但集团内每一个公司的薪点不同，薪点值也不同。在现实情况中，部分下级企业存在先定薪酬再定薪点的"颠倒"方法，企业会在招聘时与员工谈妥薪酬，然后倒算薪点。薪酬构成一般是固定工资和绩效薪酬，如果核算薪点时考虑学历、工作年限、之前工作履历而算得薪点较高，会调整绩效比例以匹配先前定好的薪酬。

这些问题产生的原因是薪点制度的适应性，在比较成熟且稳定的企业环境中，岗位相对固定，工作内容相对固定，薪点制度依托岗位实施，能起到有保障、有激励的效果；而在集团公司的部分下属企业中，单位规模不同，管理力度不足，存在大量能者多劳、人岗不匹的现象，而"生搬硬套"的应用薪点制引起员工的不满。

访谈中我们得到的反馈如下：

"目前薪酬体系设计是向基层倾斜，主要是一线生产运行的员

工，而在薪酬制度中也有表示'运行岗位的薪点点值高于其他岗位薪点点值15%'，由于运行整个发电机组的人需要倒班制工作，为了体现差异，该部分员工的补贴和薪点都会提高，但是这种差距又不足够大，作用可能也不足够明显，所以导致一线员工现在宁愿选择低收入但工作相对轻松的岗位。"

7.1.4.3　薪酬结构比例失衡，构成要素简单

根据 XY 集团现有的薪酬结构来看：首先，企业的岗位级差工资较小，对于薪酬管理来说，较小的薪酬级差无法体现工作要求多、工作责任多、工作贡献大的关键或核心岗位的薪酬，不能体现多劳多得。而且，管理序列和技术序列难以分开，岗级系数存在断档。

访谈中我们得到的反馈如下：

"在专业公司内，同样薪点的人，如果他是管理岗，只拿薪点工资就特别低，没人干；如果他是技术岗，资历比较浅，但是技术比较好，给的薪点低也不同意，所以这就成了一种变相的妥协。因此，我们的岗级系数在实际中是断档的，大家都拿多的。"

"岗级差特别小，就比如说巡检到副值到主值到机组长到值长，从月工资讲每级的差距没多少钱，这个真的让年轻人觉得没有奋斗目标，觉得无所谓，看不上这点钱，所以工作也没有人愿意干。"

其次，薪酬构成比例不当，奖金灵活性过大。集团公司制度对下属单位约束不足，下属企业采用整体上分配构成不变，奖金灵活发放的方式向员工发放工资，属于"换汤不换药"。虽然实施的业绩考核系统要求将以往发作奖金的部分全部列入业绩考核，但下级企业实际操作会留出部分，因为考核中受各种因素影响或约束，差距不能过大。此外，企业另外设立各种名目奖项分发员工。结果就是绩效与奖金混乱发放，奖金成为日常基本工资的一部分，并且部分企业使得奖

金的比重占到工资一半。

7.1.4.4 外部竞争优势下降,满意度降低

薪酬水平反映了企业薪酬的外部竞争性。XY集团当前的分配制度比较僵化,整个集团的人工成本只占到总成本的6%。目前,企业薪酬竞争力下降是主要问题。由于计划经济体制遗留下来的人员身份的管理问题,使得电力企业缺乏与现实市场进行有效对接。XY集团现行的薪酬总额分配的结构和要素上都带有明显的计划痕迹。由于企业本身缺乏对市场经济的正确认识,加之企业管理部门的管理模式行政化,导致企业市场信息的缺失,无法参与市场竞争,从而缺少市场竞争力。

访谈中我们得到的反馈如下:

"我觉得若干年前,我们的收入水平还比较具备吸引力,也很有竞争力,那个时候大家来到公司可能觉得有比较体面的收入,但是现在我个人觉得目前工资只能保障个人能过上一个正常的生活。"

7.1.4.5 内部公平感知不足,缺乏有效激励

首先,薪岗匹配的问题。XY集团员工对自我贡献的评价较高,对贡献与报酬匹配的薪酬满意度较低。员工关心的不仅是自己的工资水平,更关心与他人工资的比较。访谈对象的77%认为付出与回报不成比例。探讨其原因:一是岗位和薪酬的挂钩也带来了"平均主义"和"大锅饭"心理,岗位差异没能区分薪酬差异,不利于工作效率的提高。二是动态的薪点使得企业内部同工不同酬的情况普遍存在。新建机组薪点值"翻倍",亏损企业薪点值"打折"是典型现象,XY集团是各单位组建而成,新厂与老厂之间有明显差距。薪酬总额依据各企业定员编制以及公司装机容量确定,新建机组的定员适当且装机容量大,自治自产,企业经济效益较高,员工薪点值较高,是标准的2倍。老厂建厂时间长久,多以火电为主,机组偏小,

人员冗余，部分企业存在连续亏损经营，薪点制纷纷"打折"，打折力度在 7 折左右，即薪点制是标准的 70%。

其次，绩效考核的问题。根据 XY 集团访谈调查，100% 的员工认为当前企业没有激励性。2010 年公司开始进行绩效考核，但过于形式主义，存在绩效考核"被轻视"的现象。这一现象的后果就是绩效薪酬发放没有有效的绩效管理支撑，绩效薪酬成了同基本工资相似的"固定收入"，从而弱化了绩效薪酬的激励作用，造成优秀员工的工作发挥不足。具体而言，薪酬执行过程中缺乏绩效管理支持，主要表现在绩效考核覆盖范围不广，一是考核的单位不足，而且考核内容主要集中在有限的几个经济指标上面，考核方式也过于简单；二是考核的员工有限，一些下级单位认为执行过程有难度，所以部分基层员工未开展绩效考核。除去薪酬制度执行度较高的少部分上市公司，其他分、子公司执行程度各有不同，但都有所欠缺，导致绩效有所体现，效果微乎其微。这样容易滋生员工的惰性，降低整个绩效考核的激励效力。

访谈中我们得到的反馈如下：

"业绩考核按照规定来讲，正常的应该至少有 50% 的工资总额是跟业绩挂钩的，但是可能实际执行起来，大家还是更倾向于平均一些，会挂钩但是差距不会拉得很大。"

"我们也想挂钩薪酬与绩效，比如设置动态薪级，而且按照我们的岗位，薪点制也是能浮动的，好的往上涨，差的往下落，但是这部分工资比例占整个薪酬比例太小，所以基本激励性不强。"

7.1.5 案例企业绩效薪酬管理的建议

完善 XY 集团现有的绩效薪酬体系，最重要的是解决内部公平和薪酬激励问题，薪酬公平从岗位优化与绩效考核入手，通过规范考核体系、优化薪酬结构，真正做到考核"高低可控"和收入"增减可调"；薪酬激励从员工差异化激励出发，提升企业活力与创新能力，有效释放全系统员工的主观能动性，激发企业的创新精神。

7.1.5.1 组建绩效薪酬管理集团化管控架构

鉴于XY集团薪酬管理主体与结构分化造成的管理层次与水平问题，需要集团组建专门化的薪酬管控架构。首先，可以从集团层面建设专门的薪酬管理委员会，分为行政与业务两个方向。其中，行政主要是由薪酬管理委员会牵头，负责全系统薪酬体系建设总体工作；业务主要是薪酬专家组成的技术团队，按系统化与标准化为主导进行运行。

其次，可以通过搭建信息化平台进行具体业务指导，通过标准化、规范化、网络化的工作平台，将人力资源管理中的薪酬管理与其他业务或角色链接，实现企业全面的、综合的管理。具体而言，XY集团可以形成集团自上而下的人力资源管理平台，通过信息化发挥人力资源管理专业职能、管控人力资源管理重要战略，不仅使薪酬管理及其他业务在同一平台上共同运行，也能使得人力资源管理水平参差不齐的企业相互沟通学习，方便企业的长远发展。

7.1.5.2 形成灵活与分层的多元绩效薪酬体系

集团公司中不同阶段的企业进行多元型绩效薪酬体系设计，集团公司虽然制定了统一的薪点制度，但可以根据下属企业不同的发展阶段适用不同的薪酬体系，将岗位、能力、绩效分别融入其中。一方面，XY集团可以建立灵活的薪酬制度。集团公司将下属企业分类为分、子电力公司，以及专业公司和上市公司，根据集团公司赋予的企业定位，专业公司与上市公司处于成长期和成熟期，企业经济效益优良，人员素质较高，有大量知识型员工；而分子电力公司由于组建时间与组建规模不同，老厂建立时间久、规模偏小、人员冗余，多以火电为主，新建机组规模大，技术占优，以天然气、风力发电为主，由此可以划分为衰退期和初创期。不同阶段的企业薪酬需求有所差异，如表 7.2 所示。

表 7.2　　　　　　　　企业发展阶段薪酬设计比较

企业发展阶段	薪酬目的	薪酬优势	薪酬劣势	薪酬制度
初创阶段	吸引优秀的人才	较高薪酬水平	内部公平差	降低财务压力；可变薪酬所占比例较大
成长阶段	培养高素质人才	较高内部公平性	非货币激励弱	强调薪酬的外部竞争性；采用长期激励来吸引和保留人才
成熟阶段	留用高绩效人才	较高福利保障	成本较大	可变薪酬所占比例相对较少；采用团队薪酬和利润分享计划
衰退阶段	保留员工	较高固定工资	较少奖励	较高的基本工资和较高的福利；较低个人的绩效奖金和长期薪酬

另一方面，由于国有企业集团的人员复杂，管理、运行、生产以及其他专业工作岗位种类繁多，单一形式的薪酬制度无法充分涵盖所有人员与各种岗位，因此，可以设立灵活的薪酬制度来匹配不同的岗位性质和差异化的个人能力。XY 集团的薪酬体系可以按照不同职能序列和不同岗位，分别执行三套薪酬体系模式（3P），即基于业绩付酬、基于能力付酬和基于岗位付酬，如表 7.3 所示。

表 7.3　　　　　　　　不同类型的薪酬体系

薪酬体系	付薪依据	薪酬特点	适应岗位
基于岗位的薪酬体系（薪点制）	岗位评价的相对价值结果	固定薪酬所占的比重相对较大	技术操作岗（生产、运行）
基于能力的薪酬体系	能力评价的结果	能力提升承担重要任务，并且薪酬提升	技术研发岗，专业岗位
基于业绩的薪酬体系	员工的业务考核结果	浮动薪酬占比重大	计划增设的业务岗

7.1.5.3 实现统一的岗位绩效薪酬制度

XY集团从上至下具备基本要求的薪酬管理制度,但实际运行中缺乏一致性的要求。此外,XY集团目前薪酬以货币性为主,奖金占比高。企业首先需要调整薪酬构成,在综合考虑各级企业涉及的业务领域、企业发展的阶段后,进行相应划分。XY集团可以按照固定薪酬、浮动薪酬与中长期激励三个部分划分。其中,固定薪酬包括基本工资、岗位工资、津补贴、福利;浮动薪酬包括绩效薪酬(个人绩效与部门绩效)、年终奖、特殊奖励;中长期激励包括企业年金、分红权。通过规范薪酬结构与标准,形成全系统相对统一的岗位绩效薪酬制度,如图7.1所示。

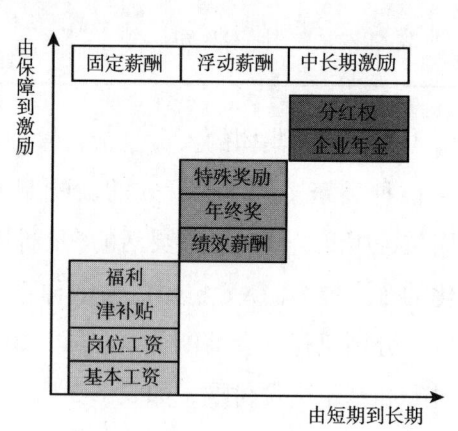

图 7.1 薪酬构成分布

确定薪酬构成之后,XY集团还需要通过按设计的岗位评价指标和评分方法对部分样本岗位进行测评,根据评价结果对岗级与薪级情况进行合理调整。薪酬等级需要根据职位或技能等级设置形成序列关系或梯次结构形式。设置薪酬等级的数目时,主要考虑薪酬管理上的便利和各级岗位点数差异的大小。在实践中,如果企业倾向于拉大差距,那么薪酬结构特征线就较陡直,薪酬等级将增多;薪酬等级数目要适应企业情况，薪酬等级越高，薪酬级差越大，比如企业中的高级职位，薪酬级差会大些，低级职位薪酬级差会小些；等级之间的劳动差别越大，薪酬级差越大。

7.1.5.4 调控总额合理提高绩效薪酬收入

企业目前人工成本占比较低，首先可以增加人工成本比重。集团目前人工成本仅占6%，有一定提升余地，提高员工收入水平可以激励员工高效工作。改善薪酬水平有待完善薪酬总额分配制度，可以通过设立多类薪酬总额分配因素。一是经济效益，采用内部概念如利润指标衡量经济效益，它反映了电力企业的经营业绩，也强化了企业管理；二是管理绩效，如负责人年度考核完成系数，这类因素一方面反映的是各地市电力公司的综合管理水平，另一方面体现出各地市电力公司领导的管理能力；三是综合情况，比如企业当地在岗人均工资系数等（李新，2014）。

其次，供给侧改革使得企业未来面临竞价上网，由发电公司通过成立售电公司或部门自己寻找市场确定本单位的发电量，进行市场化将薪酬水平和企业经营效益联系更加紧密。整体利润的提高也会间接提高员工薪酬水平，表7.4是改革预期薪酬水平与市场分位数。

表7.4　　　　　　　不同序列岗位薪酬水平调整

序列		改革预期薪酬水平与市场分位数
技术序列	生产梯队	80分位
	运行梯队	50分位
管理序列	生产梯队	75分位
	运行梯队	50分位
行政序列		50分位
高管序列		80分位

7.1.5.5 优化制度与流程以保证薪酬公平

遵循薪酬管理的公平性原则,通过建立与企业规模、经营难度、同行业水平相关联的岗位工资标准,实现薪酬的内部公平;通过全员参与、全面绩效的考核实现薪酬的结果公平。

对电力设计企业来说,技术人才和管理人才都是其核心员工,建立多向薪酬攀升通道,有利于企业的整体发展和员工的个人发展。因此在岗位方面,首先要建立不同的发展空间和发展通道,通过实行科学化、公开化的晋升流程和可操作的晋升制度,确保"人岗相适",XY集团的职业成长路径需要建立打开通道的管理与技术双路径。其次是进行工作岗位优化,当前,急需改善"官位"的诱惑力远大于"专家"的现状,在班组层面,为减轻岗位分工过于细化的冗员或缺员情况,鼓励相近业务班组归整合并;在个人层面,培养员工向综合型、复合型专业技术人才的发展,对实现运检合一、运维合并的班组岗位可调高一级岗级执行。通过岗位合并,合理配置资源,减员增效,能够大幅度增加员工薪酬水平。

在绩效考核方面,通过构建全面绩效考核流程,将全过程划分为绩效目标设定、各级单位考核、各级部门考核、各级员工考核、沟通与反馈五大分流程。针对每个流程,逐步把考核兑现流程信息化、网络化,从而提升考核及兑现的操作性、公平性。现代薪酬方式的建立是以合理的绩效考核方式为基准的,其绩效管理体系应与薪酬挂钩才能实现薪酬管理的有效激励,实际中应将绩效考核的结果作为员工培训、晋升、奖惩等工作的重要依据。具体实践中,在绩效目标设定时,可以借鉴团队激励力度的模型,在年度业绩目标完成水平上,在上限设计多个增加值目标,例如4%、6%、10%,并且加大激励的权重,目标确立越高,相应完成且效果越好,就给予更大的激励幅度。

7.1.5.6 构建多要素参与分配的绩效薪酬激励

企业从未来发展考虑要实行"增量共享"型激励措施，积极推进员工持股计划，形成"激励相容"的效果，使员工与企业形成利益共同体。例如，中国电科通过构建包括劳动、管理、资本、技术与知识等多重要素参与分配的利益共享机制，实现即期激励与中长期激励相结合，有效激发了企业家、管理和技术人才在内的各类员工的创新创业热情（辜胜阻，2016）。XY集团可以通过激励制度实施企业年金制度，完善"劳动要素"参与分配的方式；通过任期激励（绩效考核）方案分步实施"管理要素"参与分配，鼓励管理者以企业长期较好发展为目标；通过岗位分红权激励开展"技术要素"参与分配，也调动广大专业技术人员的创新创业热情；还可以通过项目团队收益提成激励和成果转化收益分红激励来探索"知识要素"参与分配，进一步推进大系统或大项目的开展。

7.2 高校教师绩效薪酬体系的探讨与建议

党的十九大报告中提出要"加快一流大学和一流学科建设，实现高等教育内涵式发展"。大学发展不在于大楼，而在于大师。高等学校教师队伍的素质和发展将直接影响我国高等教育未来的影响力。但在现实中，高校教师也面临着职业生态环境的诸多挑战，薪酬改革特别是绩效薪酬就是其中的核心问题。

首先，我国高校教师的薪酬水平较低。据《纽约时报》调查的28个国家的高校教师薪酬水平，按购买力平价计算我国高校教师月均薪酬720美元，为排名第一的加拿大高校教师的1/10，居倒数第三位；青年教师月均薪酬259美元，不足加拿大青年教师的1/20。[①]高等教育是智力高度密集的行业，高校教师的学历门槛高，前期人力资本投入较大，但我国高校教师的工资未能充分体现出人力资本的相应价值。据《中国劳动统计年鉴（2014）》显示，我国高等教育从业人员的平均年薪为70898元，低于其他高人力资本投入的行业，如互联网服务业为118374元，金融服务业为116355元。

其次，我国高校教师的薪酬满意度较低。中国传媒大学2015年对北京地区50名高校女青年教师的一项调查显示，其中60%的教师表示对现有的薪酬水平感到不满意，表示其正面临着来自工作和经济等多方面的压力。[②]蔡晓鸥（2020）对川渝地区高校教师的薪酬调研数据也显示，教师的平均薪酬满意度得分为2.73分（分值范围1~5分），整体处于"一般"和"较不满意"之间。在薪酬满意度的各项指标中，得分最低的因素为薪酬水平的满意度。此外，据麦可思研究院2016年发布的一项大学教师薪酬福利调查显示，在对月收入不满意的教师群体中，教师职业"收入整体偏低"（71%）是教师对月收入不满意的主要因素；而"绩效分配不公，多劳不能多得"（55%）是造成高校教师整体薪酬满意度低的主要原因。[③]

综上可见，不断探索和优化高校教师的薪酬制度，特别是绩效薪酬体系具有重要意义。本节将从我国高校教师绩效薪酬制度的实施现状及问题入手，探索未来的改革方向和实施要点。

---

① 调查显示中国教师工资近乎全球垫底 [EB/OL]. 网易新闻, 2012-04-04. http://news.163.com/12/0404/21/7U9C2JCE0001124J.html.
② 大学生调研"女青椒"：近半数"压力山大" [EB/OL]. 人民网, 2015-11-10. http://edu.people.com.cn/n/2015/1110/c1053-27799558.html.
③ 大学教师薪酬福利调查 [EB/OL]. 腾讯网, 2016-09-07. https://edu.qq.com/a/20160907/009496.htm.

7.2.1 高校教师的薪酬分配现状

7.2.1.1 高校教师绩效薪酬制度的历史沿革

我国高校自新中国成立以来共经历了4次主要的薪酬体系改革，分别在1956年、1985年、1993年、2006年，逐步将高校教师的工资由高度集中管理的分配方式向"活工资"的分配方式进行转变。1985年，国务院发布了《高等学校教职工工资制度改革实施方案》，高等学校的薪酬制度改革随之开始。改革提出了建立以职务为主要依据的结构工资制度，其中结构工资由基础工资、职务工资、工龄津贴和奖励工资4个部分组成。这一改革在当时起到了非常积极的作用，但由于是参照国家机关制定的，所以没有体现出高等院校自身的特点。1993年的工资改革确立了高校教师专业技术等级制度，逐步引入竞争、扩大了激励机制，提升了薪酬中用于绩效考核部分的比重，通过建立各类津贴、奖励等制度，使教师的薪酬与其实际贡献更加密切挂钩。然而在实际执行过程中，受限于当时人力资源平台的落后和考核模式单一等影响，使得绩效考核工作仅流于形式（曾湘泉和赵立军，2004）。2006年，我国颁布的《事业单位工作人员收入分配制度改革方案》，指出要建立具有事业单位特点、体现岗位绩效的分配制度，摸索以岗定薪，多劳多得，"效率优先，兼顾公平"的薪酬制度，开启了高校教师的"绩效薪酬"时代。改革后高校教师的薪酬由岗位薪酬、薪级薪酬、绩效薪酬和津贴补贴四部分构成，在薪酬设计中兼顾了公平性与高校内外部的竞争性（宋延军，2011）。

2016年，教育部制定了《高等学校"十三五"科学和技术发展规划》，其中提到不断完善对高校科技创新的补偿机制，鼓励高校进行人事和薪酬体系的改革，建立健全与科研人员工作业绩、真实贡献、岗位职责联系密切的分配激励机制。

总体来看，我国高校教师的薪酬制度主要是伴随着事业单位的改革而不断调整，特别是以"绩效薪酬"为核心的改革大刀阔斧地迈进，高校的薪酬分配自主权也有所提高。

7.2.1.2 高校绩效薪酬制度的国际经验借鉴

对我国高校绩效薪酬体系的完善和优化，可以适当借鉴国外高校的绩效薪酬制度，为探索适合我国高校发展的绩效薪酬改革提供一些新的思路。本节主要选取了美国、英国、德国、加拿大4个国家，展开具体的分析和比较（仇勇等，2015）。

（1）美国：引入市场因素的协议薪酬体系。据2019年全球高等教育研究机构Quacquarelli Symonds公布的世界大学排行榜，榜单中TOP10和TOP20的美国高校占比均高达50%。[1] 美国高校有私立和公立之分，薪酬制度略有不同。普遍来看，美国高校教师的职称有教授、副教授、助理教授和讲师，实行终身教职制。薪酬体系有单一薪酬体系和协议薪酬体系。单一薪酬体系源于平等工资法案，实施同工同酬，学历、岗位和年资是主要付酬要素。协议薪酬体系由教师与所在院校通过协商年工作量来确定薪酬，付酬要素包括工作经验、教学效能、学术产出以及社会服务等，是高校薪酬制度中的主流。薪酬构成包括基本薪酬、可变薪酬和奖金福利三部分，基本薪酬所占比重较高，是薪酬的主体。在薪酬水平上，高校教师平均薪酬高于美国中等收入家庭，有较强社会竞争力（赖亚曼，2008；谢文新和张婧，2013）。由此可见，在一流高校聚集的美国，高校教师薪酬的市场化程度较高，协商而来的年薪制和较高比重的基本薪酬符合高校教师工作的职业特征，促使其能够安于自身教学科研的本职工作。

---

[1] 2020年QS世界大学排名-美国篇 [EB/OL]. 搜狐网，2019-07-15. https://www.sohu.com/a/327037946_653133.

（2）英国：集体协商的谈判薪酬体系。英国高等教育历史悠久，高校教师的职称分教授、高级讲师和讲师，讲师采用聘任制，而教授和高级讲师通常没有任期。"谈判"是英国高校教师薪酬体系的显著特征。教授以下人员薪酬通常是通过全国范围的集体谈判确定，实行统一薪酬构成和五级薪酬，通过绩效评估来确定级别。而教授薪酬则并没有统一标准，通常是高校按照相同人均薪酬获得教授薪酬总额后自主分配（李洪瑞，2012）。此外，薪酬水平是英国高校吸引和稳定人才的最重要因素，在 2014 年英国高校雇主协会的调查中，2013 年在医疗、通信、律师、咨询师等 12 种职业中，高校教师的周平均收入排行第二位，为 911.5 英镑/周，具有较强的外部竞争性（王艳珍，2016）。

（3）德国：比照公务员的绩效薪酬体系。德国曾是 19 世纪世界高等教育的中心，高等教育质量首屈一指（谢文新和张婧，2013）。德国高校教师均为公务员，薪酬执行公务员 C 系列标准，共 15 个档次，与英国一样，教授与非教授享有不同待遇。教授分为 C2、C3、C4 3 个级别，在校享有崇高礼遇。薪酬由基本薪酬、工龄薪酬和家庭补贴三部分组成，特别地，C4 级教授可通过谈判获得特殊的岗位津贴。教授以下人员为学术中层，分为 4 个等级，分别是担任特殊任务的教师 C1、科学助手 C1、科学助教 C1 以及高级助教和高级讲师 C2。学术中层的人事事宜由教授决策，包括聘任、劳动期限、薪酬待遇等。由此可见，德国高校教师早期的薪酬体系中，并没有突出体现绩效差异，使得教师工作积极性差，创新乏力。因而，进入 21 世纪以来，德国政府逐步改革高校教师的薪酬制度，调整后的薪酬由固定薪酬和短期奖金两部分构成，并开始逐步引入绩效薪酬（沈蕾娜，2009）。德国将薪酬制度调整为 W 系三级体系，替代原有的 C 系四级体系，进一步统一了薪酬标准（杨天平和邓静芬，2011）。但德国高校是政府主导，缺乏市场机制，单纯引入绩效导向的薪酬，又与高校其他配套制度有冲突，这也提示我国在进行高校教师薪酬改革时，要注重其他配套制度的跟进变革。

（4）加拿大：市场化、高水平的绩效薪酬体系。如前所述，加拿大是目前高校教师薪酬待遇最高的国家。高校教师的职称分为教授、副教授、助理教授和讲师。教授和副教授有获得终身聘用的机会，而助理教授和讲师则一般为聘任制，如在两个聘期内无法晋升，则必须离开高校，这种"非升即走"的政策近年来被我国许多高校学习。学历、教学科研水平以及年资是主要的付酬要素。薪酬由岗位基本薪酬、绩效薪酬和福利三部分构成。薪酬水平决定的市场化程度较高，主要由市场供求决定（李洪瑞、王哲和李浩，2012）。市场化使得加拿大高校的学科和地域薪酬差异显著，社会需求较大的学科教师的薪酬普遍较高，对核心人才的保留有益，并且与市场接轨也带来相对灵活的薪酬调整机制，能够激发教师的工作积极性。与此同时，对绩效的严苛要求促使青年教师在"黄金期"扎根教学研究工作，终身聘用机会又使迈入职业中期的教师能够避免短视功利驱动，稳步迈过"职业高原"，实现个人学术生涯发展和高校学科进步双赢。

通过对国外高校绩效薪酬制度的对比分析，可以总结出几点经验：一是具备与市场接轨的、具有竞争性的薪酬水平；二是高校不同学科之间合理化、公开化的收入差别；三是参与式的定薪模式，高校教师有权进行沟通和协商；四是完善的绩效薪酬评估体系，突出绩效的作用。

7.2.2 我国高校教师绩效薪酬的核心问题

目前我国实施绩效薪酬的高校越来越多，通过对不同高校的案例分析发现我国高校的绩效薪酬在具体实施时尚存在一些普遍性的问题和实施难点，主要包括以下几个方面：

7.2.2.1 绩效薪酬制定程序不完善

国内一些高校在绩效薪酬政策制定时，往往缺乏全面的薪酬调查，教师没有充分参与其中，只是少部分领导和管理人员决策的结果，难免有失偏颇，缺乏科学性和合理性（沈立宏，2019）。一方面，高校教师在薪酬制定的过程中缺乏沟通和参与的机会。虽然在制定薪酬分配方案时会召开一些座谈会，但受邀参加的多是管理人员，一线教师的发言权较少。另一方面，高校在绩效薪酬制定的过程中，信息的非公开透明也是一大问题。许多高校教师仅知道自己的薪酬总数，却不清楚各部分的来源和具体算法，导致薪酬满意度较低。

7.2.2.2 薪酬水平外部竞争力不强

无论从国内比较还是国际比较来看，目前我国高校教师薪酬水平偏低是既定事实，付酬要素主要侧重于对高校教师学术产出的激励，对前期的投资回报不足（李碧虹，2008）。调查显示，2013年全国有47.7%的高校教师年薪在10万元以下（王希勤、刘婉华和郑承军，2014）。这也导致我国高等教育行业在参与市场竞争、吸引高端人才方面处于相对劣势。

7.2.2.3 绩效薪酬的结构不合理

虽然目前许多高校已推行了绩效薪酬制度，但在薪酬结构方面尚存在不合理之处，主要体现在以下三方面：第一，教学和科研的比例失衡。传统意义上高校教师的绩效有"教学"和"科研"两大效标，现实评价中，往往是"科研绩效"一边倒。这种现象的出现一方面是由于政策所致，另一方面也与科研绩效"易量化好评价"而教学绩效"难评价"的实操困境密切相关。在部分高校的教师薪酬构成中，科研所占比例过大，其次就是论文的发表数量，而教学和学生培养等占比不到前两者的1/7，且教学在绩效薪酬中的占比还在不断下降（赵鑫，2019），这种重科研轻教学的薪酬设计在一定程度上打击了许多教师的积极性。

第二，绩效薪酬并未体现学科差异。根据赵鑫（2019）的调研结果，多数教师表示大学教师绩效量化考核的学科差异体现不够，例如社科类的科研成果受学科限制无法与工科类相比，如采用相同的绩效考核方式，则有损绩效薪酬的公平性，易产生"重数量、轻质量"的现象。

第三，绩效薪酬占总薪酬的比例过高。目前，各个高校以"量化绩效"为付酬要素的各类津补贴所占比重较大，岗位薪酬与薪级薪酬所占比重则较小。国内学者调查显示，2010年基本薪酬占高校教师总薪酬的比重仅为23%，2013年这一比重更是降低至14%，名目繁多的各类津补贴的比重则有上升之态（刘婉华等，2010；王希勤等，2014）。按照本书的研究结论，绩效薪酬并非越高越好，是存在最优强度比例的。过低的基本薪酬和过高的绩效薪酬组合不利于高校教师的工作开展和职业发展，使其无法安于本职工作。

7.2.2.4 绩效薪酬考评机制不健全

谢至（2010）的研究发现，部分高校绩效薪酬主要依据资历、学历、岗位及职称等因素设置，并未很好地与知识、能力和贡献等因素挂钩。因此高校教师往往会因对绩效薪酬体系的失望而减少对教学、科研的投入，出现功利性思想和学术浮躁现象。即使高校的绩效考核指标体系中指出教学工作质量、实际发表的论文数量和质量、年度申请和实际完成的课题数量、日常教学过程中的出勤率等具体指标，但实际考核过程中，指标权重并不明确（田清敏，2016）。

7.2.3 高校教师绩效薪酬体系的改进建议

在对我国高校教师薪酬制度演进历程和现状问题分析的基础上，借鉴不同国家高校绩效薪酬制度的优势，从薪酬管理运作视角看，我国高校教师绩效薪酬制度的改革思路和实施要点主要集中在以下五方面。

7.2.3.1 完善薪酬体系，探索实行协议薪酬制

参照国际经验，与市场接轨的协议薪酬制目前在很多一流高校中获得了较好的反馈。2013年美国五所世界一流大学的薪酬研究数据显示：五所大学中的四所都对专任教师实施协议工资制度，年薪制是协议工资制度下各高校普遍采用的方法（魏雁平，2018），这样"一揽子"式薪酬所发挥的激励作用远大于将薪酬肢解为复杂的"碎片式"模式。我国高校在推行绩效薪酬改革中可以选取典型岗位进行探索，如率先在教授岗位上实行协议薪酬制，先由高校制定付酬标准和区间范围，再以院系层面为主体，综合教学、科研、社会服务等多重效标，与教授签订业绩合同，执行协议薪酬制。情况复杂的高校也可以实施"老人老办法，新人新办法"，率先在新聘讲师岗位上实施协议薪酬制，在成功经验的基础上再推广。此外，还需要建立与协议薪酬制度配套的协商机制与治理模式，通过建立良好的双向沟通机制，提升高校教师对薪酬体系的参与感和认可度。

7.2.3.2 提升薪酬水平，增强薪酬对外竞争力

构建世界一流大学离不开一流人才，提升高校教师薪酬水平，增强对外竞争力尤为重要。当前我国高校优秀教师的流失、职业发展后劲不足等问题都与教师待遇偏低的现实息息相关，薪酬水平的提升

能有效防止高校教师的"不务正业",引导高校教师将主要时间和精力投入校内教学和科研活动中。另外,高校普遍缺乏市场响应机制,薪酬调整时滞明显,这也在一定程度挫伤了高校教师的工作积极性,降低了薪酬满意度。因此,教育主管部门需要定期开展薪酬调查,参照相应的市场薪酬状况适时调整高校教师的薪酬水平(柯文进和姜金秋,2014)。

7.2.3.3 调整薪酬结构,优化绩效薪酬设计

首先需要调整绩效薪酬结构的合理性。自2006年我国高校开始推进绩效薪酬改革以来,在高校教师的付酬要素中绩效所占比重越来越大,绩效薪酬联动甚至在一些高校中演化为"一篇论文的价格""一个项目的提成""一节课的计件"这样尴尬的局面,"重科研、轻教学""看数量、拼级别"的窘境广泛存在,这样的绩效薪酬无疑丧失了其初衷。在许多一流高校,基本薪酬仍是高校教师收入的主要来源,这能促使教师安于本职工作,防止为了生计而疲于奔命进行"计件"活动。因而,在目前我国高校教师绩效评价体系尚不完善的前提下,不能盲目加大绩效薪酬所占比重,应扩大基本薪酬比重,争取达到50%~60%(仇勇等,2015),并根据实际情况平衡绩效薪酬中教学与科研、数量与质量的占比。其次,还需要平衡不同高校教师群体之间的薪酬差异。不同群体的薪酬结构问题在我国高校教师薪酬中亦十分凸显,主要体现在不同学科之间的高校教师、青年教师与老教师、担任行政职务的教师与普通教师之间,"象牙塔"中的贫富分化有待进一步研究。

7.2.3.4 完善考评机制,提高合理性和可行性

高校教师的劳动性质也有其特殊性,这也是其绩效工资制度容易产生争议的原因。若绩效薪酬的考评体系设置不合理,就会动摇推行绩效薪酬制度改革的基础,使效果适得其反。高校绩效考评体

系的完善应从以下三方面入手：首先，确立工作绩效要素并建立绩效标准，将绩效薪酬与知识、能力和贡献等因素合理挂钩。其次，采用科学的方法评价绩效，制定合理的权重标准，建立完善的绩效评价体系（斯琴，2013）。考核的指标体系既要能全面客观地反映教师的基本情况和具体要求，又要符合高校的实际情况。最后，做到考评主体多元化，尽量降低评价中的主观因素对绩效薪酬的影响。

7.2.3.5 拓展薪酬内涵，丰富薪酬的激励方式

高校教师是典型的知识工作者，不能仅聚焦于外在的货币激励，还需要强化内在激励。对很多教师而言，教学本身所带来的良好体验和科研产出所带来的成就感，远比沦为"计件工资"的货币薪酬的激励效果更明显，因而在高校教师的薪酬制度改革中，广义薪酬更加适用并渐次成为薪酬管理发展的必然走向。李宝元（2009）基于广义薪酬提出平衡计酬卡，将薪酬项目分为内在直接薪酬、内在间接薪酬、外在直接薪酬和外在间接薪酬4个维度。除了基本薪酬、绩效薪酬、津贴补贴等外在薪酬，还考虑了基础福利、学术休假、发展促进等外在间接薪酬，教学、科研、社会效能感等内在直接薪酬，以及职称晋升、办公条件、工作弹性等内在间接薪酬。我国高校教师薪酬改革中可以借鉴广义薪酬的4个维度，结合不同高校的不同专业发展定位，拓展薪酬的内涵，完善外在激励的薪酬要素，加强内在激励的付酬项目，进而提升教师的薪酬满意度和工作绩效，促进高校的长远健康发展。

7.3 公立医院绩效薪酬体系的探讨与建议

我国公立医院传统的绩效薪酬制度形成于计划经济向市场经济

的过渡阶段。目前在我国公立医院薪酬体系中,普遍存在薪酬水平低、结构不合理等问题,医疗行业吸引力下降,优秀医护人员流失严重。此外,医疗服务价格长期偏低,医务工作者的价值未能充分体现,薪酬满意度较低。所以,传统的绩效薪酬制度已不能适应新形势下医院发展的要求与医生发展的需求,改革公立医院绩效薪酬制度已成为深化医药卫生体制改革的重要课题,构建符合医疗行业特征、突出医务工作者知识、劳动和技术价值的绩效薪酬体系,是实现医院健康发展的重要保障。

本节将从多个方面分析医护人员薪酬满意度较低的原因,并选取不同卫生体制下的代表性国家,分析其薪酬制度特点并与我国薪酬制度进行对比分析。随着我国医改进入攻坚阶段,医院绩效薪酬核算与分配制度改革越来越成为当前医改的聚焦点。为此,本节将梳理医护人员绩效薪酬核算与分配方法的历史演进过程,并进行不同绩效薪酬模式的对比,在此基础上提出当前医护人员绩效薪酬制度的主要问题和实施难点,最后从提升医护人员薪酬满意度和公立医院绩效薪酬制度改革两方面提出相应的建议。

7.3.1 研究背景

2020年,新冠肺炎疫情防控"狙击战"中,无数医护人员挺身而出,不畏生死冲锋在抗疫一线,体现了崇高的职业使命感。中国医护人员用全球3%的医疗资源支撑起了超过全球人口20%的中国人民的健康事业(Liu, 2014)。北京协和医院每年收治病人226万人,大约有4000名员工;而美国的著名诊所梅奥诊所每年收治病人116万人,员工数量达6.1万人(Wang & Zhang, 2016)。简单换算之后可以发现,北京协和医院一名医护人员平均面对565名病患,而美国梅奥诊所一名医护人员大约面对19名病患。由于我国目前的医疗资源投入不高,以及医院长期遗留下的利益分配体制问题,很多医护人员的专业服务长期得不到合理的回报(Qin et al.,2013)。

薪酬是医务人员的主要经济来源,是其生存和发展的重要保障和价值体现。医院薪酬制度和薪酬水平不仅会直接影响医务人员的工作积极性、服务质量和满意度,还会对卫生资源分布、卫生费用水平及医疗服务价格与质量产生重要影响(付英杰等,2019)。从医护人员薪酬总额看,丁香园基于15000多名中国医生的调查结果显示,2017年中国医生的平均薪酬是9.55万元,较2016年上涨12.4%,连续四年保持上涨趋势。但对于这一薪资水平,有接近2/3(62.2%)的医生对自己的收入不满意,主要原因在于工作辛苦,实际收入偏低,与付出不成比例,实际获得的薪酬仅为期望薪酬的一半左右。① 医生是高风险、压力大、责任重的职业,长期加班、超负荷工作似乎是现阶段医护人员的工作常态,而长期的超负荷工作必然带来身体与心理健康的双重问题。一项研究显示(Shan et al.,2017),2013~2015年发生的46起中国医生过劳死的案件中,有超过3/5的人连续工作8~12小时,1/5的人连续工作24~47小时。另外,在心理健康问题上,一项研究利用SCL-90量表检查了中国医生的心理问题,结果显示在躯体化、强迫症状、人际关系敏感、抑郁、焦虑、敌意、恐怖、偏执、精神病性这九方面,除了精神病性外,中国医生其他八项的平均得分均高于中国人口的平均分数(Dai et al.,2015)。

2006年以来,公立医院作为事业单位实行岗位绩效工资制度,人员工资由岗位工资、薪级工资、绩效工资和国家规定的津贴补贴四

---

① 2017中国医生薪酬报告新鲜出炉!平均薪酬9.55万[EB/OL]. https://www.dxy.cn/bbs/newweb/pc/post/38967847,2018-06-10.

部分组成，其中，岗位工资和薪级工资为基本工资，执行国家统一的工资政策和标准。绩效工资主要体现实际贡献，是收入分配中可变的部分，而国家对绩效工资分配没有统一政策指导。绝大多数医院采取了与收支结余挂钩的利益驱动分配方式，这种以"利本位"为核心的绩效薪酬分配模式，加剧了公立医院的趋利行为（李建军等，2018）。2009 年，《中共中央国务院关于深化医药卫生体制改革的意见》的发布，正式拉开了新医改的大幕，公立医院绩效薪酬核算与分配制度改革也成为焦点中的难点。2013 年国家卫计委、中医药管理局制定了《加强医疗卫生行风建设"九不准"》，提出"严禁将医疗卫生人员奖金、工资等收入与药品、医学检查等业务收入挂钩""严禁医疗卫生机构在药品处方、医学检查等医疗服务中实行开单提成"。同年，《中共中央关于全面深化改革若干重大问题的决定》明确提出，要建立适应医疗卫生行业特点的薪酬制度。2016 年 8 月，习近平在全国卫生与健康大会上提出了"两个允许"政策，即"允许医疗卫生机构突破现行事业单位工资调控水平""允许医疗服务收入扣除成本并按规定提取各项基金后主要用于人员奖励"，为我国医院薪酬制度改革指明了方向。2017 年 1 月，人社部等部门联合发布《关于开展公立医院薪酬制度改革试点工作的指导意见》，为加快推进公立医院薪酬制度改革提供了依据，同样也将绩效薪酬核算与分配制度改革推到了新的高度。该次公立医院薪酬改革的总基调是取消药品加成、上调医疗服务价格，体现劳动的知识技能价值，多劳多得，优绩优酬，意在通过薪酬制度的指引，在不损失服务效率的前提下，让公立医院逐步回归公益性，让医生更纯粹地为患者提供合适的服务（曾晓霞等，2020）。

在医改背景下，厘清医护人员薪酬满意度低的原因，分析医护人员薪酬制度现存的问题，建立符合医疗行业特点、体现以知识价值为导向的医院薪酬制度具有重要的现实意义。

7.3.2 医护人员薪酬满意度的现状与问题

在理论研究中,许多学者对医生群体的职业现状进行了调查。在几位离职医生的访谈中,其中一位被访谈者在一家大型医院工作两年之后便辞职开始做生意,提到"我大学同学30多人,现在有六七个已经不做这个职业了"。退出的主要原因是失望,认为当前的医疗改革并没有取得应有的效果,医生的工作回报和服务价值被严重压低了(Yu,2015)。同样,在另一项研究中,91%的医生认为,不改善中国医生的经济地位和社会地位,中国的医疗改革不可能成功(Wu et al.,2016)。

针对薪酬满意度低这一问题,许多学者开展了深入调查。王禾(2019)以公立医院改革试点城市为研究地区,典型地区抽样为珠海、武汉、宜昌和襄阳4个城市,每个城市选取2家三级综合公立医院展开调研。调查结果显示,调研地区公立医院医生平均月收入10392元,仅有12%的人对目前工资收入认为满意。陆雅文(2019)对965名公立医院员工进行问卷调查,结果显示员工薪酬总体满意度得分为3.17,处于一般水平,按得分高低排序依次为薪酬制度、绩效分配、薪酬结构和薪酬水平。张春瑜(2019)从31个省会城市选取了136家医院,再按职称分层等距抽样选取了20785名医生纳入研究。研究结果显示,薪酬水平满意度、薪酬制度满意度和薪酬激励效应满意度的平均分分别为2.54分,3.25分和2.92分(满分5分)。综上可以看出,我国医护人员的薪酬满意度整体处于较低水平,究其原因主要有以下几个方面。

7.3.2.1 薪酬水平较低

医护人员薪酬水平较低是造成薪酬满意度低下的主要原因,可以从绝对水平和相对水平两方面进行分析。从绝对水平看,张春瑜等

（2020）在全国31个省会城市的136～144家主要三级公立医院进行调查的结果显示：医生平均实际年收入从2016年的9.57万元增加到2019年的12.22万元。实际年收入水平最低是急诊科（11.54万元），最高是口腔科（15.63万元）。而医生期望年收入从2016年的21.06万元增加到2019年的23.67万元，基本是其实际年收入的2倍。4年间，医生平均实际年收入与城镇职工平均年收入相比，其比值基本保持在1.5倍，但国外医护人员工资基本为社会平均水平的3倍以上。低水平的薪酬会直接影响医务人员的薪酬满意度与工作绩效，进而导致薪酬的激励机制无法体现。

从相对水平来看，我国医护人员收入远低于国外同行。根据权威医疗媒体Medscape开展的基于2万名美国医生最全面的薪资调查，2019年美国医生的平均收入31.3万美元。其中初级保健医生平均收入23.7万美元，专科医生收入34.1万美元，对比中国医生的工资水平，结果不言而喻。从人力资本投资角度看，教育是最重要的人力资本投资方式，在一项调查中，抽取的医生平均受教育时间是17.38年，医生最短受教育时间为12年，最长受教育时间为26年（史芮源，2016）。医生这一职业的培养周期远高于其他群体，8年本硕连读下来，学生个人需要支付直接的纯学费成本在10万元上下[1]，结合时间成本与学费成本，从业后10万元左右的平均工资似乎显得杯水车薪。当前的医生工资水平不能充分体现医务人员培养周期长、责任担当重、技术难度大、职业风险高等特点（李芳琦，2016）。此外，将医生薪酬水平与其他职业从业人员的薪酬水平相对比发现，公立医院员工薪酬水平略高于社会平均水平，却远低于信息技术与金融业等行业（闫慧，2011；朱跃州等，2016）。

---

[1] 白萌. 杀医案背后：培养专科医生成本高昂 [EB/OL]. https://www.sohu.com/a/74267407_119902, 2016-05-09.

7.3.2.2 薪酬构成不合理

薪酬构成不合理是影响医护人员薪酬满意度的另一个重要原因，也直接限制了薪酬激励效果的有效发挥。我国公立医院医生的薪酬是以岗位绩效工资制为基础的薪酬体系，主要包括基本工资、绩效工资和津补贴。其中，基本工资和津补贴主要由工龄、职位等客观因素决定。此外，医生的工资还与医疗收入挂钩（王博雅等，2017）。相比于我国固定薪酬加绩效薪酬的薪酬构成，国际上医务人员的薪酬结构大多是混合型的，除直接和间接的经济薪酬外，还非常注重非经济性的薪酬。

7.3.3 国际视角下医护人员薪酬制度对比分析

付英杰等（2019）对美国、英国、法国等不同卫生体制下的国家的医护人员薪酬制度进行了对比分析，这一研究对我国公立医院薪酬制度改革具有一定的借鉴意义。借鉴付英杰等（2019）的研究，将国外公立医院薪酬制度的特点与我国进行了对比分析，如表7.5所示。

表 7.5　　　　　不同国家公立医院薪酬制度比较

项目	美国	英国	澳大利亚	德国	日本	中国
薪酬水平	社会平均工资的3~8倍	社会平均工资的2.5~4倍	社会平均工资的2倍	社会平均工资的3.9倍	社会平均工资的2~3倍	城镇职工收入的1.5倍
薪酬结构	岗位工资+绩效奖励；薪酬中工资所占比重较大，奖金所占比重较小	基本薪水+额外项目津贴+即时服务津贴+地区津贴+雇佣和附加保持金+绩效奖金	工资、福利	固定工资+兼职服务收入	基本工资+绩效工资+津贴+初任工资特别调整额	岗位工资+薪级工资+绩效工资+国家规定的津贴补贴

续表

项目	美国	英国	澳大利亚	德国	日本	中国
薪酬支付方式	统一实行联邦工资制，医务人员薪水由第三方机构（政府或医疗保险公司）支付	以固定工资制为主，政府根据地区人口数、年龄结构、健康状况等指标分配卫生经费	实行年薪制，以政府拨款和税收拨付为主	由医师协会（第三方非政府组织）进行谈判确定标准	国家公务员制度或固定工资制	薪酬支出主要来源于业务收入与财政补贴，不同地区间情况不尽相同
管理者薪酬	包括基本薪酬和长期激励，长期激励占比60%左右	包括基本薪酬、绩效薪酬和长期激励，基本年薪占总收入的比重不足50%	管理者年薪收入与员工人均年收入的比为18.4	包括基本薪酬和长期激励，基本年薪占总收入的比重超过50%	包括基本薪酬、绩效薪酬和长期激励	部分地区开始试行院长年薪制
薪酬激励方式	不受医院业务收入的影响，拥有自己的诊所或家庭病人	允许并鼓励医生从事兼职工作	允许医生拥有私人业务并按项目付费方式收取病人费用，享受带薪休假	允许公立医院医生兼职开设私人诊所提供服务	生活保障色彩浓厚，注重其工作本身等其他非经济性薪酬	允许多点职业，非经济性薪酬不足

资料来源：付英杰，王健，孟彦，俞乐欣，闫卫华，孔悦佳．国际视角下我国公立医院薪酬制度改革现状研究［J］．卫生软科学，2019，33（9）：24-28．

总体来看，在薪酬水平方面，张春瑜等（2020）研究表明我国医护人员薪酬水平为城镇职工的1.5倍，而其他国家医护人员薪资水平明显高于我国；在薪酬结构方面，国际上医务人员的薪酬结构大多是混合型的，除直接和间接经济薪酬外，还注重非经济性薪酬，且大多都包括绩效薪酬部分；从管理者的薪酬来看，大多实行年薪制，总体薪酬水平较高，但在我国院长年薪制的探索仍处在起步阶段。

7.3.4 医护人员绩效薪酬管理模式对比分析

绩效薪酬制度改革是我国医改的重要内容,科学合理的绩效薪酬考评方法是公立医院保持公益性和长久发展、调动医护人员积极性的机制保障。当前医院主流的绩效薪酬考评模式主要有以下几种形式:(1)以收支结余为基础的考评模式。将医务人员的绩效薪酬直接与完成的业务收入挂钩,充分调动了医务人员的积极性,但也造成了一定的问题。(2)指标型考评模式。通过设定考核指标,以引导医护人员医疗行为,并通过关键指标的得分进行绩效分配。(3)工作量考评模式。根据工作时间、工作的难易程度等量化工作内容、设置相应的系数,从而进行绩效薪酬的考评与分配(仇媛雯等,2019;王进申等,2020)。(4)结果导向型绩效考核模式。列出具体的目标以及希望达到的程度,定期检查目标的进展情况。(5)绩效年薪制。年薪由基本年薪和绩效年薪构成,但目前国内探索年薪制的医院不多。

7.3.4.1 经济导向的考评模式

(1)以收入为基础的绩效考核模式。随着市场经济不断发展以及政府对公立医院投入的减少,公立医院逐步被推入市场经济大潮中,医院逐步建立了业务收入导向的绩效核算模式,即依据科室完成的月度业务收入,按照一定提成比,核算科室绩效,科室再根据医生的开单创收按比例发放个人月度绩效。在绩效利益诱导下,医院和医生开启逐利模式,公立医院的公益性快速偏离并淡化(王进申等,2020)。

(2)以收支结余为基础的绩效考核模式。1988年《医院财务管理办法》出台,要求医院主动开展成本测算工作。为此,公立医院的绩效考核模式在原有以业务收入为基础进行绩效核算的基础上，将成本计入绩效核算中，同时考虑增收节支。在鼓励创收的同时，要求科室控制成本消耗。医院根据科室完成的业务收入及消耗成本情况，按照一定计提比例，测算其绩效，科室再进行绩效薪酬的二次考评分配。此种绩效考评方式在医院绩效管理实践中得到广泛推广，至今仍有医院采用此模式（梅国俊等，2018；顾淑玮等，2019；王进申等，2020）。

7.3.4.2 指标型绩效考评模式

通过设定一定的指标与权重，对医护人员的医疗行为进行评价，并通过关键指标的得分进行绩效分配。常用的指标型绩效考评方式包括关键绩效指标法（KPI）以及平衡计分卡法（BSC）两种。

（1）关键绩效指标法。随着医改的不断深化，越来越多的医院开始尝试新的绩效考评方法。借鉴企业中评价员工的关键绩效指标法，通过对科室、医务人员设置KPI，引导医护人员的医疗行为。该模式通过关键指标的得分进行绩效分配，即科室月度绩效＝医院月度绩效预算总额×科室KPI得分/医院KPI总分数，科室再根据医生个人的KPI得分进行二次绩效分配（王进申等，2020）。众多学者基于关键绩效指标法对医院绩效评价进行了探讨，例如俞嘉麟（2014）构建了以服务为导向的公立医院薪酬分配及绩效考核方案，宏观统筹服务效率、服务质量、服务态度、成本控制、科研教学可持续发展等因素，系统化建构新医改背景下院科两级的薪酬分配新模式。窦剑峰（2020）构建了兼顾长中短期发展目标、内部与外部、横向与纵向的发展方向为基础的医院KPI体系。但以上研究中绩效考评指标未能下沉到医护人员层面，需进一步由科室对医护人员进行绩效考评，以医生个人KPI得分为基础将科室绩效薪酬总额再次切块划分。

（2）平衡计分卡法。平衡计分卡是从财务、客户、内部运营、学习与成长4个角度，将组织的战略落实为可操作的衡量指标和目标值的一种新型绩效管理体系。在借鉴企业 BSC 绩效考核模式基础上，医院逐步形成了患者评价、内部流程、学习创新、财务管理4个角度的医院平衡计分卡绩效考核模式，将医院战略目标分解为可衡量、可执行指标，再将绩效评价结果用于医院的日常管理活动中，引导医院各科室及员工不断地改进自己的行为（王辉等，2008）。该模式需要对每一级指标赋值，医院根据各科室具体指标考核结果，将预算绩效薪酬按照考核结果数值分配到科室，即科室月度绩效＝医院月度绩效预算总额×科室得分/医院总分数（王进申等，2020）。该模式可以让医院根据发展战略制定具体考核指标，引导医务人员实现医院整体战略。同样，平衡计分卡方法相比较之下更适用于院、科两级绩效考评，在此基础上需要对医护人员进行二次绩效分配。

7.3.4.3 工作量考评模式

（1）RBRVS 绩效考评模式。以资源消耗为基础的相对价值比率（resource-based relative value scale，RBRVS）绩效薪酬考评方法将绩效与医护人员工作量直接挂钩，由哈佛大学威廉（William C. Hsiao）教授最早提出，以资源消耗为基础，以相对价值为尺度，来支付医护人员劳务费用。通过比较医务人员在医疗活动中所投入的各类资源要素、成本要素的高低，来计算每次医疗服务工作的相对价值，对医务人员的劳动价值进行有效评估（曾晓霞等，2020）。它基于医护人员工作量，通过治疗风险等级、难度高低、花费时间、自动化治疗程度高低、人员配比等确定一定点值，将医护人员判读、治疗等工作量通过点值进行科学计算，转换成人员绩效奖金，直观地体现了医务人员的劳动价值。武汉市某医院尝试将 RBRVS 应用于薪酬核算。具体核算方法如下：科室医师应发绩效＝医师工作量绩效＋可控成本结余＋应发款项－代扣款项。其中医师工作量绩效一般分为两部分：判读工作量和执行工作量考核,具体计算公式为医师工作量绩效 = $\sum$(判读项目数量×判读点数×判读点值单价+执行项目数量×执行点数×执行点值单价),点值单价=年度绩效预算总和/全院所有科室点值总和。判读工作一般是指医生询问病史、查体、开立检查、读报告、诊断、制定治疗计划等,执行工作一般指医生亲自操作各项检查和治疗,亲自参与手术、诊疗等帮助患者恢复健康的行为,包括换药、查房、各级手术、介入项目等(刘艳和张丽华,2019)。目前我国关于 RBRVS 薪酬体系的理论研究层出不穷,但是将 RBRVS 应用于实践中,计算医务人员绩效薪酬的医院还比较少。

RBRVS 的绩效薪酬制度中,较为突出的优点在于能够直接体现医务工作者的劳动量与劳动价值,多劳多得,优绩优酬;缺点在于各类服务的点值确定较为复杂,核算也非常耗时。此外,处理相同的医疗服务项目过程中,不同医生之间的差异能力难以体现,医务人员自身的工作经验以及熟练程度无法衡量,也无法量化病人病情严重和复杂程度(李东等,2016)。

(2)DRGs 绩效考评模式。疾病诊断相关分组(diagnosis related groups,DRGs)绩效考核模式将科室完成的诊疗任务量标准化处理,以病历为考核对象,根据患者疾病情况、治疗方式难易程度及治疗成本进行分组,具体包括患者的年龄、性别、住院天数、临床诊断、病症、手术、疾病严重程度等,把病人分入不同的疾病诊断组,并给每个疾病组赋予权重,最后测算科室完成所有病历的总权重,并将之作为绩效评价的重要依据。有研究建议,DRGs 绩点=(病例组合指数得分+DRGs 权重得分)×60%+(费用消耗指数得分+时间消耗指数得分)×30%+病死率得分×10%(仇嫒雯等,2019)。根据以上分析,DRGs 方法更适用于医院科室团体的绩效考核,需要将科室绩效二次分配给医生个体。该方法的优点在于对每一份出院病历的技术难度、安全和服务效率进行评价，能够体现医务人员的劳务价值，但是忽略了门诊工作的重要性，而且需要很完善的病历数据，计算工作复杂（曾晓霞等，2020）。

DRGs绩效考评方法依据既往病例数据信息，能够对每一份出院病例的技术难度、医务人员劳动价值进行考核，弥补了RBRVS方法无法对不同医生之间的能力差异进行衡量以及无法量化病人病情严重和复杂程度的缺陷。此外，RBRVS偏重对手术科室的绩效考核，DRGs侧重非手术科室的绩效考核。基于以上考虑，部分医院开始探索将DRGs引入RBRVS绩效考核模式中，构建了DRGs与RBRVS组合绩效考核模式（王进申等，2020）。

7.3.4.4 结果导向型绩效考评模式

（1）目标管理法（MBO）。目标管理法源于美国管理学家彼得·德鲁克，在1954年出版的《管理的实践》一书中，首先提出了这一方法。目标管理法让管理人员和员工亲自参加工作目标的制订，在工作中实行"自我控制"。将目标管理法应用于医疗行业，具体表现为：医院事先设定明确的医疗目标数值，并将目标数值按照标准分解到绩效考核单元。考核成本较低，易于操作，但再逐层分解时可能会存在一定偏差，临床科室较难认同。此外，目标管理法往往会出现重结果轻过程、重数量轻质量问题。

（2）目标和关键成果法（OKR）。OKR是一套明确和跟踪目标及其完成情况的管理工具和方法，由英特尔公司创始人安迪·葛洛夫（Andy Grove）发明，后由约翰·道尔（John Doerr）引入谷歌使用，1999年OKR在谷歌发扬光大。OKR相比于MBO，其主要优势在于不仅要明确目标，更要明确每个目标达成的可衡量的"关键结果"，在定性的基础上加入了定量考核指标。但由于该种方法常见于企业组织中，在医疗行业的应用还处于探索阶段，各医院、科室以及医护人员对目标的设定易受主观因素的影响，容易流于形式，缺乏部门间的协调机制，考评结果很难客观反映各部门绩效差异。因此，如何在医疗行业更好地应用结果导向型绩效考核模式还有待实务界与学术界的共同探讨。

7.3.4.5 绩效年薪制

（1）院长年薪制。近年来，福建三明、河北唐山、宁夏银川等地开始探索院长年薪制（曾晓霞，2020）。以福建省三明市为例，院长及其他领导班子成员均执行年薪制，年薪由基本年薪和绩效年薪构成，根据医院绩效考核发放，纳入财政单独预算，由原财政渠道列支，不占医院职工工资总额。院长年薪为该院职工平均薪酬的2~4倍。其他领导班子成员年薪水平一般为院长年薪的七成至八成（复萱，2015）。

（2）全员年薪制。目前探索公立医院全员年薪制的医院并不多，但有学者认为高水平、透明化、与医院经济收入不挂钩的薪金制是公立医院薪酬制度改革的方向（钟东波，2014）。因为在完全采取绩效薪酬制的医院，可能会存在医生为了达到绩效指标而出现恶性竞争的情况，但全部采取年薪制则可能会打消医护人员工作积极性，降低服务质量。因此，在年薪制的基础上加入绩效年薪部分是一种最新趋势，这既提升了医生薪酬、减少了恶性竞争，也不会影响医生的工作积极性，使医护人员可以全身心地为患者提供最好的服务。例如福建三明市医务人员年薪由基本年薪和绩效年薪两部分构成，医务人员工资水平为当地社会平均工资的2~3倍。对于获得国家级和省部级重要奖励者，允许突破年薪给予奖励，但也计入医院工资总额（王楚云等，2018）。

在医改政策推动下，越来越多的医院开始关注并探索绩效薪酬管理模式。但由于政府尚未出台具体操作性的政策文件，各医院只能根据自身财务状况及信息化水平，选择适宜的绩效薪酬方式。一方面，越来越多的企业绩效考评方法因其易于操作的特点而被逐渐应用到医疗行业；另一方面，随着绩效薪酬制度研究的不断深入以及医院绩效管理信息化程度越来越高，众多医院开始尝试以绩效软件为支撑、专项适用于医疗行业的工作量绩效考核模式（梅国俊等，2018），其中 RBRVS 和 DRGs 最具代表性和实践意义。此外，部分医院还在 RBRVS 绩效考核模式基础上，借助 DRGs、KPI 等绩效考核方式，构建了综合绩效考核模式，以弥补单一模式的缺陷，最大限度地调动医务人员工作积极性，提高卫生资源利用效率。纵观已有医院绩效薪酬分配模式，总体上呈现出从经济效益模式到社会效益模式、从工作数量模式到工作质量模式、从单一方法模式到综合方法模式的发展趋势（王进申等，2020）。表 7.6 对不同绩效薪酬考评方法进行了对比分析，列出了各自的优缺点。

表 7.6　　　　医护人员绩效薪酬考评方法对比分析

绩效考评模式	考评方法	分析
经济导向绩效考评模式	以收入为基础	优点：绩效薪酬与完成的业务收入挂钩，充分调动了医务人员的积极性，也推动医院的快速发展 缺点：导致过度医疗现象频发，致使"看病贵"问题越发严重；逐利性强化、公益性缺失，医患关系恶化
	以收支结余为基础	
指标型绩效考评模式	关键绩效指标法（KPI）	优点：针对性、指引性强；量化考核较为客观；有助于个人目标与组织目标相结合 缺点：指标考评标准难以确定；考评弹性小、易于机械化；容易使医务人员忽略未考核内容
	平衡计分卡法（BSC）	优点：考评全面；能够将财务指标与非财务指标相结合 缺点：指标体系复杂，权重分配难；考评标准难以确定；系统庞杂，实施成本较高；不适用于考评个人

续表

绩效考评模式	考评方法	分析
工作量考评模式	以资源消耗为基础的相对价值比率（RBRVS）	优点：与工作量直接挂钩，体现了多劳多得、优劳优得的绩效考评分配原则；医生收入与劳务收入和药品收入脱钩 缺点：对医院信息化要求较高，实施成本较高；以不同医疗服务项目的相对价值为基础，无法衡量疾病风险、复杂程度以及不同医师的能力差异
	疾病诊断相关分组（DRG）	优点：有助于规范临床路径；对每一份出院病历的技术难度、安全和服务效率进行评价，能够体现医务人员的工作量、技术水平、劳务价值 缺点：适用范围有一定局限性，忽略了门诊等科室的重要性；对数据质量要求较高，需要完善的病历数据
结果导向型绩效考评模式	目标管理法（MBO）	优点：易操作，考评成本较低；强调"目标管理和自我控制"；满足自我实现的需要
	目标和关键成果法（OKR）	缺点：在医疗行业的应用与研究不足；目标设定易受主观因素影响；重结果轻过程、重数量轻质量
绩效年薪制	院长/全员绩效年薪	优点：减少恶性竞争，提升医疗服务质量；医护人员薪酬有所提升 缺点：绩效年薪在年薪中所占比重难以确定，存在打消医护人员工作积极性的问题

7.3.5 医护人员绩效薪酬应用的问题和难点

我国医护人员绩效薪酬的考核与支付方式多种多样，主要包括 KPI、BSC、RBRVS、DRGs、MBO 等，但值得注意的是，这些方法并非完全适用于医师群体的绩效薪酬管理，在具体应用时也可能存在一定的障碍，医护人员绩效薪酬应用的实施难点和现存问题主要集中在以下几个方面。

7.3.5.1 经济导向考评模式的问题

长期以来，我国医院采取的是以经济为导向的绩效分配制度，依据科室、医护人员的业务收入核算绩效薪酬，在一定程度上鼓励了医师的创收意识，但弊端也日渐显露：一方面，致使灰色收入、诱导需求盛行，利益驱动的分配方式加剧了医护人员的逐利行为，引发了"看病贵"等问题；另一方面，该种绩效薪酬考评模式无法体现医师工作质量的变化与提升，也无法反映医师在不同医疗服务项目上的技术、难度和风险的差异，导致医师的工作积极性、工作效率乃至医疗质量的降低。总体而言，经济导向的绩效薪酬考评模式已经背离了当前的政策价值导向，对于仍采用此模式进行绩效薪酬分配的医院而言，绩效薪酬制度改革已是大势所趋。

7.3.5.2 指标型与结果导向型绩效考评的问题

指标型绩效考评模式（KPI、BSC）以及结果导向型绩效考评模式（MBO、OKR）均来自企业绩效管理工具，经过多年发展，这些工具在医院管理工作中也有了一定的实践运用与理论探索。例如诺雷因·伊纳达尔（Noorein Inamdar，1988）认为公立医院运用BSC可以提升医院绩效管理水平，他认为如果忽略公立医院的社会效益将会对公立医院的未来发展潜力产生负面影响。而相较于其他绩效管理工具，BSC也最早在医院中得到了运用。此外，余园园等（2010）对KPI在医院绩效管理中的应用进行研究，将行为指标和结果指标相结合，设立四类35个指标；王长禹（2013）对MBO在医院绩效管理中的作用进行分析，并尝试将MBO与BSC相结合。

尽管企业绩效管理工具在医院绩效薪酬管理中得到了一定的推广，但不可否认其在应用时也存在一定的障碍与问题。一方面，该类考核模式体现不出医师的工作量，也反映不出医师的劳动负荷、技术投入和风险压力等要素。此外，该类考核模式也无法体现不同科室医护人员的工作特点与技术难度，考核容易流于表面。总体而言，企业绩效管理工具虽然在绩效考评中有一定的优势但很难契合医疗卫生行业特点，很难合理衡量医务人员的工作量、工作质量、技术难度和风险程度。另一方面，对于应用了该类绩效考评模式的医院而言，还存在其他的实施障碍：该类绩效考评工具所适用的对象往往是院、科两级，很难直接分配到医生个人或者医疗组，大部分都需要科室进行二次考评分配。因此，二次考评分配是否公平公正，直接关系到医护人员对医院整体绩效薪酬考评分配制度的评价与认可。在实践过程中，院、科两级对二次考评分配的重视程度不足，此外经常会出现二次考评分配原则与一次考评分配原则不相符，甚至严重背离医院绩效薪酬考评分配的总原则（仇媛雯等，2019）。因此，医院运用企业绩效管理工具进行绩效薪酬管理时，面临着行业特点不契合以及二次分配的问题。

7.3.5.3 医疗系统特有的绩效管理工具的问题

工作量考核模式中 RBRVS 与 DRGs 均是医疗系统特有的绩效管理工具，契合医疗行业特点。有数据表明，在美国医疗保险体系下，应用 RBRVS 支付给家庭医生的薪酬增加了 36%，全科医师增加了 39%，而支付给专科医生的薪酬则减少了 18%，使得不同医师之间的薪酬分配更加平衡。

以 RBRVS 法为例，自 20 世纪 80 年代末研究应用以来，已有近 30 年的历史，在美国等欧美发达国家已趋于成熟，华西医院、中山大学肿瘤医院、河南省人民医院等医院也先后引入，并开始了 RBRVS 的本土化研究。但从整体来看，国内医院的引进都只停留于理论、经验层面和碎片化的介绍，具体而言：第一，在体系设计方面，指标的设置缺乏层次性，不同科室、不同岗位的医师工作量存在着差异性，考核指标不够细化，部分指标量化不清晰、明确。此外，医院在采用该种方法时，缺乏一个统一的参照标准。第二，在评价对象方面，国内应用 RBRVS 多存在于外科、护理和医技科室，而专科、内科也有部分医疗处置或诊疗项目，却难以得到评价，导致其应用的价值相对降低（黄山，2018）。第三，在评价效果方面，当处理相同的医疗服务项目时，不同医生之间的差异能力难以体现，此外也无法量化病人病情严重和复杂程度。第四，在应用实施方面，首先存在翻译困难问题，RBRVS 是美国评价医师绩效薪酬的管理工具，医学知识要求较高，在本土化过程中存在翻译难题。其次，美国版的 RBRVS 系统操作项目有 12000 余项，而我国最新版《全国医疗服务价格项目规范（2012 年版）》的操作项目只有 9000 多项，显然两者难以完全匹配。再次，相对值判断不合理，医疗服务项目的相对价值代表着该服务项目的价值含量，相对值高代表着诊断、手术或者治疗项目的技术难度大，风险程度高。各科室在比对过程中会因为主观意识而影响相对价值的判定，导致部分服务项目相对值偏高。每个科室之间的操作项目不同，很难形成统一的标准。最后，无论是 RBRVS 方法还是 DRGs 方法，对于医院的信息化水平要求较高，更适用于发展较为成熟的大型医院。

7.3.5.4 绩效年薪制的问题

随着政策的推动以及医改的不断深入，年薪制已逐步成为我国公立医院改革的发展趋势。2017 年 1 月，《四部门出台开展公立医院薪酬制度改革试点工作指导意见》提出进一步细化负责人薪酬管理制度："推进公立医院主要负责人薪酬改革。公立医院主管部门根据公立医院考核评价结果、个人履职情况、职工满意度等因素，合理确定医院主要负责人的薪酬水平。公立医院主要负责人薪酬水平应高于本院平均薪酬水平，并与本院职工薪酬水平保持合理关系。鼓励公立医院主管部门对公立医院主要负责人探索实行年薪制。"随后，福建、海南等地均推出了院长年薪制。此外，也有一些公立医院开始探索全员年薪制。但实行年薪制也存在一定的问题，一方面可能会出现"养懒汉"问题，削弱医护人员的工作积极性，降低服务质量；另一方面，年薪水平的确定也缺乏一个合理的标准，绩效年薪在年薪总额中所占的比重也有待明确。

7.3.6 医护人员薪酬体系的改善建议

7.3.6.1 提升医护人员薪酬满意度的建议

（1）合理提高薪酬水平。与其他国家相比，我国医务人员工作负荷较重（李芬等，2017）。不管从薪酬分配的公平性还是提高医护人员薪酬满意度和积极性方面，都需要借鉴国际经验，合理提高公立医院医务人员的薪酬水平。具体实施时，可以提高人力成本支出在总支出中的比例，根据《中国卫生和计划生育统计年鉴（2014）》，我国公立医院人力成本支出约占医院总支出的30%，而在绝大多数国家这一数据是在60%左右，甚至达75%。提高人力成本支出，使医务人员的薪酬水平趋于全行业前端领先位置，才能体现医务人员原本的价值（徐明亮，2018）。

（2）调整薪酬结构，增加非经济性薪酬等激励措施。医院在提高经济性薪酬的基础上，也需要重视非经济性薪酬的激励作用。非经济性薪酬主要包括提拔和晋升、赞扬与鼓励、稳定的工作环境、挑战性的工作和学习机会、带薪休假、保险等多种形式（刘颖等，2015）。国际上许多国家在对医生的非经济性薪酬激励方面存在值得借鉴之处，如澳大利亚的医生享受带薪病假等福利；美国和英国公立医院医生都可以享受带薪休假（李芬等，2017）；日本重视有经验有能力的资深医务工作者，对他们设定特别的奖励等。而我国医院在员工福利、带薪休假等非经济性薪酬方面的重视程度较低，制度方面也不够完善，需要逐步建立并完善非经济性薪酬制度，如带薪病假、留学深造、晋升、培训等。此外，可以根据医院发展状况和文化特点，设置特色员工福利，改善医务人员的职业生态环境。

（3）提高政府补贴。从经费来源看，我国公立医院属于财政差额补助事业单位，某些地方存在经费补助不足以及不能及时到位的问题。此外，我国医改的一个主要目标是回归公立医院的公益性，取消药品加成等制度影响了医院的资金来源，进而影响医护人员收入。我国一些地区根据医院经济发展情况调整了经费来源渠道和水平（薛云等，2018），如三明市医务人员薪酬全部来自服务性收入，不再将药品耗材、检查收入及财政投入纳入其中；成都市财政投入占1.6%，主要来源于自筹经费。鉴于我国医护人员整体薪酬水平较低，还是应该酌情提高政府补贴，统筹调配地方卫生资源，促进医疗事业健康发展。

（4）推行多点执业制度。医师多点执业是指符合条件的执业医师经卫生行政部门注册后，受聘在两个以上医疗机构执业的行为。《中共中央国务院关于深化医药卫生体制改革的意见》中提出"稳步推动医务人员的合理流动，促进不同医疗机构之间人才的纵向和横向交流，研究探索注册医师多点执业"，但是从目前情况来看，医生多点执业制度没有得到有效推广。美国和德国均允许公立医院医生兼职开设私人诊所提供服务；在法国，医生可以在医院内从事兼职和私人服务，医院科主任可以使用病床收治商业保险病人（付英杰等，2019）。因此，在符合规范的情况下，我国可以尝试推行更加灵活的工作方式，鼓励医护人员多劳多得，优劳优得，提升医护人员的工作积极性。

7.3.6.2 绩效薪酬体系的改善建议

我国医院绩效薪酬改革随着政策的推动以及医院自身的不断发展，经历了考评政策不断完善细化、考评方法持续改进优化、考评要素渐次丰富、考评分配模式愈发科学、考评分配结果兼顾公平和效率等方面的显著改变和提升（仇嫒雯等，2019）。但由于现有政策并没有对医院绩效薪酬评价模式做出具体规定，各医院往往根据自身发展情况选择不同的绩效薪酬考评与分配方法。结合上一节的分析发现，不同的绩效薪酬考评模式在具体应用时仍存在一些障碍与实施难点，针对现存问题，结合一些具体案例，提出相应的改善建议。

（1）建立多层次绩效薪酬考评体系。在医院进行绩效薪酬体系规划设计的过程中，既要保证医院绩效薪酬管理体系与员工自身的岗位职责、岗位业绩等方面的紧密联系，也要保证绩效薪酬制度契合医院发展战略。结合以上的问题分析，建议建立企业绩效考评工具与医疗系统特有绩效管理工具相结合的绩效考评模式。通过该种方法，能够形成多层次绩效薪酬考评体系，使得绩效薪酬考评与分配既契合了医疗行业的特点，又有效解决了二次分配不公的问题。

具体而言，借鉴吕懿龙（2019）的研究，建立基于 RBRVS 与 BSC 相结合的绩效薪酬考评模式。其中 RBRVS 主要用于医护人员个体层面的考评，BSC 用于科室层面绩效考评。另外，科室绩效考评的结果通过加权处理形成"BSC 绩效考核指数"加入 RBRVS 对医护人员进行考核的结果中。RBRVS 与 BSC 相结合的绩效考评模式具有以下突出优势：RBRVS 基于医师个人层面进行绩效薪酬考核，能够契合医护人员工作特点，真实反映医护人员工作量与工作价值；BSC 基于科室层面进行绩效考核，能够将医院战略目标进行分解，细化到科室层面，形成科室的绩效考核指标，科室绩效考评结果进一步影响医护人员绩效薪酬，保证了医院战略目标得以落实的基础上解决了单一绩效薪酬考评与分配模式下的二次分配不公问题。

将 RBRVS 与 BSC 相结合建立多层次绩效薪酬考评与分配制度仅是众多组合模式中的一种，研究仅以此为例分析了多层次绩效考评体系的优势。在理论研究中，姜华静等（2019）也分析了 RBRVS 与 KPI 相结合的绩效考核方案。未来医院在进行绩效薪酬改革时，可以借鉴已有研究，将理论应用于实践。

（2）建立多角度绩效薪酬考评体系。RBRVS 并不是万能的，结合上文分析，该方法不适用于内科、专科等科室，该类科室因为手术项目较少，会导致工作量不易被统计，此外 RBRVS 也无法考核医疗质量以及量化病情程度。因此必须结合其他考评方式以建立完善的评估模式。部分研究提出建立 RBRVS 与 DRGs 相结合的多角度绩效薪酬考评与分配模式（黄山，2018）。其中，RBRVS 体系是从医务人员角度出发，基于医护人员工作量进行绩效薪酬考核，实现医院精细化的绩效管理。其评价内容主要适用于手术科室（工作量、技术难度等）。对于 RBRVS 无法对不同医生之间的能力差异进行衡量以及无法量化病人病情严重和复杂程度的缺陷，可以从患者角度出发，结合 DRGs 方法，合理评估医护人员的劳动价值，实现医院综合全面的绩效管理。

结合上述分析，RBRVS 从医护人员角度出发，以工作量考核为基础，体现了多劳多得、优绩优酬，但是忽略了疾病的复杂程度和风险。DRGs 从患者角度出发，以病例为依据，弥补了 RBRVS 的不足，有利于规范临床路径，鼓励收治疑难重症。因此，未来医院在进行薪酬制度改革时，应从多角度出发，建立综合、全面的绩效薪酬评价体系。

（3）建立强激励性的医护人员年薪制度。当前，已有部分医院开始探索建立院长年薪制与全员职工年薪制，在年薪制下，医生工资与医院经济收入相脱离，避免因为完成绩效指标而出现恶性竞争。但全部采取年薪制也会影响医护人员工作积极性，降低服务质量。因此，福建三明市医院在进行年薪制度设计时，充分考虑了绩效年薪的作用以及绩效年薪在年薪总额中的比重。

首先，根据现有医院等级，设定了院长年薪制的不同档次。具体标准为：三甲医院院长 35 万元、三乙医院院长 30 万元、二甲医院院长 25 万元、二乙医院院长 20 万元 4 个档次。其次，明确了院长年薪的具体组成结构。将院长年薪分为基本年薪和绩效薪酬两部分。在年终考核之前，每个月由卫生部门预先发放基本年薪。最后，围绕公立医院保持公益性的目标，采取定性指标与定量指标相结合的方式，设置院长绩效年薪的考核指标，建立了以医疗质量和病人满意度为核心的考核机制，共包含 40 项指标，赋予每项指标不同的分值，并明确了详细的得分依据。对于院长的年度绩效考核，按照各项指标加权综合得分。从 2016 年开始，院长年薪考核以 80 分为合格线，如果院长考核总分数高于 80 分，按照得分每增加 1 分，增加年薪基数一个百分点。对于考核不合格医院的院长，仅发放基本年薪，同时历年的考核结果也将作为医院院长选拔、任用等的依据。此外，三明市还同时实行总会计师制度以及一票否决制度：一方面，院长考核总分数与医院总会计师考核得分相挂钩，促进院长和总会计师互相制约，以促进公平分配原则的落实；另一方面，对医院院长在管理过程中发生重大瑕疵行为，实行"一票否决"的制度，考核时直接评定为不合格（徐旭亮，2017）。

在实行院长或医护人员年薪制时，另一个重要问题是什么样的薪酬水平才能真正起到激励的作用。因为我国实行年薪制的医院还较少，因此对于年薪水平还未形成一个统一的标准。在医护人员年薪水平确定方面，可以借鉴美国梅奥诊所的经验。梅奥的医生在入职后第一年拿全额年薪的 60%，然后逐年等额递增，直到第六年拿全额年薪。梅奥薪金制的优点在于，医务人员不用在提高绩效上花心思，可以全身心地为患者提供最好的服务，医生之间可以更团结。此外，在运营良好的情况下，梅奥会提高整体年薪水平。在薪酬水平确定方面，梅奥通过市场调查，参照排名前 10 名的医院薪酬水平的 80% 左右进行确定，也可以参照社会平均工资的一定倍数（一般 3～5 倍）进行确定。

总体而言，绩效薪酬考评分配是一项较为复杂的工作，既要符合国家宏观政策导向的要求,又要促进医院战略目标的实现,同时还要兼顾公平效率以及医护人员的切身利益。在众多的绩效薪酬考评与分配方法中,RBRVS 和 DRGs 方法较符合目前我国倡导的以工作量为基础,多劳多得、优绩优酬的绩效薪酬改革大趋势。但单一模式的绩效考评往往很难综合、全面地反映客观现实,医院在进行绩效薪酬考评方法的选择时要充分结合自身发展情况,建立多层次、多角度,强激励、稳发展的医护人员绩效薪酬体系。

附录 调查问卷

薪酬调查问卷 A

亲爱的同事，感谢您参与本次调查。本次调查的目的是想了解企业员工的薪酬管理状况，调查数据只用作研究用途，绝对不会泄露您的隐私。请根据实际情况认真作答，感谢您的配合。

您的工号（做问卷匹配用）：_____

您的直接上级的工号是（做问卷匹配用）：_____

请填写下列个人信息：

1. 您的学历：

☐1 小学　　　☐2 初中　　　☐3 高中　　　☐4 大学专科

☐5 大学本科　☐6 硕士　　　☐7 博士

2. 您的性别（请选一个）：

☐1 男　　　　　　　　　☐2 女

3. 您的年龄：_____岁

4. 您正式参加工作有多少年了？_____年

5. 您已经在目前单位工作了多少年？_____年

6. 您的绩效收入（总收入中与绩效相关的变动收入部分）占总收入的比例是多少？

☐①0~5%　　　　　　　☐②6%~15%

☐③16%~30%　　　　　 ☐④31%~50%

☐⑤51%~69%　　　　　 ☐⑥70%~84%

☐⑦85%~94%　　　　　 ☐⑧95%~100%

薪酬调查问卷 B

亲爱的同事，感谢您参与本次调查。本次调查的目的是想了解企业员工的薪酬管理状况，调查数据只用作研究用途，绝对不会泄露您的隐私。请根据实际情况认真作答，感谢您的配合。

您的工号（做问卷匹配用）：_____
您的直接上级的工号是（做问卷匹配用）：_____

【第一部分：个人信息】

请填写下列个人信息：

1. 您的学历：
□1 小学　　　□2 初中　　　□3 高中　　　□4 大学专科
□5 大学本科　□6 硕士　　　□7 博士

2. 您的性别（请选一个）：
□1 男　　　　　　　　　　□2 女

3. 您的年龄：_____岁

【第二部分：个人情况】

请根据你的真实情况，选择合适的数字。1——非常不满意，2——比较不满意，3——中立，4——比较满意，5——非常满意。

项　目	非常 不满意	比较 不满意	中立	比较 满意	非常 满意
1. 我和他/她之间的关系好于团队中大多数成员和他/她的关系	1	2	3	4	5
2. 当他/她不能亲自参与重要会议时，他/她会要求我替他/她出席	1	2	3	4	5
3. 与团队中的其他成员相比，我从他/她那里获得更多的支持	1	2	3	4	5
4. 我和他/她的工作关系比大多数团队成员和他/她的工作关系更为有效	1	2	3	4	5
5. 他/她对我比对其他同事更加忠诚	1	2	3	4	5
6. 与和其他团队成员共事相比，他/她更愿意和我一起共事	1	2	3	4	5

【第三部分：薪酬状况】

请根据你的真实情况，选择合适的数字。1——非常不满意，2——比较不满意，3——中立，4——比较满意，5——非常满意。

项　目	非常 不满意	比较 不满意	中立	比较 满意	非常 满意
1. 我的净工资收入	1	2	3	4	5
2. 我当前的薪水收入	1	2	3	4	5
3. 我的总工资水平	1	2	3	4	5
4. 我当前薪水的数量	1	2	3	4	5
5. 我的总福利水平	1	2	3	4	5
6. 单位给我的福利额度	1	2	3	4	5
7. 我享受福利的价值大小	1	2	3	4	5
8. 我得到的福利项目数	1	2	3	4	5
9. 我最近的增薪	1	2	3	4	5

续表

项　目	非常 不满意	比较 不满意	中立	比较 满意	非常 满意
10. 我的主管对我薪酬的影响	1	2	3	4	5
11. 过去我获得的代表性的增薪	1	2	3	4	5
12. 我的增薪是如何决定的	1	2	3	4	5
13. 单位的工资结构	1	2	3	4	5
14. 单位给我提供的工资信息	1	2	3	4	5
15. 单位其他岗位的薪酬水平	1	2	3	4	5
16. 单位工资政策的一致性	1	2	3	4	5
17. 单位中岗位工资差异	1	2	3	4	5
18. 单位的薪酬管理方式	1	2	3	4	5

非常感谢您的参与！

员工绩效调查问卷

尊敬的领导您好,感谢您参与本次调查。本次调查的目的是了解员工的绩效状况,数据只用作研究用途,绝对不会泄露您的隐私。

您的工号(做问卷匹配用):_____

【基本信息】

(以下信息只为描述样本整体特征所用,绝不泄露给他人,请您务必如实填写)

1. 您的学历:

□1 小学　　　□2 初中　　　□3 高中　　　□4 大学专科
□5 大学本科　□6 硕士　　　□7 博士

2. 您的性别(请选一个):

□1 男　　　　　　　　□2 女

3. 您的年龄:_____岁

4. 您正式参加工作有多少年了?_____年

5. 您已经在目前单位工作了多少年?_____年

6. 您领导这个团队多久了?_____年_____月

7. 您领导的直属团队共有_____名成员。

8. 您所在的职位是:

□基层主管　　□中层主管　　□高层主管

【下属评分】

请您逐一评价下属的实际表现,请注意您的评价一定要对应正确的员工。其中,1——非常不满意,2——比较不满意,3——中立,4——比较满意,5——非常满意。

请尽量区分不同下属的各项得分的差异。

项 目	下属1	下属2	下属3	下属4	下属5	下属6
1. 对部门整体业绩的重大贡献						
2. 是本部门内表现最优秀的员工之一						
3. 始终按计划完成并交付优质的工作						
4. 工作表现始终能够满足上级的要求						

非常感谢您的参与!

参 考 文 献

[1] 白锋,程德俊. 团队薪酬差距对个人和团队绩效的影响 [J]. 经济科学, 2006 (6): 118-128.

[2] 柏川. 医院绩效薪酬体系设计中的问题及改善对策 [J]. 经贸实践, 2018 (23): 221.

[3] 毕妍,蔡永红,蔡劲. 薪酬满意度、组织支持感和教师绩效的关系研究 [J]. 教育学报, 2016 (2): 81-88.

[4] 毕妍,蔡永红,王莉. 教师薪酬满意及其对教师绩效的影响 [J]. 教育发展研究, 2015 (18): 49-54.

[5] 曹雁. 基于控制视角的薪酬支付基础选择依据研究综述 [J]. 经济评论, 2010 (3): 144-150.

[6] 曾湘泉,周禹. 薪酬激励与创新行为关系的实证研究 [J]. 中国人民大学学报, 2008 (5): 86-93.

[7] 曾晓霞,刘芳,朱冰,张琦. 公立医院薪酬改革试点中值得借鉴的几种做法 [J]. 中国卫生产业, 2020, 17 (13): 101-102, 105.

[8] 常涛,刘智强,王艳子. 绩效薪酬对员工创造力的影响研究: 面子压力的中介作用 [J]. 科学学与科学技术管理, 2014, 35 (9): 171-180.

[9] 陈晶瑛. 高校教师薪酬满意度对工作绩效和积极性的影响 [J]. 中国人力资源开发, 2009 (8): 101-104.

[10] 陈晶瑛. 制造业员工的薪酬满意度实证研究 [J]. 管理世界,

2010（1）：179-180.

[11] 陈丽芬. 绩效工资的影响因素及效应研究综述[J]. 南京理工大学学报（社会科学版），2014，27（3）：43-50.

[12] 陈涛，李廉水. 不同组织科技人员薪酬满意度影响因素的比较分析——基于江苏省12000份调查问卷的研究[J]. 管理世界，2008（1）：178-179.

[13] 陈晓静，贾琛珉. 员工薪酬满意度与工作绩效关系实证研究[J]. 社会科学家，2013（3）：72-75.

[14] 陈雨田，陈景秋，唐宁玉，等. 金钱偏好：如何影响薪酬和薪酬满意度之间的关系？[J]. 上海管理科学，2011，33（6）：79-82.

[15] 仇媛雯，贲慧，姚晶晶，胡袁远，陈东，熊珂. 基于RBRVS与DRG的公立医院绩效薪酬考评应用探索[J]. 中国卫生经济，2019，38（4）：72-75.

[16] 仇勇，李宝元，董青. 我国高校教师的薪酬制度改革研究——基于历史走势分析与国际经验借鉴[J]. 国家教育行政学院学报，2015（10）：84-90.

[17] 丁明智，张正堂，王泓晓. 外控倾向与风险厌恶对个体绩效薪酬选择偏好的影响——基于能力水平的调节作用[J]. 软科学，2014，28（11）：81-85.

[18] 窦剑峰. KPI医院绩效评价实践路径研究——基于新医改背景的思考[J]. 新会计，2020（3）：46-49.

[19] 杜旌. 绩效工资：一把双刃剑[J]. 南开管理评论，2009，12（3）：117-124.

[20] 付英杰，王健，孟彦，俞乐欣，闫卫华，孔悦佳. 国际视角下我国公立医院薪酬制度改革现状研究[J]. 卫生软科学，2019，33（9）：24-28.

[21] 复萱. 福建三明公立医院薪酬制度改革的探索[J]. 中国卫

生人才, 2015 (11): 25-27.

[22] 高昂, 曲庆, 杨百寅, 等. 家长式领导对团队工作绩效的影响研究——领导才能的潜在调节作用 [J]. 科学学与科学技术管理, 2014 (1): 100-108.

[23] 高中华, 赵晨. 工作场所的组织政治会危害员工绩效吗？基于个人-组织契合理论的视角 [J]. 心理学报, 2014, 46 (8): 1124-1143.

[24] 辜胜阻, 韩龙艳, 何峥. 供给侧改革需加快推进国企创新驱动战略——来自于央企的调查研究 [J]. 湖北社会科学, 2016 (7): 87-92.

[25] 顾建平, 王相云. 绩效薪酬、创新自我效能感与创新行为关系研究——基于江苏高新技术企业研发人员的实证分析 [J]. 科技管理研究, 2014, 34 (16): 168-173.

[26] 顾淑玮, 岳秋颖, 万晓文. 县级公立医院绩效薪酬研究综述 [J]. 中国医院, 2019, 23 (3): 13-15.

[27] 顾远东, 陈同扬. 高校教师薪酬满意度的实证研究——基于高校全面实施校内岗位津贴制度的背景 [J]. 南京工业大学学报（社会科学版）, 2010, 9 (4): 42-46.

[28] 顾远东, 彭纪生. 组织创新氛围对员工创新行为的影响：创新自我效能感的中介作用 [J]. 南开管理评论, 2010, 13 (1): 30-41.

[29] 郭起宏, 万迪昉. 薪酬公平感与员工满意度关系的实证研究 [J]. 统计与决策, 2008 (13): 91-93.

[30] 韩锐, 李景平, 张记国. 公务员薪酬公平感对职场偏差行为的影响机制——基于个体-情境交互视角 [J]. 经济体制改革, 2014 (2): 20-24.

[31] 韩翼. 工作绩效与工作满意度、组织承诺和目标定向的关系 [J]. 心理学报, 2008, 40 (1): 84-91.

[32] 郝金磊, 陈菁. 西部地区高校教师薪酬满意度影响因素研究

[J]. 西安电子科技大学学报（社会科学版），2014（1）：54-60.

[33] 何霞. 程序公正先于薪酬满意——基于617名高职教师职业认同感调查[J]. 高教探索，2015（1）：97-101.

[34] 贺伟，蒿坡. 薪酬分配差异一定会降低员工情感承诺吗——薪酬水平、绩效薪酬强度和员工多元化的调节作用[J]. 南开管理评论，2014，17（4）：13-23.

[35] 贺伟，龙立荣. 薪酬体系框架与考核方式对个人绩效薪酬选择的影响[J]. 心理学报，2011，43（10）：1198-1210.

[36] 贺伟，龙立荣. 实际收入水平、收入内部比较与员工薪酬满意度的关系——传统性和部门规模的调节作用[J]. 管理世界，2011（4）：98-110.

[37] 侯建林，王延中. 公立医院薪酬制度的国际经验及其启示[J]. 国外社会科学，2012（1）：69-77.

[38] 胡高喜，佟哲，陈少英. 薪酬福利满意度对高校教师主观幸福感的影响——组织承诺的中介和自我实现取向的调节效应[J]. 广州大学学报（社会科学版），2016，15（2）：64-70.

[39] 江卫东，侯娇峰. 绩效薪酬及其感知对员工工作满意度的效应研究进展[J]. 南京理工大学学报（社会科学版），2013，26（5）：41-46.

[40] 姜华静，张国庆，李静，颜涛. 基于RBRVS和KPI的绩效考核方案设计[J]. 中国卫生质量管理，2019，26（6）：9-11.

[41] 柯江林，孙健敏，石金涛，等. 人力资本、社会资本与心理资本对工作绩效的影响——总效应、效应差异及调节因素[J]. 管理工程学报，2010，24（4）：29-35.

[42] 柯文进，姜金秋. 世界一流大学的薪酬体系特征及启示——以美国5所一流大学为例[J]. 中国高教研究，2014（5）：20-25.

[43] 赖亚曼. 美国高校教师薪酬外部竞争力分析及启示[J]. 清

华大学教育研究，2008（6）：90-96.

［44］兰玉杰，张晨露. 新生代员工工作满意度与离职倾向关系研究［J］. 经济管理，2013（9）：81-88.

［45］李碧虹. 人力资本理论：大学教师薪酬制度研究的新视野［J］. 兰州大学学报（社会科学版），2008（4）：152-155.

［46］李春玲，乔珊，尹莉. 咨询业知识型员工绩效薪酬感知对工作绩效的影响研究［J］. 中国劳动关系学院学报，2017（5）：88-98.

［47］李东，王汉明，赵莉. 公立医院绩效薪酬体系思考与实践［J］. 中国卫生质量管理，2016，23（3）：91-93.

［48］李芬，王贺男，张晓溪，王常颖，王力男，金春林. 公立医院医师薪酬制度国际经验及借鉴［J］. 中国卫生资源，2017，20（6）：537-541.

［49］李洪瑞，王哲，李浩. 高校高层次人才薪酬体系的国际比较［J］. 现代教育管理，2012（7）：124-128.

［50］李建军，雷志勤，苗豫东. 新形势下公立医院绩效薪酬制度改革探讨［J］. 中州学刊，2018（3）：78-81.

［51］李鹏，刘丽贤，李悦. 绩效导向薪酬制度对员工创造性影响评述——基于自我决定理论视角［J］. 科技管理研究，2015，35（2）：145-151.

［52］李萍. 湖南省174所公立医院薪酬现状调研与分析［J］. 中国卫生经济，2016，35（9）：16-18.

［53］李新，吴复成，杨光明. 电力企业薪酬总额分配模型研究［J］. 中国人力资源开发，2014（3）：82-85.

［54］廖江群，王垒. 物质主义价值观、金钱态度与薪酬满意度的关系研究［J］. 应用心理学，2008，14（1）：8-13.

［55］凌茜，温碧燕，汪纯孝. 团队集体工作满意感研究述评［J］. 外国经济与管理，2010（5）：25-30.

[56] 刘帮成, 王慧, 杨文圣. 薪酬满意度的测量及其作用机制研究: 以政府雇员为例 [J]. 心理科学, 2008, 31 (3): 717-721.

[57] 刘海洋, 刘圣明, 王辉, 等. 领导与下属权力距离一致性对下属工作绩效的影响及其机制 [J]. 南开管理评论, 2016, 19 (5): 55-65.

[58] 刘金伟, 张荆, 李君甫, 等. 北京高校教师薪酬满意度及其影响因素分析——基于北京地区18所高校教师的抽样调查 [J]. 复旦教育论坛, 2012 (1): 71-77.

[59] 刘丽虹, 李爱梅. 动机的自我决定理论及其在管理领域的应用 [J]. 科技管理研究, 2010 (15): 115-119.

[60] 刘婉华, 陈娟, 刘敬孝, 王哲强. 高等学校绩效工资项目设置与结构比例研究 [J]. 中国高等教育, 2010 (17): 49-50.

[61] 刘艳, 张丽华. RBRVS在武汉市某医院绩效分配中的应用分析 [J]. 医学与社会, 2019, 32 (6): 83-86.

[62] 刘耀中, 雷丽琼. 企业内领导-成员交换的多维结构对工作绩效的影响 [J]. 华南师范大学学报（社会科学版）, 2008 (4): 28-32.

[63] 刘耀中, 姜荣萍. 企业员工薪酬公平感实证分析 [J]. 心理学探新, 2008 (3): 73-76+81.

[64] 刘颖, 梁立波, 孙宏, 吴群红, 康正, 崔宇, 丁盯, 郝模, 李熹. 公立医院薪酬激励的国际经验及对我国的启示 [J]. 中国医院管理, 2015, 35 (6): 12-15.

[65] 刘智强, 葛靓, 潘欣, 等. 可变薪酬支付力度、地位竞争动机与员工创新行为研究 [J]. 管理学报, 2014, 11 (10): 1460-1468.

[66] 龙立荣, 易谋, 张勇, 等. 交易型与关系型心理契约对员工任务绩效和关系绩效的影响——绩效薪酬和上级支持感的调节作用 [J]. 预测, 2015 (1): 8-14.

[67] 陆雅文,王梦圆,胡翠玲,周志伟,黄晓光. 南京市公立医院员工薪酬满意度及其影响因素 [J]. 医学与社会,2019,32(4):85-89.

[68] 罗帆,刘强,黄彬. 代工企业薪酬满意度对行为风险的影响及预控 [J]. 武汉理工大学学报(社会科学版),2012,25(6):826-830.

[69] 罗明忠,罗发恒,陈明. 个体特征、工作特性与农业企业员工薪酬满意度 [J]. 华中农业大学学报(社会科学版),2014,33(2):53-60.

[70] 吕晓俊. 非营利组织志愿者动机的考察——基于文化价值取向的视角 [J]. 上海交通大学学报(哲学社会科学版),2012,20(1):58-64.

[71] 马君,刘婷. 重赏之下必有勇夫?研发人员的工作价值需求与激励错位对创造力的抑制 [J]. 管理评论,2015,27(7):94-104.

[72] 马璐,朱双. 相对领导-成员交换关系对员工工作态度的影响 [J]. 科技进步与对策,2015(24):149-153.

[73] 马新建,郭玲,张雯. 企业薪酬分配公平性与员工薪酬满意感的关系研究 [J]. 中国人力资源开发,2013(17):68-72.

[74] 梅国俊,李春青,胡金水. 县级公立医院工作量绩效方案探讨 [J]. 中国卫生质量管理,2018,25(2):114-116.

[75] 潘静洲,王震,周文霞,苗仁涛,赵郁轩. LMX差异化对创造力的影响:一项多层次研究 [J]. 管理科学学报,2017,20(2):108-126.

[76] 彭正龙,赵红丹. 研发团队领导成员交换、心理感知与员工创新 [J]. 科学学研究,2011,29(2):283-290,229.

[77] 曲庆,高昂. 个人—组织价值观契合如何影响员工的态度与绩效——基于竞争价值观模型的实证研究 [J]. 南开管理评论,2013,16(5):4-15.

[78] 冉霞, 徐济超. 团队中的情感承诺: 相对领导-成员交换关系的多层次影响 [J]. 西安工业大学学报, 2013, 33 (11): 895-901.

[79] 盛龙飞. 绩效薪酬对工作压力感的影响研究综述 [J]. 中国人力资源开发, 2014 (14): 24-28.

[80] 史振磊. 知识员工的劳动特点及其管理策略 [J]. 北方交通大学学报 (社会科学版), 2003 (3): 47-50.

[81] 苏文胜, 刘玉. 基于组织支持感的事业单位组织公民行为研究 [J]. 西南交通大学学报 (社会科学版), 2010, 11 (4): 65-69.

[82] 汪纯孝, 伍晓奕, 张秀娟. 企业薪酬管理公平性对员工工作态度和行为的影响 [J]. 南开管理评论, 2006 (6): 5-12.

[83] 汪洪艳. 绩效考核政治对员工创新行为的影响: 领导成员交换关系差异化的作用 [J]. 当代经济管理, 2017, 39 (10): 56-66.

[84] 王帮俊, 杨东涛. 新生代农民工组织认同、工作嵌入及其对工作绩效影响的实证研究 [J]. 软科学, 2014, 28 (1): 106-109.

[85] 王博雅, 贾秀萍, 熊严, 姚阿丽, 许晓光, 冯磊, 朱宇华, 卢明, 袁鹏飞. 辽宁省公立医院医务人员薪酬现状调查分析 [J]. 中国医院管理, 2017, 37 (7): 31-33.

[86] 王楚云, 赵升田, 蓝恭赛, 路睿, 王健. 探索医生年薪制推进公立医院薪酬制度改革 [J]. 中国卫生经济, 2018, 37 (3): 15-17.

[87] 王冬冬, 钱智超. 领导成员交换差异与新生代员工敬业度的关系研究 [J]. 科学学与科学技术管理, 2017, 38 (4): 172-180.

[88] 王禾. 公立医院医生薪酬激励机制与模型研究 [D]. 华中科技大学博士学位论文, 2019.

[89] 王红芳, 杨俊青. 员工总体报酬、要求—能力匹配对工作满意度的影响——以非国有企业为例 [J]. 经济问题, 2015 (5): 73-78.

[90] 王辉, 林琦远, 谢钢. 公立医院绩效评价体系的研究 [J]. 中国卫生事业管理, 2008 (8): 510-511, 515.

[91] 王进申, 朱莉, 龚霞. 公立医院绩效薪酬分配方法演进研究 [J]. 中国卫生质量管理, 2020, 27 (3): 99-101, 110.

[92] 王素娟. 劳动密集型企业员工薪酬满意度的结构维度及影响效应 [J]. 山东大学学报 (哲学社会科学版), 2015 (4): 83-92.

[93] 王希勤, 刘婉华, 郑承军. 高校教师收入调查分析与对策建议 [J]. 中国高等教育, 2014 (10): 27-29.

[94] 王勇明, 付鹏, 郭坚华. 高校教师薪酬满意度及影响因素探析 [J]. 高教探索, 2008 (3): 120-125.

[95] 王震, 仲理峰. 领导-成员交换关系差异化研究评述与展望 [J]. 心理科学进展, 2011, 19 (7): 1037-1046.

[96] 王重鸣, 邓今朝. 绩效薪酬感和自我效能感对薪酬满意的影响 [J]. 应用心理学, 2010, 16 (4): 377-384.

[97] 韦慧民, 龙立荣. 主管认知信任和情感信任对员工行为及绩效的影响 [J]. 心理学报, 2009, 41 (1): 86-94.

[98] 温志毅. 工作绩效的四因素结构模型 [J]. 首都师范大学学报 (社会科学版), 2005 (5): 105-111.

[99] 吴舜洁. 基于知识型员工的组织公平感与薪酬满意度的关系研究 [D]. 中国科学技术大学硕士学位论文, 2011.

[100] 吴婷, 张正堂. LMX 对员工组织支持感知与情绪枯竭的影响——LMX 差异化的调节作用 [J]. 经济管理, 2017 (8): 105-117.

[101] 伍如昕. 绩效薪酬的心理成本：公平偏好和过度自信 [J]. 中国人力资源开发, 2014 (1): 22-28.

[102] 伍晓奕, 汪纯孝, 谢礼珊. 薪酬管理公平性对员工薪酬满意感的影响 [J]. 外国经济与管理, 2006 (2): 7-14.

[103] 谢建斌. 绩效薪酬、薪酬公平和员工薪酬满意度关系研究 [J]. 工业工程与管理, 2014, 19 (2): 35-39+46.

[104] 谢文新, 张婧. 中、美、德三国高校教师薪酬制度比较与思

考 [J]. 高教探索, 2013 (4): 75-80.

[105] 谢宣正, 薛声家. 企业人力资源管理人员薪酬满意度实证研究 [J]. 科技管理研究, 2009, 29 (9): 318-321.

[106] 谢延浩, 孙剑平, 申瑜. 薪酬参照体的效应研究: 基于多表征的路径模型与相对重要性 [J]. 管理评论, 2012, 24 (9): 132-144.

[107] 谢延浩, 孙剑平. 薪酬变动、绩效薪酬知觉与薪酬满意: 成就需要与风险厌恶的调节效应 [J]. 管理学报, 2012, 9 (12): 1792-1799.

[108] 徐海波, 赵西萍, 赵欣. 绩效工资还是技能工资?——研发人员薪酬差距依据的多源数据实证 [J]. 西安交通大学学报 (社会科学版), 2014, 34 (4): 38-46.

[109] 薛云, 谢宇, 刘博, 赵晓娟, 张小娟. 我国典型地区公立医院薪酬改革进展比较研究 [J]. 中国医院管理, 2018, 38 (4): 5-7.

[110] 闫威, 邓鸿. 内在激励对企业外在激励供给策略的影响研究 [J]. 管理评论, 2011, 23 (5): 89-95.

[111] 阎亮, 张治河. 组织创新氛围对员工创新行为的混合影响机制 [J]. 科研管理, 2017, 38 (9): 97-105.

[112] 杨涛, 陶蓉, 李国红. 上海市公立医院医务人员薪酬满意度结构及维度分析 [J]. 上海交通大学学报 (医学版), 2017, 37 (1): 93-97.

[113] 杨天平, 邓静芬. 20世纪90年代以来德国高等教育管理体制改革与启示 [J]. 教育研究, 2011 (5): 102-106.

[114] 杨同卫, 陈晓阳. 物质主义价值观对薪酬满意度的影响——基于中国传统义利观的考察 [J]. 经济管理, 2011 (11): 167-173.

[115] 杨伟国, 文彦蕊. 国外公共部门绩效薪酬改革: 背景、模式与效果 [J]. 国家行政学院学报, 2011 (1): 123-127.

[116] 杨晓, 师萍, 谭乐, 等. 领导-成员交换社会比较、内部人身份认知与工作绩效: 领导-成员交换关系差异的作用 [J]. 南开管理

评论，2015，18（4）：26-35.

[117] 姚若松，陈怀锦，苗群鹰. 公交行业一线员工人格特质对工作绩效影响的实证分析——以工作态度作为调节变量[J]. 心理学报，2013，45（10）：1163-1178.

[118] 叶勤，戴大双，王海波. 环境因素对薪酬满意度的影响研究：一个中国移动通信运营企业的实证[J]. 科技管理研究，2008，28（3）：173-175.

[119] 于海波，李永瑞，郑晓明. 员工薪酬满意度及其影响实证研究[J]. 经济管理，2009（9）：93-99.

[120] 于海波，郑晓明. 薪酬满意的动力机制：比较、公平、满意[J]. 科学学与科学技术管理，2013，34（6）：163-171.

[121] 于海波，郑晓明. 薪酬满意度的测量、影响因素和作用[J]. 科学管理研究，2008，26（1）：82-85.

[122] 于海波，郑晓明. 薪酬满意度与社会比较的关系[J]. 未来与发展，2009（1）：69-74.

[123] 于海波，郑晓明. 组织公平感对薪酬满意度的影响[J]. 科学学与科学技术管理，2009，30（8）：186-191.

[124] 于海波，李永瑞，郑晓明. 员工薪酬满意度及其影响实证研究[J]. 经济管理，2009，31（9）：93-99.

[125] 余柳仪，何叶. 知识型员工内在薪酬满意度、组织认同与离职倾向的关系——基于长株潭地区中小型高新技术企业的调查数据[J]. 湖南理工学院学报（自然科学版），2017，30（2）：70-76.

[126] 余璇，陈维政. 绩效薪酬认知差异对员工分配公平感影响研究——以组织伦理气候为调节变量[J]. 西南石油大学学报（社会科学版），2017，19（4）：36-41.

[127] 余园园，余震，冯建武，杨丽丽. 新医改背景下公立医院声誉管理战略优先矩阵浅析——以温州医学院附属第一医院为例[J]. 中

国卫生事业管理，2010，27（7）：438-440.

［128］俞嘉麟，陈黎苃，舒蝶. 以服务为导向临床科室绩效考核与薪酬分配制度设计［J］. 中国医院管理，2014，34（8）：10-13.

［129］袁宇，李福华. 绩效工资强度对高校教工薪酬满意度影响的实证研究［J］. 华东经济管理，2014（6）：172-176.

［130］臧志彭，李廉水，张俊琴. 科技人员薪酬满意与公平关系的实证研究——基于江苏省13地市调研数据的结构方程模型分析［J］. 科学学研究，2008，26（2）：378-384.

［131］张春瑜，马晶，胡琳琳，吴依诺，吴世超，郭婧，赵琪，刘远立. 中国公立医院医生薪酬收入的现状与趋势分析［J］. 中国研究型医院，2020，7（1）：27-31，136-141.

［132］张浩，丁明智. 绩效薪酬分选效应的实验研究：基于代理模型的扩展［J］. 安徽理工大学学报（社会科学版），2017，19（2）：20-26.

［133］张剑，郭德俊. 内部动机与外部动机的关系［J］. 心理科学进展，2003，11（5）：545-550.

［134］张军伟，龙立荣，王桃林. 高绩效工作系统对员工工作绩效的影响：自我概念的视角［J］. 管理评论，2017，29（3）：136-146.

［135］张伶，连智华. 基于组织公正调节中介模型的新生代员工自我效能和创新绩效研究［J］. 管理学报，2017，14（8）：1162-1171.

［136］张勇，龙立荣，贺伟. 绩效薪酬对员工突破性创造力和渐进性创造力的影响［J］. 心理学报，2014，46（12）：1880-1896.

［137］张勇，龙立荣. 绩效薪酬对雇员创造力的影响：人-工作匹配和创造力自我效能的作用［J］. 心理学报，2013，45（3）：363-376.

［138］张勇，龙立荣. 绩效薪酬对团队成员探索行为和利用行为的影响［J］. 管理科学，2013，26（3）：9-18.

［139］张勇，龙立荣. 绩效薪酬与团队成员创新行为关系实证研究［J］. 管理学报，2013，10（8）：1138-1143.

[140] 张正堂,李倩,丁明智,等. 自我感觉好的人会更愿意努力吗？——可选择的薪酬情景下一般自我效能对个体努力意愿的影响 [J]. 经济管理, 2015 (11): 134-144.

[141] 赵琛徽,梁燕. 绩效工资强度与薪酬满意度的影响效应研究 [J]. 上海商学院学报, 2015 (4): 53-60.

[142] 赵海霞,龙立荣. 团队薪酬对团队绩效的作用机制研究 [J]. 管理学报, 2012, 9 (6): 843-849.

[143] 赵海霞,龙立荣. 团队薪酬分配对团队知识共享的作用机制研究 [J]. 科技管理研究, 2012, 32 (1): 113-117.

[144] 赵海霞. 国外可变薪酬激励效果及其影响因素研究述评 [J]. 外国经济与管理, 2009, 31 (4): 59-64.

[145] 赵海霞. 团队薪酬分配规则与分配公平感 [J]. 科技管理研究, 2011, 31 (14): 149-153.

[146] 赵武,高樱,何明丽. 集体主义与个人主义视角下科技人员文化价值取向与薪酬满意度研究 [J]. 中国科技论坛, 2014 (2): 124-130.

[147] 赵勇,刘业政,陈刚,等. 积极情感、消极情感和薪酬满意度的关系实证研究 [J]. 科学学与科学技术管理, 2006, 27 (7): 152-156.

[148] 钟东波. 高水平、不挂钩、透明化的薪金制是公立医院薪酬制度改革的方向 [J]. 卫生经济研究, 2014 (10): 25-29.

[149] 仲理峰,时勘. 绩效管理的几个基本问题 [J]. 南开管理评论, 2002, 5 (3): 15-19.

[150] 周浩,龙立荣. 薪酬社会比较对薪酬满意度影响的实验研究 [J]. 华东经济管理, 2010, 24 (4): 156-160.

[151] 周美伶,何友晖. 从跨文化的观点分析面子的内涵及其在社会交往中的运作 [J]. 中国社会心理学评论, 2006 (1): 186-216.

[152] 周明建,侍水生. 领导-成员交换差异与团队关系冲突：道德型领导力的调节作用 [J]. 南开管理评论, 2013, 16 (2): 26-35.

[153] 周文斌, 张萍, 蒋明雅. 中国企业新生代员工的敬业度研究——基于薪酬满意度视角 [J]. 经济管理, 2013 (10): 77-90.

[154] 周志新, 陈晓阳, 杨同卫. 医师职业精神培育的影响因素研究——基于薪酬满意度视角的实证探索 [J]. 经济管理, 2014 (2): 168-178.

[155] 朱飞. 研发人员薪酬制度模式、公平感与个人绩效的实证研究 [J]. 科学学与科学技术管理, 2009, 30 (6): 192-196.

[156] 朱菲菲, 杜屏. 中小学教师流动意向的实证探析: 基于全面薪酬理论视角 [J]. 教育学报, 2016 (2): 89-98.

[157] 朱跃州, 鲁翔, 唐维新, 张啟滨, 陈鹏, 陈连生. 华东某省三级公立医院员工薪酬现状调查 [J]. 中国医院管理, 2016, 36 (9): 22-25.

[158] 祖伟, 龙立荣, 赵海霞, 等. 绩效工资强度对员工薪酬满意度影响的实证研究 [J]. 管理学报, 2010, 7 (9): 1321-1328.

[159] Amabile T. M. Beyond talent—John Irving and the passionate craft of creativity. [J]. American Psychologist, 2001, 56 (4): 333-336.

[160] Amabile T. M. Creativity in Context: Update to the Social Psychology of Creativity [M]. Routledge, 2018.

[161] Atuahene-Gima K. The effects of centrifugal and centripetal forces on product development speed and quality: how does problem solving matter? [J]. Academy of Management Journal, 2003, 46 (3): 359-373.

[162] Aubé C., Rousseau V., Mama C., et al. Counterproductive behaviors and psychological well-being: the moderating effect of task interdependence [J]. Journal of Business and Psychology, 2009, 24 (3): 351-361.

[163] Ayupp K., Kong W. The impact of task and outcome interdependence and self-efficacy on employees' work motivation: an analysis of the Malaysian retail industry [J]. Asia Pacific Business Review, 2010, 16

(1-2): 123-142.

[164] Baard P. P., Deci E. L., Ryan R. M. Intrinsic need satisfaction: a motivational basis of performance and weil-being in two work settings [J]. Journal of Applied Social Psychology, 2004, 34 (10): 2045-2068.

[165] Baron R. M., Kenny D. A. The moderator-mediator variable distinction in social psychological research: conceptual, strategic, and statistical considerations [J]. Journal of Personality and Social Psychology, 1986, 51 (6): 1173.

[166] Barrick M. R., Mount M. K. The big five personality dimensions and job performance: a meta-analysis [J]. Personnel Psychology, 1991, 44 (1): 1-26.

[167] Bartling B., Von Siemens F. A. The intensity of incentives in firms and markets: moral hazard with envious agents [J]. Labour Economics, 2010, 17 (3): 598-607.

[168] Baruch Y., Wheeler K., Zhao X. Performance-related pay in Chinese professionalsports [J]. The International Journal of Human Resource Management, 2004, 15 (1): 245-259.

[169] Belfield C. R., Heywood J. S. Performance pay for teachers: determinants andconsequences [J]. Economics of Education Review, 2008, 27 (3): 243-252.

[170] Benner M. J., Tushman M. Process management and technological innovation: a longitudinal study of the photography and paint industries [J]. Administrative Science Quarterly, 2002, 47 (4): 676-707.

[171] Blau G. Testing the effect of level and importance of pay referents on pay level satisfaction [J]. Human Relations, 1994, 47 (10): 1251-1268.

[172] Bloom M. A century of compensation [J]. The SAGE Handbook of

Organizational Behavior: Volume One: Micro Approaches, 2008 (1): 300.

[173] Boachie-Mensah F., Dogbe O. D. Performance-based pay as a motivational tool for achieving organisational performance: an exploratory case study [J]. International Journal of Business and Management, 2011, 6 (12): 270-285.

[174] Borman W. C., Motowidlo S. M. Expanding the criterion domain to include elements of contextual performance [J]. Personnel Selection in Organizations, 1993: 71-98.

[175] Brown M. P., Sturman M. C., Simmering M. J. Compensation policy and organizational performance: the efficiency, operational, and financial implications of pay levels and pay structure [J]. Academy of Management Journal, 2003, 46 (6): 752-762.

[176] Cadsby C. B., Song F., Tapon F. Sorting and incentive effects of pay for performance: an experimental investigation [J]. Academy of Management Journal, 2007, 50 (2): 387-405.

[177] Campbell C. H., Ford P., Rumsey M. G., et al. Development of multiple job performance measures in a representative sample of jobs [J]. Personnel Psychology, 1990, 43 (2): 277-300.

[178] Campbell D. J., Campbell K. M., Chia H. B. Merit pay, performance appraisal and individual motivation: an analysis and alternative [J]. Human Resource Management, 1998, 37 (2): 131-146.

[179] Card D., Mas A., Moretti E., et al. Inequality at work: the effect of peer salaries on job satisfaction [J]. American Economic Review, 2012, 102 (6): 2981-3003.

[180] Carraher S. M., Buckley M. R. Cognitive complexity and the perceived dimensionality of pay satisfaction. [J]. Journal of Applied Psychology, 1996, 81 (1): 102-109.

[181] Chang E., Hahn J. Does pay-for-performance enhance perceived distributive justice for collectivistic employees? [J]. Personnel Review, 2006, 35 (4): 397-412.

[182] Chang E. Individual pay for performance and commitment HR practices in SouthKorea [J]. Journal of World Business, 2006, 41 (4): 368-381.

[183] Chen C. C., Chen Y. R., Xin K. Guanxi practices and trust in management: a procedural justice perspective [J]. Organization Science, 2004, 15 (2): 200-209.

[184] Cornelissen T., Heywood J. S., Jirjahn U. Performance pay, risk attitudes and job satisfaction [J]. Labour Economics, 2011, 18 (2): 229-239.

[185] Cox A. The outcomes of variable pay systems: tales of multiple costs and unforeseenconsequences [J]. The International Journal of Human Resource Management, 2005, 16 (8): 1475-1497.

[186] Currall S. C., Towler A. J., Judge T. A., et al. Pay satisfaction and organizational outcomes [J]. Personnel Psychology, 2005, 58 (3): 613-640.

[187] Dai Y., Zhang B., Sun H., et al. Prevalence and correlates of psychological symptoms in chinese doctors as measured with the SCL-90-R: a meta-analysis [J]. Research in Nursing & Health, 2015, 38 (5): 369-383.

[188] DeGieter S., De Cooman R., Pepermans R., et al. Dimensionality of the pay satisfaction questionnaire: a validation study in Belgium [J]. Psychological Reports, 2006, 98 (3): 640-650.

[189] Deci E. L., Koestner R., Ryan R. M. A meta-analytic review of experiments examining the effects of extrinsic rewards on intrinsic motivation

[J]. Psychological Bulletin, 1999, 125 (6): 627.

[190] Deci E. L., Ryan R. M., Gagné M., et al. Need satisfaction, motivation, and well-being in the work organizations of a former eastern bloc country: a cross-cultural study of self-determination [J]. Personality and Social Psychology Bulletin, 2001, 27 (8): 930-942.

[191] Deci E. L., Ryan R. M., Koestner R. The pervasive negative effects of rewards on intrinsic motivation: response to [J]. Review of Educational Research, 2001, 71 (1): 43-51.

[192] Deci E. L., Ryan R. M. The "what" and "why" of goal pursuits: Human needs and the self-determination of behavior [J]. Psychological Inquiry, 2000, 11 (4): 227-268.

[193] Deckop J. R., Mangel R., Cirka C. C. Getting more than you pay for: organizational citizenship behavior and pay-for-performance plans [J]. Academy of Management Journal, 1999, 42 (4): 420-428.

[194] DerVegt G. S., De Vliert E. V., Oosterhof A., et al. Informational dissimilarity and organizational citizenship behavior: the role of intrateam interdependence and team identification [J]. Academy of Management Journal, 2003, 46 (6): 715-727.

[195] Dohmen T., Falk A. Performance pay and multidimensional sorting: productivity, preferences, and gender [J]. American Economic Review, 2011, 101 (2): 556-90.

[196] Drago R., Garvey G. T. Incentives for helping on the job: theory and evidence [J]. Journal of Labor Economics, 1998, 16 (1): 1-25.

[197] Dreher G. F., Ash R. A., Bretz R. D. Benefit coverage and employee cost: critical factors in explaining compensation satisfaction [J]. Personnel Psychology, 1988, 41 (2): 237-254.

[198] Dubinsky A. J., Anderson R. E., Mehta R. Importance of al-

ternative rewards: impact of manageriallevel [J]. Industrial Marketing Management, 2000, 29 (5): 427 - 440.

[199] Ducharme M. J., Singh P., Podolsky M. Exploring the links between performance appraisals and pay satisfaction [J]. Compensation & Benefits Review, 2005, 37 (5): 46 - 52.

[200] Dulebohn J. H., Ferris G. R. The role of influence tactics in perceptions of performance evaluations' fairness [J]. Academy of Management Journal, 1999, 42 (3): 288 - 303.

[201] Durham C. C., Bartol K. M. Pay for performance [J]. Handbook of Principles of Organizational Behavior, 2000: 150 - 165.

[202] Ederer F., Manso G. Is pay for performance detrimental to innovation? [J]. Management Science, 2013, 59 (7): 1496 - 1513.

[203] Eisenberger R., Aselage J. Incremental effects of reward on experienced performance pressure: positive outcomes for intrinsic interest and creativity [J]. Journal of Organizational Behavior, 2009, 30 (1): 95 - 117.

[204] Eisenberger R., Pierce W. D., Cameron J., et al. Effects of reward on intrinsic motivation—negative, neutral and positive: comment on Deci, Koestner, and Ryan (1999) [J]. Psychological Bulletin, 1999, 125 (6): 677 - 691.

[205] Eisenberger R., Rhoades L., Cameron J., et al. Does pay for performance increase or decrease perceived self-determination and intrinsic motivation? [J]. Journal of Personality and Social Psychology, 1999, 77 (5): 1026 - 1040.

[206] Erdogan B., Bauer T. N. Differentiated leader-member exchanges: the buffering role of justice climate [J]. Journal of Applied Psychology, 2010, 95 (6): 1104 - 1120.

[207] Falk A., Kosfeld M. The hidden costs of control [J]. The

American Economic Review, 2006, 96 (5): 1611 – 1630.

[208] Farh J. L., Cheng B. S. Modesty bias in self-rating in Taiwan: impact of item wording, modesty value, and self-esteem [J]. Chinese Journal of Psychology, 1997, 39 (2): 103 – 118.

[209] Fong S., Shaffer M. The dimensionality and determinants of pay satisfaction: a cross-cultural investigation of a group incentiveplan [J]. International Journal of Human Resource Management, 2003, 14 (4): 559 – 580.

[210] Friedman R. S. Reinvestigating the effects of promised reward on creativity [J]. Creativity Research Journal, 2009: 258 – 264.

[211] Geddes L. A., Heywood J. S. Gender and piece rates, commissions, and bonuses [J]. Industrial Relations, 2003, 42 (3): 419 – 444.

[212] Gerstner C. R., Day D. V. Meta-analytic review of leader-member exchange theory: correlates and constructissues [J]. Journal of Applied Psychology, 1997, 82 (6): 827.

[213] Gino F., Pierce L. Robin Hood under the hood: wealth-based discrimination in illicit customerhelp [J]. Organization Science, 2010, 21 (6): 1176 – 1194.

[214] Goktan A. B., Saatçioglu Ö. Y. The effect of cultural values on pay preferences: a comparative study in Turkey and the United States [J]. International Journal of Management, 2011, 28 (1): 173 – 184.

[215] Graham M. E., Welbourne T. M. Gainsharing and women's and men's relative pay satisfaction [J]. Journal of Organizational Behavior, 1999, 20 (7): 1027 – 1042.

[216] Grant A. M. The significance of task significance: job performance effects, relational mechanisms, and boundary conditions [J]. Journal of Applied Psychology, 2008, 93 (1): 108 – 124.

[217] Green F. Why has work effort become more intense? [J]. In-

dustrial Relations: A Journal of Economy and Society, 2004, 43 (4): 709 – 741.

[218] Greenberg J. Organizational justice: yesterday, today, andtomorrow [J]. Journal of Management, 1990, 16 (2): 399 – 432.

[219] Griffin M. A., Mathieu J. E., Jacobs R. R. Perceptions of work contexts: disentangling influences at multiple levels of analysis [J]. Journal of Occupational and Organizational Psychology, 2001, 74 (5): 563 – 579.

[220] Hamermesh D. S. The changing distribution of job satisfaction [J]. Journal of Human Resources, 2001, 36 (1): 1 – 30.

[221] Han T. S., Shen C. H. The effects of bonus systems on firm performance in Taiwan's high-tech sector [J]. Journal of Comparative Economics, 2007, 35 (1): 235 – 249.

[222] Henderson D. J., Liden R. C., Glibkowski B. C., et al. LMX differentiation: a multilevel review and examination of its antecedents and outcomes [J]. Leadership Quarterly, 2009, 20 (4): 517 – 534.

[223] Henderson D. J., Wayne S. J., Shore L. M., et al. Leader—member exchange, differentiation, and psychological contract fulfillment: a multilevel examination [J]. Journal of Applied Psychology, 2008, 93 (6): 1208 – 1219.

[224] Heneman H. G., Judge T. A. Compensation attitudes: a review and recommendations for future research [C]. In: Rynes S. L., Gerhart, et al. Compensation in Organizations: Progress and Prospects. San Francisco: Jossey-Bass, 2000: 61 – 103.

[225] Heneman R. L., Greenberger D. B., Strasser S. The relationship between pay-for-performance perceptions and pay satisfaction [J]. Personnel Psychology, 1988, 41 (4): 745 – 759.

[226] Heywood J. S., Wei X. Performance pay and jobsatisfaction

[J]. Journal of Industrial Relations, 2006, 48 (4): 523-540.

[227] Hogan J., Holland B. Using theory to evaluate personality and job-performance relations: a socioanalytic perspective. [J]. Journal of Applied Psychology, 2003, 88 (1): 100-112.

[228] Holmstrom B., Milgrom P. Multitask principal-agent analyses: incentive contracts, asset ownership, and job design [J]. Journal of Law Economics & Organization, 1991: 24-52.

[229] Hu J. I. A., Liden R. C. Relative leader-member exchange within team contexts: how and when social comparison impacts individual effectiveness [J]. Personnel Psychology, 2013, 66 (1): 127-172.

[230] Jansen J. J. P., George G., Van den Bosch F. A. J., et al. Senior team attributes and organizational ambidexterity: the moderating role of transformational leadership [J]. Journal of Management Studies, 2008, 45 (5): 982-1007.

[231] Judge T. A. Does affective disposition moderate the relationship between job satisfaction and voluntary turnover? [J]. Journal of Applied Psychology, 1993, 78 (3): 395.

[232] Judge T. A. Validity of the dimensions of the pay satisfaction questionnaire: evidence of differential prediction [J]. Personnel Psychology, 1993, 46 (2): 331-335.

[233] Kandel E., Lazear E. P. Peer pressure and partnerships [J]. Journal of Political Economy, 1992, 100 (4): 801-817.

[234] Katz D., Kahn R. L. Organizations and the systemconcept [J]. Classics of Organization Theory, 1978 (80): 480.

[235] Katz D. The motivational basis of organizational behavior [J]. Behavioral Science, 1964, 9 (2): 131-146.

[236] Kellough J. E., Nigro L. G. Pay for performance in Georgia

state government: employee perspectives on Georgia Gain after 5 years [J]. Review of Public Personnel Administration, 2002, 22 (2): 146-166.

[237] Kessler I., Heron P., Gagnon S., et al. The fragmentation of pay determination in the British civil service: a union member perspective [J]. Personnel Review, 2006, 35 (1): 6-28.

[238] Kim S., Mone M. A., Kim S. Relationships among self-efficacy, pay-for-performance perceptions, and pay satisfaction: a Korean examination [J]. Human Performance, 2008, 21 (2): 158-179.

[239] Kuhn K. M., Yockey M. D. Variable pay as a risky choice: Determinants of the relative attractiveness of incentive plans [J]. Organizational Behavior and Human Decision Processes, 2003, 90 (2): 323-341.

[240] Larkin I., Leider S. Incentive schemes, sorting, and behavioral biases of employees: experimental evidence [J]. American Economic Journal: Microeconomics, 2012, 4 (2): 184-214.

[241] Lawler E. E. Strategic Pay: Aligning Organizational Strategies and Pay Systems [M]. San Francisco: Jossey-Bass, 1990.

[242] Lazear E. P. Performance pay and productivity [J]. American Economic Review, 2000, 90 (5): 1346-1361.

[243] Lazear E. P. The power of incentives [J]. American Economic Review, 2000, 90 (2): 410-414.

[244] Lee A., Gerbasi A., Schwarz G., et al. Leader-member exchange social comparisons and follower outcomes: the roles of felt obligation and psychological entitlement [J]. Journal of Occupational and Organizational Psychology, 2019, 92 (3): 593-617.

[245] Liao H., Liu D., Loi R. Looking at both sides of the social exchange coin: a social cognitive perspective on the joint effects of relationship quality and differentiation on creativity [J]. Academy of Management Jour-

nal, 2010, 53 (5): 1090 -1109.

[246] Liden R. C., Erdogan B., Wayne S. J., et al. Leader-member exchange, differentiation, and task interdependence: implications for individual and group performance [J]. Journal of Organizational Behavior: The International Journal of Industrial, Occupational and Organizational Psychology and Behavior, 2006, 27 (6): 723 -746.

[247] Lievens F., Anseel F., Harris M. M., et al. Measurement invariance of the pay satisfaction questionnaire across three countries [J]. Educational and Psychological Measurement, 2007, 67 (6): 1042 -1051.

[248] Liu Y J. Violence against doctors in China [J]. The Lancet, 2014, 384 (9945): 745.

[249] Madjar N., Greenberg E., Chen Z. Factors for radical creativity, incremental creativity, and routine, noncreative performance [J]. Journal of Applied Psychology, 2011, 96 (4): 730.

[250] Martin R., Thomas G., Legood A., et al. Leader-member exchange (LMX) differentiation and work outcomes: conceptual clarification and critical review [J]. Journal of Organizational Behavior, 2018, 39 (2): 151 -168.

[251] Mas A. Labour unrest and the quality of production: Evidence from the construction equipment resale market [J]. The Review of Economic Studies, 2008, 75 (1): 229 -258.

[252] McCausland W. D., Pouliakas K., Theodossiou I. Some are punished and some are rewarded: a study of the impact of performance pay on job satisfaction [J]. International Journal of Manpower, 2005, 26 (7 -8): 636 -659.

[253] Merriman K. K., Deckop J. R. Loss aversion and variable pay: a motivational perspective [J]. The International Journal of Human Resource

Management, 2007, 18 (6): 1026 – 1041.

[254] Mesmer-Magnus J. R., DeChurch L. A. Information sharing and team performance: a meta-analysis [J]. Journal of Applied Psychology, 2009, 94 (2): 535.

[255] Milgrom P., Roberts J. Complementarities and fit strategy, structure, and organizational change in manufacturing [J]. Journal of Accounting and economics, 1995, 19 (2 – 3): 179 – 208.

[256] Mitchell T. R., Mickel A. E. The meaning of money: an individual-difference perspective [J]. Academy of Management Review, 1999, 24 (3): 568 – 578.

[257] Mone M. A. Relationships among self-efficacy, pay-for-performance perceptions, and pay satisfaction: a Korean examination [J]. Human Performance, 2008, 21 (2): 158 – 179.

[258] Morrison E. W. Role definitions and organizational citizenship behavior: the importance of the employee' sperspective [J]. Academy of Management Journal, 1994, 37 (6): 1543 – 1567.

[259] Mulvey P. W., Miceli M. P., Near J. P. The pay satisfaction questionnaire: a confirmatory factor analysis [J]. The Journal of Social Psychology, 1992, 132 (1): 139 – 141.

[260] Muraven M., Rosman H., Gagné M. Lack of autonomy and self-control: performance contingent rewards lead to greater depletion [J]. Motivation and Emotion, 2007, 31 (4): 322 – 330.

[261] Naumann S. E., Bennett N. A case for procedural justice climate: development and test of a multilevel model [J]. Academy of Management Journal, 2000, 43 (5): 881 – 889.

[262] Oh I., Berry C. M. The five-factor model of personality and managerial performance: validity gains through the use of 360 degree perform-

ance ratings [J]. Journal of Applied Psychology, 2009, 94 (6): 1498 - 1513.

[263] Omar O. E., Ogenyi V. O. Determinants of pay satisfaction of senior managers in the Nigerian civil service [J]. The International Journal of Public Sector Management, 2006, 19 (7): 687 - 701.

[264] Organ D. W., Podsakoff P. M., MacKenzie S. B. Organizational Citizenship Behavior: Its Nature, Antecedents, and Consequences [M]. Sage Publications, 2005.

[265] Ostroff C. The relationship between satisfaction, attitudes, and performance: an organizational level analysis [J]. Journal of Applied Psychology, 1992, 77 (6): 963 - 974.

[266] Ozer M. Personal and task-related moderators of leader-member exchange among software developers [J]. Journal of Applied Psychology, 2008, 93 (5): 1174.

[267] Parnell J. A., Sullivan S. E. When money isn't enough: the effect of equity sensitivity on performance-based paysystems [J]. Human Resource Management Review, 1992, 2 (2): 143 - 155.

[268] Pierce J. R., Aguinis H. The too-much-of-a-good-thing effect in management [J]. Journal of Management, 2013, 39 (2): 313 - 338.

[269] Pokorny K. Pay—but do not pay too much: an experimental study on the impact of incentives [J]. Journal of Economic Behavior & Organization, 2008, 66 (2): 251 - 264.

[270] Qin X., Li L., Hsieh C., et al. Too few doctors or too low wages? Labor supply of health care professionals in China [J]. China Economic Review, 2013: 150 - 164.

[271] Ramaswami S. N., Singh J. Antecedents and consequences of merit pay fairness for industrial salespeople [J]. Journal of Marketing,

2003, 67 (4): 46 - 66.

[272] Rhoades L. , Eisenberger R. Perceived organizational support: a review of the literature [J]. Journal of Applied Psychology, 2002, 87 (4): 698.

[273] Rice R. W. , Phillips S. M. , McFarlin D. B. Multiple discrepancies and pay satisfaction [J]. Journal of Applied Psychology, 1990 (75): 386 - 393.

[274] Rowley T. , Behrens D. , Krackhardt D. Redundant governance structures: an analysis of structural and relational embeddedness in the steel and semiconductor industries [J]. Strategic Management Journal, 2000, 21 (3): 369 - 386.

[275] Rynes S. L. , Gerhart B. , Parks L. , et al. Personnel psychology: performance evaluation and pay for performance [J]. Annual Review of Psychology, 2005, 56 (1): 571 - 600.

[276] Saks A. M. Longitudinal field investigation of the moderating and mediating effects of self-efficacy on the relationship between training and newcomer adjustment. [J]. Journal of Applied Psychology, 1995, 80 (2): 211 - 225.

[277] Scarpello V. , Huber V. L. , Vandenberg R. J. , et al. Compensation satisfaction: its measurement and dimensionality [J]. Journal of Applied Psychology, 1988, 73 (2): 163 - 171.

[278] Schaubroeck J. , Shaw J. D. , Duffy M. K. , et al. An undermet and over-met expectations model of employee reactions to merit raises. [J]. Journal of Applied Psychology, 2008, 93 (2): 424 - 434.

[279] Schaufeli W. B. , Salanova M. , González-Romá V. , et al. The measurement of engagement and burnout: a two sample confirmatory factor analytic approach [J]. Journal of Happiness studies, 2002, 3 (1): 71 - 92.

[280] Schneider B., Hanges P. J., Smith D. B., et al. Which comes first: employee attitudes or organizational financial and market performance? [J]. Journal of Applied Psychology, 2003, 88 (5): 836-851.

[281] Seibert S. E., Silver S. R., Randolph W. A. Taking empowerment to the next level: a multiple-level model of empowerment, performance, and satisfaction [J]. Academy of Management Journal, 2004, 47 (3): 332-349.

[282] Shaw J. D., Duffy M. K., Jenkins Jr G. D., et al. Positive and negative affect, signal sensitivity, and pay satisfaction [J]. Journal of Management, 1999, 25 (2): 189-205.

[283] Shaw J. D., Gupta N., Delery J. E. Pay dispersion and workforce performance: moderating effects of incentives and interdependence [J]. Strategic Management Journal, 2002, 23 (6): 491-512.

[284] Shaw J. D., Schaubroeck J. Spending behavior patterns and compensation system preferences: an individual difference perspective [J]. Journal of Managerial Issues, 2003, 15 (3): 267-282.

[285] Shields J., Goelzer P. Pay perceptions and their relationships with cooperation, commitment, and intent to quit [J]. International Studies of Management & Organization, 2012, 42 (1): 68-86.

[286] Stajkovic A. D., Luthans F. Self-efficacy and work-related performance: a meta-analysis [J]. Psychological Bulletin, 1998, 124 (2): 240-261.

[287] Stamper C. L., Masterson S. S. Insider or outsider? How employee perceptions of insider status affect their work behavior [J]. Journal of Organizational Behavior, 2002, 23 (8): 875-894.

[288] Sternberg R. J., Lubart T. I. An investment theory of creativity and its development [J]. Human Development, 1991, 34 (1): 1-31.

[289] Sturman M. C. , Short J. C. Lump-sum bonus satisfaction: testing the construct validity of a new pay satisfaction dimension [J]. Personnel Psychology, 2000, 53 (3): 673 – 700.

[290] Suls J. Notes on the occasion of social comparison theory's thirtieth birthday [J]. Personality and Social Psychology Bulletin, 1986, 12 (3): 289 – 296.

[291] Summers T. P. , Hendrix W. H. Modelling the role of pay equity perceptions: a field study [J]. Journal of Occupational Psychology, 1991, 64 (2): 145 – 157.

[292] Tekleab A. G. , Bartol K. M. , Liu W. Is it pay levels or pay raises that matter to fairness and turnover? [J]. Journal of Organizational Behavior, 2005, 26 (8): 899 – 921.

[293] Tepper B. J. Consequences of abusive supervision [J]. Academy of Management Journal, 2000, 43 (2): 178 – 190.

[294] Tierney P. , Farmer S. M. Creative self-efficacy development and creative performance over time [J]. Journal of Applied Psychology, 2011, 96 (2): 277 – 293.

[295] Tierney P. , Farmer S. M. Creative self-efficacy: its potential antecedents and relationship to creative performance [J]. Academy of Management Journal, 2002, 45 (6): 1137 – 1148.

[296] Tierney P. , Farmer S. M. The Pygmalion Process and Employee Creativity [J]. Journal of Management, 2004, 30 (3): 413 – 432.

[297] Till R. E. , Karren R. J. Organizational justice perceptions and pay level satisfaction [J]. Journal of Managerial Psychology, 2011, 26 (1): 42 – 57.

[298] Trevor C. O. , Reilly G. , Gerhart B. Reconsidering pay dispersion's effect on the performance of interdependent work: reconciling sor-

ting and pay inequality [J]. Academy of Management Journal, 2012, 55 (3): 585 -610.

[299] Tsui A. S., Pearce J. L., Porter L. W., et al. Alternative approaches to the employee-organization relationship: does investment in employees pay off? [J]. Academy of Management Journal, 1997, 40 (5): 1089 -1121.

[300] Van Dijke M., De Cremer D., Bos A. E. R., et al. Procedural and interpersonal fairness moderate the relationship between outcome fairness and acceptance of merit pay [J]. European Journal of Work and Organizational Psychology, 2009, 18 (1): 8 -28.

[301] Van Dyne L., Lepine J. A. Helping and voice extra-role behaviors: evidence of construct and predictive validity [J]. Academy of Management Journal, 1998, 41 (1): 108 -119.

[302] Van Scotter J. R., Motowidlo S. J. Interpersonal facilitation and job dedication as separate facets of contextual performance [J]. Journal of Applied Psychology, 1996, 81 (5): 525 -531.

[303] Vidyarthi P. R., Liden R. C., Anand S., et al. Where do I stand? Examining the effects of leader-member exchange social comparison on employee work behaviors [J]. Journal of Applied Psychology, 2010, 95 (5): 849 -861.

[304] Wang G., Oh I. S., Courtright S. H., et al. Transformational leadership and performance across criteria and levels: a meta-analytic review of 25 years of research [J]. Group & Organization Management, 2011, 36 (2): 223 -270.

[305] Wang S., Zhang X. Both doctors and patients are victims in China [J]. International Journal of Cardiology, 2016 (223): 289 -289.

[306] Weiner N. Determinants and behavioral consequences of pay sat-

isfaction: a comparison of two models [J]. Personnel Psychology, 1980, 33 (4): 741 -757.

[307] Werner S., Ward S. G. Recent compensation research: an eclecticreview [J]. Human Resource Management Review, 2004, 14 (2): 201 -227.

[308] Williams J. R., Levy P. E. The effects of perceived system knowledge on the agreement between self-ratings and supervisor ratings [J]. Personnel Psychology, 1992, 45 (4): 835 -847.

[309] Williams L. J., Anderson S. E. Job satisfaction and organizational commitment as predictors of organizational citizenship and in-rolebehaviors [J]. Journal of Management, 1991, 17 (3): 601 -617.

[310] Williams M. L., Mcdaniel M. A., Ford L. R., et al. Understanding multiple dimensions of compensation satisfaction [J]. Journal of Business and Psychology, 2007, 21 (3): 429 -459.

[311] Williams M. L., Mcdaniel M. A., Nguyen N. T., et al. A meta-analysis of the antecedents and consequences of pay level satisfaction [J]. Journal of Applied Psychology, 2006, 91 (2): 392 -413.

[312] Wisdom B., Patzig D. Does your organization have the right climate for merit? [J]. Public Personnel Management, 1987, 16 (2): 127 -133.

[313] Witter S., Zulfiqur T., Javeed S., et al. Paying health workers for performance in Battagram district, Pakistan [J]. Human Resources for Health, 2011, 9 (1): 23.

[314] Wood J. V. Theory and research concerning social comparisons of personal attributes [J]. Psychological Bulletin, 1989, 106 (2): 231 -248.

[315] Wood J. V. What is social comparison and how should we study it? [J]. Personality & Social Psychology Bulletin, 1996, 22 (5): 520 -537.

[316] Wu X., Wang C. The impact of organizational justice on employees' pay satisfaction, work attitudes and performance in Chinese hotels [J]. Journal of Human Resources in Hospitality & Tourism, 2008, 7 (2): 181 -195.

[317] Zenger T. R. Why do employers only reward extreme performance? examining the relationships among performance, pay, and turnover [J]. Administrative Science Quarterly, 1992, 37 (2): 198 -219.

图书在版编目（CIP）数据

绩效薪酬对薪酬满意度和工作绩效的影响机制研究／杨旭华著．—北京：经济科学出版社，2020.10
 ISBN 978-7-5218-2007-2

Ⅰ.①绩… Ⅱ.①杨… Ⅲ.①企业管理-人力资源管理 ②企业管理-工资管理 Ⅳ.①F272.92

中国版本图书馆 CIP 数据核字（2020）第 206310 号

责任编辑：凌　敏
责任校对：王肖楠
责任印制：李　鹏　范　艳

绩效薪酬对薪酬满意度和工作绩效的影响机制研究

杨旭华　著

经济科学出版社出版、发行　新华书店经销
社址：北京市海淀区阜成路甲 28 号　邮编：100142
教材分社电话：010-88191343　发行部电话：010-88191522
网址：www.esp.com.cn
电子邮箱：lingmin@esp.com.cn
天猫网店：经济科学出版社旗舰店
网址：http://jjkxcbs.tmall.com
北京密兴印刷有限公司印装
710×1000　16 开　15.75 印张　200000 字
2021 年 12 月第 1 版　2021 年 12 月第 1 次印刷
ISBN 978-7-5218-2007-2　定价：62.00 元
(图书出现印装问题，本社负责调换。电话：010-88191510)
(版权所有　侵权必究　打击盗版　举报热线：010-88191661
　QQ：2242791300　营销中心电话：010-88191537
　电子邮箱：dbts@esp.com.cn)